# イギリス

1:5,600,000

YAMAKAWA SELECTION

# イギリス史 下

川北 稔 編

山川出版社

［カバー写真］
エリザベス２世

目次

# 上巻目次

山川セレクション

# イギリス史 下

第六章

# ヘゲモニー国家への上昇

## 1　商業革命と財政革命の時代

### 名誉革命後の体制

一六八八年の名誉革命から十八世紀初頭にかけて、イギリスは社会的にも経済的にも、政治的にも、また文化的にも、あらたな時代をつくりあげていった。名誉革命そのものは、国内的にみれば、支配階級内部の対立を解消する妥協であったともいえるが、国際的には、プロテスタント体制のなかにイギリスが定着した過程ということができる。

政治制度の点では、革命が王権を制約し、今日、議会制民主主義と呼ばれているものの原型がつくりあげられた。名誉革命期に仮議会が制定した「権利章典」は、国王が議会の承認なしに法の執行を停止したり、平時に常備軍を維持したりすることを禁止し、選挙の自由と議会内での言論の自由を確認して、議会による王権の制約を強化した。さらに、同じ一六八九年には軍法や軍事予算を議会の管轄下においた「軍罰法」、最低三年に一度の議会召集を義務づけた「三年議会法」(一六九四年)、カトリック教徒の王位継承権を否定した一七〇一年の「王位継承法」なども同様の意味をもっていたし、宮廷費《シヴィル・リスト》も議会による承認が必要とされた。

名誉革命で登位したウィリアム三世は、初めのうち、トーリ、ホイッグ両派から有力な政治家を選んで内閣を組織し、自ら閣議を主催した。しかし、名誉革命直後から対仏戦争が勃発し、前王ジェイムズ二世が復位をねらってカトリックの地盤であるアイルランドに上陸すると、王は自ら現地に渡って戦闘を勝利に導いた。そのうえ、対仏戦争の続行をも決めたため、戦争による軍事費の膨張、増税をきらうトーリ派と対立した。ホイッグが有力な土地貴族を中心に、対仏戦争を推進する国王ウィリアムの政策を支持していたのにたいして、トーリは、中小地主を中心に地方の勢力を代表する側面がみられたが、こうして一六九四年には、ホイッグ派のみによる内閣が成立、「ジャント(私党)内閣」とあだ名された。

しかし、対仏戦争が九年間も終結せず、戦費確保のために地租負担が重くなったため、厭戦気分が強まり、一六九八年の選挙ではトーリが圧勝した。オランダ出身の国王がオランダの利害を引きずって、対フランス戦争に深入りすることへの、地方勢力の警戒感があらわれたものといえよう。やむなく国王もトーリ派の内閣を構成した。こうして、ホイッグもトーリも、なお明確な綱領や党員名簿をもつ近代政党にはほど遠かったが、すでに十七世紀末には、いちおう政党政治に近いかたちが成立していた。この意味でも、国王の専制的な性格は事実上チェックされていたといえる。

## ハノーヴァ朝の成立

スペイン継承戦争開戦の翌年(一七〇二年)、ウィリアムが没し、アン女王が即位した(在位一七〇二〜一四)。イギリス国内には、反戦的気運が強かったが、亡命のまま死亡したジェイムズ二世の息子をフランスのルイ十四世が擁立しようとしたため、反仏感情が強まった。戦況は、指揮官マールバラ公ジョン・チャーチルのもと、イギリス優位に推移した。とくに、一七〇四年にはブレンハイムの戦いで圧勝し、マールバラの名声が一挙に高まった。このような戦勝は、重税を課されていた地方勢力をも興奮させ、ホイッグの人気を高めた。アン女王は、トーリに親近感をいだいていたが、大蔵卿ゴドルフィンを登用して、ホイッグ的な内閣を組織せざるをえなかった。

しかし、マールバラの引き起こした興奮も、戦争が長期化し、戦費の負担がますます重くなってくると、しだいに醒めていった。このため、議会では戦争に反対し、世襲君主制と国教会の権威の維持をめざすトーリ派の力が強くなった。トーリ派の立場から、名誉革命を批判する説教をおこなった国教会の聖職者サシュヴェレルにたいして、ホイッグ派が試みた弾劾も失敗に終わった。一七一〇年、選挙でトーリが圧勝すると、女王は、なおホイッグの強かった貴族院の勢力逆転をねらって、トーリ派に属する貴族一二人をあらたに創出した。こうして成立したロバート・ハーリを首班とするトーリ内閣は、一七一一年、庶民院議員選挙に立候補するための財産資格を厳しくして、地主支配の強化をはかった。

ところで、エリザベス一世没後の一六〇三年、スコットランド王ジェイムズ六世がロンドンにはいり、イギリス国王ジェイムズ一世となって以来、ピューリタン革命時代を除いて、イギリスとスコットランドは一人の国王が支配する同君連合の形態をとってきた。しかし、アイルランドやスコットランドでは、名誉革命によってフランスに亡命した前王ジェイムズ二世をシンボルとするジャコバイト(ジェイムス派の意味)の反体制運動が盛んで、イギリスにとって脅威となっていた。とくに、王位継承の仕組みや航海法のもとでの貿易特権などをめぐって紛争がたえなかった。こうした対立感情は一七〇五年の「外国人法」がスコットランド人を「外国人」と規定したことで頂点に達し、これを緩和する目的で、一七〇六年、両国の合同のための交渉がおこなわれた。翌年、この合同法が発効し、両国は「グレイト・ブリテン連合王国」を名乗ることになった。

一七一四年、アン女王が継嗣のないままに没すると、王位継承法に従ってハノーヴァ選帝侯がジョージ一世として即位(在位一七一四〜二七)、ハノーヴァ朝(のちにウィンザー朝と改称して現在にいたる)が成立した。しかし、トーリ派内部には、亡命したジェイムズ二世の息子を王位につけようとするジャコバイトの動きもあって分裂し、翌一七一五年の選挙でホイッグに敗退した。しかも同年、スコットランドを中心に発生したマー伯指導下のジャコバイトの反乱が準備不足から失敗に終わると、トーリの衰退が明白となり、ホイッグ派スタナップ政権下の政局は、むしろ同じホイッグ派内部の抗争の様相を呈した。

ジョージ一世は、即位したときすでに五十四歳であったため、イギリスの政治事情にも不慣れなうえ、英語も話せなかったためほとんど議会に出席しなかった。このため、国王はスタナップら有力閣僚に内閣をゆだね、内閣が国政を指導するようになった。

しかし、ホイッグの内部抗争はますます激しくなり、国王の信任をえたスタナップ派に対抗して、のちにジョージ二世となる皇太子と結託したウォルポール派の台頭が目立った。一七一九年にスタナップ政権が提出した貴族法案は、国王が新貴族をつくりだす権利を制限し、既存の貴族家系の権威を高めようとするものであったが、ウォルポール派などの反対にあって否決され、政権の基盤が揺らいだ。

### ウォルポールの登場

このような状況のなかで、朝野を震撼させる「南海泡沫事件《サウスシー・バブル》」が起こった。スペイン領中・南米への奴隷や工業製品の供給をめざして一七一一年に設立された南海会社は、現実にはほとんど貿易活動ができなかったが、おりからの株式ブームにのって異常な人気を博し、それがまた投機熱をあおった。

しかし、一七二〇年にいたって暴落《ガラ》が起こり、金融界に大恐慌を引き起こした。ブームにのって大量に発生していた実態のない「泡沫会社」も、すべて倒産した。泡のように膨れあがった信用が一挙にはじけたという意味で、「南海泡沫事件」と呼ばれるようになったこの事件を契機に、「株式会社禁止法」(通称、泡沫禁止法)が成立した。以後、産業革命が本格化する十九世紀初頭まで、イギリスでは、東インド会社やイングランド銀行などを例外として、株式会社形態の企業が禁止され、大企業の成立が遅れるなど、その経済発展にも微妙な影響を与えた。

南海泡沫事件の被害者には、地主や貿易商など支配階層が圧倒的に多く含まれていただけに、事件の収拾は最大の政治課題となった。その任務にあたったのは、一七二一年に第一大蔵卿(今日の蔵相にあたる)となったロバート・ウォルポールその人であった。彼は、以後、一七四二年まで長期政権の維持に成功し、事実上の「首相」となった。

「ロビノクラシ」(「ロバートの治世」の意)と呼ばれたウォルポールの政治は、対外的には平和戦略をとり、国内的にはトーリ派を「ジャコバイト」として攻撃することで、きわめて強力な基盤をつくりあげた。一七二七年、ジョージ一世が死去したため、皇太子がジョージ二世として即位したが(在位一七二七〜六〇)、引き続き新王の信任をえたウォルポールは、買収などあらゆる手段を弄して選挙に勝利した。「ホイッグの優越」は、ここに頂点をむかえた。

名誉革命後のイギリスでは、王室予算の確立による王室財政と国家財政の分離が進んだうえ、近代的な国家財政制度が急速に整備された。すなわち、一六九四年にはホイッグのジャント内閣のもとで、トーリ派の反対を押しきってイングランド銀行が創設され、東インド会社や、のちに成立する南海会社とともに国債を引き受けるようになった。トーリ派は土地を担保とする土地銀行の設立を対案としたが、成功しなかった。この結果、ロンドンのシティには、国債や抵当証書の本格的な取引市場が成立した。この一連の動きは、土地ではなく、金融・証券に基礎をおく「証券ジェントルマン」とでもいうべき人々を大量に生み出した。十九世紀には本来の地主以上に、支配階級としてのジェントルマン階級の中核をなすことになる人々である。地主ジェントルマンでも、中央にコネクションをもち、資金的な余裕のある大地主は、国債を購入し、有利に利子を稼ぐことができた。このような一連の動きは、「財政革命」として知られている。

むろん、ここでいう国債は、世界経済のヘゲモニーをめぐるフランスとの断続的な戦争のための戦費調達を目的として発行されたものであった。十八世紀のイギリスは、「財政・軍事国家」といわれるほど、重い租税を課しつつ、そのほとんどを対仏戦争に注ぎ込んでいた。戦争のために発行された国債の利子支払いと元金の償還のため、平時にも財政負担はきわめて重くなった。当時の財政は、基本的に関税と地租と消費税とによって支えられていた。見かけ上、商人の負担した関税の歴史はきわめて古いが、地主に課された地租は、クロムウェル時代に臨時税として始まり、十八世紀に固定されたにすぎないうえ、中小地主にひどく重く査定されていた。戦時には、地代の数十パーセントにのぼる地租が課された。消費税は、皮革、ろうそく、塩など、いくつかの消費物資に課された税で、直接的には、生産者に支払いの義務があった。しかし、これもまた、せいぜいピューリタン革命期にその淵源があったにすぎない。

政権基盤としての地主の利益を守るために、地租の軽減をめざしたウォルポールは、それにかわる収入を確保するため、関税と消費税の改革に乗り出したが、とくに一七三三年に提案された消費税の改革は、深刻な国内対立を生んだ。

いずれにせよ、こうして「財政革命」は、植民地拡大のための対仏戦争を背景としつつ、イギリス人を二つのグループ、つまり戦争と植民地の拡大によって有利な商取引の機会をえたり、国債を所有してその利子収入を享受した大地主や貿易商・金融関係者と、重税にあえぐことになった中小地主や製造業者のグループに分裂させていった。植民地の拡大はイギリス製品の市場を拡大する意味もあったから、製造業者の立場は微妙であったが、彼らとしても消費税には全面的に反発するほかなかった。十八世紀初頭に、ホイッグ派を構成したのは前者であり、これに反発して、重商主義と戦争に反対し、自由貿易を主張したトーリ派は、中小地主を核として構成されていた。前者が中央の政権に就いていたとすれば、後者は「地方」派でもあった。ウォルポール政権の安定は、中央でホイッグの圧倒的優位を保ちつつ、平和政策によって「地方」派の利害にも配慮しえたことにあった。

## ウォルポール政権の終焉

しかし、「ウォルポールの平和」は、例外的な時代であった。むしろ、十八世紀のイギリス史は、たび重なる対仏戦争の繰り返しであった。しかも、それらの戦争は、アメリカ独立戦争を例外として、すべてイギリスの勝利となった。すなわち、名誉革命の直後に起こった対仏戦争は、一六九七年にライスワイク条約をもって終結し、一七〇一年に始まったスペイン継承戦争は、一七一三年に終戦をむかえ、イギリスはユトレヒト条約によって、ジブラルタルとミノルカという地中海の二つの戦略拠点のほか、カナダのニューファンドランドやノヴァ・スコシアを獲得した。この戦争では、スペイン領アメリカ植民地への奴隷供給権（アシエント）もイギリスが獲得した。南海会社が異常な人気を博したのは、このことが一因であった。

スペイン領アメリカへの奴隷や工業製品の供給では、大きな利益がえられたから、アシエントは国際的な係争の原因となり、一七三八年、スペイン官憲に耳を削ぎ落とされたというジェンキンズと名乗る船長が議会で証言したことがきっかけとなって反スペイン感情が高まり、ついに、一七三九年さすがのウォルポールも対スペイン戦争（「ジェンキンズの耳の戦争」）開戦に同意せざるをえなくなった。この戦争は、翌年からマリア・テレジアの即位をめぐる、ヨーロッパ大陸におけるオーストリア継承戦争に合流し、一七四八年まで続く長期戦争に発展した。マリア・テレジアの即位には、スペイン、プロイセン、フランスなどが反対したのにたいして、ウォルポールはオーストリアと連携した。戦争

ジェンキンズの耳に顔をそむけるウォルポール　スペインの官憲に削ぎ落とされたというジェンキンズ船長の耳を見せられて，ウォルポールはショックを受けたふりをしながら、政治的利用を考えている。じっさい，これを口実としてスペインにたいして宣戦布告をおこなった(オーストリア継承戦争)。

への参加は、ウォルポール政権の終わりを意味し、一七四一年の選挙では、ウォルポール派は僅差の多数をしかえられなかった。このため、一七四二年に彼は自ら辞任し、二一年間続いたロビノクラシは幕を閉じた。

　ウォルポールの長期政権のもとで、大臣のなかでも少数の有力閣僚が真の内閣《インナ・キャビネット》を形成し、その長が主導して政治をおこなう内閣制度が生まれたほか、内閣は議会にたいして責任をおい、議会の支持がえられなくなれば交代するという近代的な議会制民主主義政治の原則が確立した。

　一七四二年にウォルポール辞任のあとを受けて成立したのは、反ウォルポール派、つまり「地方」派のホイッグに属したカートレットの内閣であったが、しかし、この内閣も戦争をやめることはできず、むしろ王家の故郷である大陸のハノーヴァ防衛問題やアメリカ植民地、インドなどにおける対仏戦争(「ジョージ王の戦争」)などのために、ますます戦争に深入りしていくことになった。一七四四年にはフランスがイギリス進攻を計画しているという噂《うわさ》が広まり、緊迫した空気のなかでカートレット政権は、ペラム兄弟による政権に取ってかわられた。ペラムは、トーリの一部をも取り込んで、国内の統合をはかり、戦争を遂行しようとした。

　しかし、一七四五年、フランスにいたジェイムズ二世の子孫チャールズ・ステュアートがスコットランドに上陸し、ジャコバイトの反乱が再燃した。反乱軍はエディンバラからイングランド西北部にはいり、カーライル、マンチェスタを席巻して中部のダービにまで迫った。しかし、スコットランド人を主体としたジャコバイト反乱軍は、それ以上の南への補給が続かず、北へ引き返した。かくて危機はひとまず去ったが、反乱軍との戦闘は、一七四六年までスコットランドで続いた。

オーストリア継承戦争は、最終的には、一七四八年まで続き、エクス・ラ・シャペル条約で講和が成立した。フランスは、ハノーヴァ朝を正式に公認し、イギリス国内でもジャコバイトの脅威は、最終的に消滅した。とはいうものの、この戦争はプロイセンとオーストリアの係争にも、インドやアメリカをめぐるイギリスとフランスのヘゲモニー争いにも、決着をもたらすことはできなかった。

## 財政・軍事国家イギリス

このようにイギリスがあいついで戦争に勝利しえた理由は、イギリスが戦争の費用を容易に集めることができたということをおいてほかにはない。つまり、「財政革命」の成功がその根本原因である。「財政革命」がイギリスでのみ成功した理由は、フランスのような徴税請負人に頼らず、きわめて効率のよい国家官僚による徴税がなされたうえ、納税者の階層の利害を反映しえた議会による保障があったことがあげられている。議会による保障は、この時代、なお世界金融の中心となっていたアムステルダムの資金が、イギリス国債に大量に流れ込むことをも可能にした。英仏戦争の帰趨《きすう》を決めたひとつの要因は、オランダ資金がフランスにではなく、イギリスに流れたという事実にあった。こうした国債の大量発行による対仏戦争の継続、植民地の拡大は、証券ジェントルマンを生み出す一方、

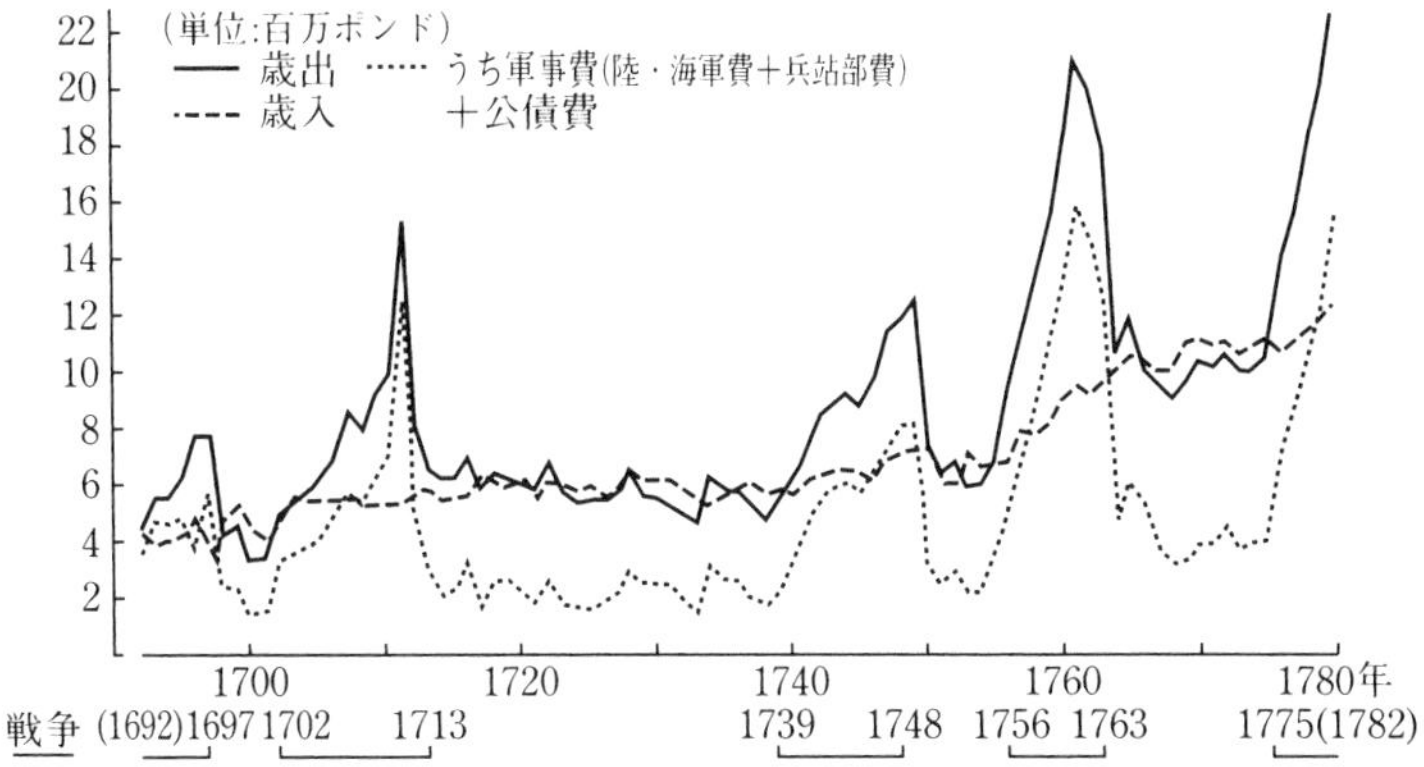


| 戦争 | (1692)–1697 | 1697–1702 | 1702–1713 | 1713–1739 | 1739–1748 | 1748–1756 | 1756–1763 | 1763–1775 | 1775–(1782) |
|---|---|---|---|---|---|---|---|---|---|
| 平均歳入 | 4.0 | 4.5 | 5.4 | 5.9 | 6.4 | 7.2 | 8.6 | 10.6 | 12.0 |
| 平均歳出 | 6.3 | 3.9 | 7.8 | 5.8 | 8.8 | 7.5 | 15.8 | 10.2 | 19.4 |
| (軍事費) | 4.6 | 1.8 | 5.4 | 2.2 | 5.6 | 3.5 | 11.2 | 4.1 | 12.0 |
| (公債費)* | 0.5 | 1.4 | 1.6 | 2.6 | 2.3 | 2.9 | 3.5 | 4.8 | 5.6 |
| 歳出中の軍事費比 | 73% | 46% | 69% | 38% | 64% | 47% | 71% | 40% | 62% |
| 期末の公債累積額 | 14.5 | 12.6 | 34.7 | 46.5 | 75.8 | 72.5 | 132.7 | 127.1 | 214.7 |

〔注〕＊「公債費」とは公債利子および元金償還費のこと。年代と％以外の数値は百万ポンド単位。

**財政・軍事国家イギリス**　18世紀の財政状況を戦時と平時に区分して表示した。公債費も以前の戦争に際して発行した公債の元利の支払いにあてられたものだから，「過去の軍事費」ということができる。

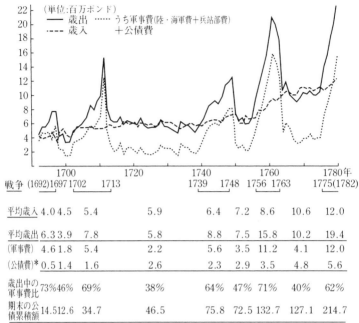

大地主と大商人にとって有利な状況を生み出した。

一七五四年にペラムが没すると、その兄にあたるニューカースル公が政権を引き継いだ。しかし、オーストリア継承戦争後のヨーロッパの国際関係は安定せず、この戦争でシュレージエンを失ったマリア・テレジアが、その奪回をめざして、反プロイセンの立場から伝統的に対立してきたフランスと結ぶ(「外交革命」)におよんで、もともとインドやアメリカでの対立関係が解消されていなかったイギリスとフランスは、ふたたび一触即発の関係に逆戻りした。

一七五六年、フランス軍が地中海のミノルカ島を占領したことで事態は決定的となっていた。八月、プロイセンがザクセンに侵入したことから、ついに七年戦争に突入した。ニューカースル内閣は不人気で、この戦争を継続することができなかったため、ようやく台頭してきた(大)ピットが事実上政権の座に就いた。ピットはその後いったん解任されるが、ニューカースルと組んでふたたび戦争を指導することになる。

イギリスの戦争目的は、インドとアメリカの植民地での対仏抗争と大陸におけるフランス勢力の抑制、ハノーヴァの防衛などにあったが、イギリスは、当面、大陸の戦争はプロイセンにまかせ、植民地戦争に集中した。一七五七年のプラッシの戦いで、東インド会社軍がフランス−ベンガル土侯連合軍を破ったことは、インドにおけるイギリスの権益定着を決定づける、世界史の転換点となった。このころには、アメリカでもイギリス軍がルイスバーグを占領するなど、大きな戦果をあげていた。また、二年後には、フランス領西インド諸島の砂糖植民地として圧倒的に高い生産力を誇ったマルティニク、ガドループのほか、カナダのケベック、モントリオールなども陥落した。この結果、北米・カリブ海域におけるイギリスの圧倒的優位も確立し、結局、世界商業のヘゲモニーがイギリスに帰すことになった。世界帝国を形成しようとするイギリスとフランスの競争は、ここに事実上決着したのである。

東西の植民地でこのように大きな戦果がえられたのにたいして、ヨーロッパ大陸の戦争は、プロイセンの国力が限界に近づき、思わしくなかった。このためイギリスの戦費支出は膨大な額に達し、赫々《かくかく》たる戦果があったにもかかわらず、ピットの政策にたいする批判が強まった。このようななかで、一七六〇年、ジョージ二世が死去し、弱冠二十二歳のジョージ三世が即位した。彼の即位は、イギリス近代史にまったくあらたな時代をもたらした。

## ジェントルマンと民衆の大英帝国

十八世紀イギリスの歴史は、帝国形成の歴史であった。帝国形成戦争のために生じた財政支出とそれをまかなうための公債発行、証券市場の成立、証券ジェントルマンの誕生、税制改革の進行などについてはすでに述べた。

しかし、帝国の形成史は、すなわち、植民地貿易の爆発的な発展の歴史でもあった。植民地貿易を含むイギリスの貿易は、膨大な規模に達した大西洋奴隷貿易を別にしても、十七世紀の後半に倍増以上の伸びを示し、十八世紀の七〇年間にはさらに倍増した。「イギリス商業革命」とでも呼ぶべき変化である。そこには、アジア、アフリカ、アメリカとの貿易関係の劇的な成長があり、綿織物や茶などのアジア物産とカリブ海の奴隷制プランテーション産物である砂糖、北アメリカ産のタバコなどの取引がその中心にあった。これらの新奇な物産は、イギリス人の生活様式を一変させた。十七・十八世紀に起こったこのような変化を「生活革命」と呼ぶ。近代のイギリス人の生活様式は、このようにして成立したものである。しかも、飲茶の習慣など、こうした生活様式をいち早く取り入れたのは、ブリストルやリヴァプールなどの港町、とくにロンドンの商人たちであったし、これらの港町は、それ自体がかなりの程度まで「商業革命」の産物でもあった。

伝統的な毛織物の輸出も着実に成長はしていたが、むしろ、その他の雑多な工業製品の北アメリカ向け輸出の劇的な成長が際立っていた。タバコ栽培などによって豊かなプランターが成長するにつれて、アメリカでは、イギリス・ジェントルマン風の生活様式を採用する者がふえ、生活の「イギリス化」、つまりアメリカにおける生活革命が起こったためである。

貿易および貿易商人の成長は、彼らの社会的地位の向上をもたらし、大貿易商はジェントルマン的なものとみなされるようになった。あいつぐ対仏戦争で重要性の増した陸・海軍の将校や植民地の地主(つまりプランター)なども、ジェントルマンの次・三男にふさわしい職種とみなされるようになったし、十八世紀の末までには、それぞれに当初は不審の眼差しを向けられた「財政革命」から生まれた証券ジェントルマンや、インドで巨富をえたネイボッブまでが、ジェントルマン的とみなされるようになった。イギリスでは、支配階級であるジェントルマンの大半が平民身分に属しており、植民地の形成と運営、貿易活動に関連したこのようなさまざまな職種を通じて、被支配階級とのあいだに交流がみられた。ジェントルマン階層が「オープン・エリート」であったことは、硬直的な身分制度のもとにあったアンシャン・レジーム下のフランスとの決定的な違いであった。

この時代のイギリスでは、中流の人々が戦争による重税にあえぎつつ、一方では熱烈に戦争を支持したといわれるのは、このような背景からである。イギリス人の象徴とされるジョン・ブルは、じつは重税にあえぐイギリス中流階層の象徴だともいわれる。しかし、その中流階層の人々が、フランス革命のように、社会の体制そのものを打倒することもなかったのである。

また、支配階級にとって帝国＝植民地は、貧民や犯罪者、孤児などの社会問題を押し出して解決する場所でもあった。逆に、貧しい民衆にとっては、帝国は最後の生活のよりどころでもあった。平時にも、犯罪者は労働力としてプランテーションに送り出されたし、対仏戦争の末期になると、識者は決まって退役兵士が犯罪者集団化することを恐れ、彼らを植民地に送り返すことを提案した。

## 2　第一帝国の成立と崩壊

### 七年戦争の終結とジョージ三世の登位

一七六〇年に即位したジョージ三世(在位一七六〇〜一八二〇)の治世は、イギリス近代史上、ひとつの曲がり角となった。半世紀以上におよんだ彼の治世下では、国内では、いわゆる産業革命が進行して社会構造が変化した。植民地では、アメリカ独立革命が起こって、帝国支配体制の転換をよぎなくされた。さらに、外からはフランス革命の深刻な影響がおよんで、イギリスの政治も実質的な変質を迫られたからである。

ジョージ三世が即位したとき、七年戦争はニューカースル公と(大)ピットのもとで、イギリスに有利に展開していたが、王は寵臣ビュートを事実上の首相として重用した。一七六二年、スペインとのあいだにも戦端が開かれ、首相にあたる第一大蔵卿となったビュートの権限がいっそう強化された。これまで政権を支えてきた、ニューカースルとピットを軸とするホイッグ系の有力な政治家が政権を追われ、「ホイッグの優越」は消滅した。かわって政権の中枢は、ジョージ三世と「王の友」と称したビュートの側近たちによって占められた。

「ホイッグの優越」が消滅した一七六二年には、七年戦争の帰趨はほぼ決したため、フォンテンブロー仮条約が締結され、オーストリアはプロイセンからのシュレージエン奪回を断念した。十八世紀のすべての対仏戦争がそうであったが、とりわけ七年戦争は、世界商業の覇権争いの様相が強かった。たとえば、インドでは、早くも一七五七年、東インド会社書記クライヴの率いる会社軍が、プラッシの戦いでフランス軍と土侯の連合軍を破り、イギリスの優位が確立した。一七六一年には、フランスの拠点であった南部のポンディシェリも陥落させていた。東インド会社は、戦争終結直後の一七六四年、ベンガルにおいて地租徴収権(ディワーニー)を獲得し、領土的支配を開始する。他方、フレンチ・インディアン戦争の名を与えられたアメリカの戦争でも、イギリスの勝利は決定的となり、フランス領の西インド諸島やカナダなどを占領した。

一七六三年、終戦にともなうパリ条約では、イギリスはカナダとミシシッピ以東のルイジアナを獲得し、インドでは、シャンデルナゴルとポンディシェリの二都市を除く全域でイギリスの優位が確立した。世界商業の覇権争いは、ここにイギリスの完勝となって終わったのである。このときイギリスは、砂糖の高い生産力を誇ったガドループとマルティニクという仏領西インド諸島を返還し、「雪ばかりの荒地」と酷評されたカナダを獲得した。一般の感覚では「戦争に勝利して、外交に敗れた」ものともみられたこのような政策は、国内の砂糖市場でのこれらの植民地からの競争を恐れた西インド諸島の不在プランターたちの圧力のためであった。じっさい、彼らは、今や議会で東インド関係の勢力とならぶ一大勢力となっていたのである。

経済的側面でのパリ条約の意味は、さらに重要であった。「商業革命」のプロセスがさらに進行し、貿易商人と国債や抵当証券の取引をおこなう金融業者の力がさらに強まったのである。砂糖とタバコ、インディゴなどからなる植民地物産、茶や綿織物をはじめとするアジア物産の輸入が激増し、東インド会社はインドで綿花やアヘンを栽培させ、茶の代価として中国に輸出しはじめた。逆にイギリスからは、とくに毛織物以外の雑多な工業製品の対米輸出が劇的に成長した。こうして輸出された工業製品のなかには、イギリス人がインドのそれを模倣してつくり始めた綿織物が含まれていた。のちの産業革命は、このような背景のうえに生じたものである。また、輸出された雑多な工業製品は、ようやく経済力を高めたアメリカ植民地のプランターのあいだに、イギリス風の生活文化をつくりあげた(「イギリス化」)。砂糖入り紅茶を飲む風習は、その典型であった。多様な背景をもち、たがいに孤立ぎみであったアメリカ植民地人が、まず最初に一体感を強めたのは、このような生活文化の「イギリス化」を通じてであった。

## アメリカ一三植民地の独立

ところで、七年戦争は膨大な戦費と数十万人の兵士、とくに水兵を要した。ホイッグ系の政治家たちが展開した戦争政策に、末期になって批判が強くなったのも、このためであった。しかし、このような高価につく戦争に終止符を打つことには成功したはずのビュートとジョージ三世の政府がきわめて不人気であったのは、終戦が必ずしも財政の好転、減税には結びつかなかったからである。戦争終結のとき、イギリス政府は一億三二〇〇万ポンドにのぼる負債にあえいでいたのである。

このため、まさしくパリ条約締結の年、ビュート政権は崩壊し、グレンヴィルが首相となった。この間、ロンドンの中流市民を背景として、ホイッグの立場から激しい政府批判を展開したのが、『ノース・ブリトン』紙によったジョン・ウィルクスであった。すでに一七五七年に庶民院議員となっていた彼は、官職保有者や関係の深い金融業者、御用商人と結託しつつ、国王親政を強めていた政府を徹底的に批判した。「古き腐敗」と呼ばれた、パトロンとコネで成立したこのような政治のあり方は、急進派による批判にさらされるようになっていった。選挙権の厳しい制限と、有力者が自分の配下の者を自由に当選させられる「腐敗選挙区」をはじめとする伝統的な選挙制度の改革も、しだいに重要な争点となっていった。ウィルクスが、再三の逮捕・投獄にもかかわらず、そのたびに「ウィルクスと自由」を唱える人々の支持をえて当選したのは、この

ジョン・ウィルクス　ロンドンの中流市民の勢力を背景に，ときの権力の執拗な弾圧にもかかわらずアメリカの独立を支持するなど，急進主義の運動を続けた。1774年には市長に就任した。

ような批判を背景にしてのことであった。

七年戦争が終わってみると、イギリス政府は、十八世紀初めの一〇倍、当時の歳入のざっと一・七倍という負債をかかえていたのである。戦争が植民地の防衛や拡大のための戦争であった以上は、負債の一部は植民地人にも負担させるべきだとする見方が生まれてきたのは、当然であった。こうして、グレンヴィルの政府は、アメリカ植民地にたいする一連の抑圧政策を展開し、結局は、大陸の一三植民地の独立を引き起こした。まず、一七六三年、イギリス政府はアレガニ山脈以西への白人の入植を禁止し、先住民の保護をはかるとともに、翌年には砂糖法を、六五年には印紙法を施行して、植民地内での証券や出版物などに印紙を貼るかたちで納税することを義務づけた。とくに後者には、植民地に強い抵抗感があり、施行直後にボストンから始まった反乱が多くの植民地都市に広がったうえ、ウィルクスやアイルランドの革命運動とも連携の姿勢を示したため、半年で撤廃せざるをえなかった。

一七六五年七月にグレンヴィル内閣が崩壊すると、ロッキンガムの短命な内閣のあと、翌年には、七年戦争の事実上の指導者として、したがってまた、「財政・軍事国家」的な政策の推進者として人気の高かったチャタム伯ピット(通称、大ピット)の政権が成立した。彼の政権下では、ロッキンガムを中心とするホイッグ系の野党勢力が結集され、イギリス議会政治の転換点となった。

それにしても、印紙法を廃止したままでは、財政の改善は望めなかったので、一七六七年、政策推進者であった大蔵卿の名をとって「タウンゼンド法」と総称される四つの法律によって、植民地で使用される紙や茶への課税が試みられた。植民地側は、イギリス製品のボイコットをもってこれに応じたため、イギリスでは、一七六八年、チャタム政権が崩壊し、一七七〇年には茶税以外の税を廃止せざるをえなくなった。こうした朝令暮改的な政策のために、植民地人の反イギリス感情が高揚した。独立運動の過程では、タウンゼンド法がなお適用されており、イギリスの生活文化の象徴とみられた茶の排斥が、反英運動のシンボルの役割をはたすようになった。当初、一三植民地は独立の意志はもっておらず、帝国内の自治運動であったが、こうした強圧的な政策の繰り返しのなかで、しだいに独立の方向をたどったものである。不在化したプランターをはじめ大量の関係議員を擁し、本国議会にその利害が反映されていたうえ、黒人奴隷との人口比から、治安上も本国に依存せざるをえなかったカリブ海とは違って、大陸の植民地の利害は、本国議会にほとんど反映されなかったからである。

一七七三年、ボストン港に停泊中の東インド会社船が積んでいた茶を、夜陰に乗じてゲリラ隊が投棄したボストン茶会事件などで対立が強まっていた。一七七四年には、イギリス側が「強圧的諸法」として知られる強硬な政策によってボストン港を封鎖し、オハイオ川以北をケベックに編入した。植民地側は、フィラデルフィアにおいて第一回大陸会議を開き、本国との通商を断った。その結果、ついに一七七五年、レキシントン—コンコード間において戦闘の火蓋が切られ、ここにアメリカ独立戦争が始まった。翌年には独立宣言が発せられ、一七七八年には独立派とフランスの同盟が成立、ついでスペインも参戦したため、国際紛争に発展する気配となった。一七八一年にいたってイギリスの敗色が明白となり、八三年にはパリ講和条約によってアメリカの独立が承認された。こうして、歴史上、第一帝国(ないし旧帝国)と呼ばれるイギリス帝国は、崩壊ないし大転換せざるをえなくなった。

## 帝国の再編へ

名誉革命以来、イギリスは租税負担を強化しつつ、つぎつぎと対仏戦争に勝利し、七年戦争後のパリ条約によって、最初の帝国を完成させた。しかし、戦争の負担はあまりにも重く、結局、アメリカの独立を引き起こした。アメリカ独立戦争は、十八世紀にはいってはじめてイギリスがフランスに敗北した戦争でもあった。イギリス帝国は、ただちに再建・再編を必要としていたが、その舞台はアイルランドとインドしかなかった。しかし、アイルランドでは、アメリカ同様、ジョージ三世の抑圧的な政策に反対するナショナリストの運動が盛んになっており、一七八二年以降、一八〇一年の合同にいたるまで、グラタンを指導者とする、事実上のアイルランド人の自治を承認するほかなかった。

インドでは、すでにみたように、七年戦争後の一七六五年に東インド会社がベンガル地方の徴税権を獲得し、そこからえられた莫大な収入の一部は、「本国費」としてイギリスに移転された。しかし、他方では、プラッシ以前には年平均三〇万ポンド程度にすぎなかった会社の行政・軍事費も、一七七〇年代には、二七〇万ポンドに膨れあがった。本国に産業革命が展開すると、伝統的な輸入品であったインド綿布のヨーロッパ市場も失われたため、会社自体は、本国政府の財政危機を救うどころか、深刻な赤字をかかえることになった。中国産の茶のイギリスへの輸入が、この会社の財政危機を救うはずであったが、そうなると中国への支払い手段がなくなり、やがてインド産綿花とアヘンの中国への輸出がおこなわれるようになった。

ただし、インドに渡った個人は、しばしば巨富をえてイギリスに帰国した。彼らは、ネイボッブとあだ名されて当初は厳しい批判の目にさらされた。しかし、同時に彼らは、早くから会社の重役たちとともに、本国議会にも進出し、「東インド派」を構成していた。パトロンとその追従者の関係(パトロネジ)によって組み立てられていた十八世紀のイギリス議会政治(いわゆる「古き腐敗」)では、王権にたいする姿勢を中心にトーリとホイッグというイデオロギー的な区分が漠然とあったほか、中央と地方という座標軸での対抗関係もみられたが、具体的な利益集団としては、この東インド派とカリブ海の砂糖プランターを中心とする西インド諸島派とが、それぞれ最大四〇人前後の勢力を誇り、圧倒的に大きな集団となっていた。

したがって、イギリス帝国は、インドを中心に再編されたとはいえ、たび重なる重商主義戦争がもたらした赤字を、インドの領土的支配の拡大によって補塡する試みは成功しなかった。それどころか、一七七三年、インド規制法(ノース規制法)によって、議会による会社の活動の監視が強化されたのも、会社の財政危機が原因であった。このような東インド会社にたいする規制は、一七八四年、ピット(かつての首相の息子で通称小ピット)の手で一層強化される。

こうして、財政・軍事国家としての十八世紀イギリスは、まさしく財政の側面で危機におちいった。植民地に財政基盤の一部を求める動きが成功しなかった以上、国内での財政改革――「古き腐敗」の廃止――の要求が強まったのは当然である。それが現実の問題となるのは、ようやく一七八二年、官職数の大幅な削減を要求するエドマンド・バークの法案が可決されたときのことである。

## 3　最初の工業化

### 産業革命とは何か

一八五〇年のイギリスに生きた人々は、自分たちの社会が一〇〇年前のそれとは著しく異なっていることに気づいたはずである。西北部で綿織物工場を中心に工場制度が広がり、人口が激しく増加し、その多くが農村よりは都市に住むようになったうえ、都市でも農村でも、人々は賃金労働者として雇われるようになったのである。人力のほかは、ひたすら馬を動力源としてきた旧社会とは違って、生産や交通のいろいろな局面で機械と水力や蒸気機関を利用することも多くなった。このような変化は、歴史上「産業革命」と呼び慣わされている。

「産業革命」という概念は、十九世紀末にロンドンのスラム改良運動にたずさわっていたアーノル

力織機を採用した工場　産業革命の初期には，紡績機の改良が進んだため，紡績部門の生産性が高まったものの織布部門が立ち遅れ，手織工がふえる傾向もみられた。このネックを解消したのが，1785年のカートライトのものをはじめとする一連の動力を使う織機の開発であった。

ド・トインビーが本格的に採用し、スラム化、貧困、犯罪、疾病など当時の社会問題の歴史的起源になったものだと主張した。かつては農村共同体のなかで、牧歌的な生活を営んでいた庶民が、農業改革のための囲い込み運動で農村を追われ、金銭で労働の売り買いをする都市の工場労働に投げ込まれた、というのがそのイメージであった。たしかに、囲い込みによって共同放牧地を失った貧しい農民は、賃金労働者となる以外になかった。もっとも、研究の現状からすれば、農村の労働力は相変わらず必要であったから、むしろ都市労働者の増加は人口そのものの増加によってもたらされたというのが正しいと思われる。

しかし、「産業革命」という考え方は、二十世紀後半にいたって、世界的な視野のもとに再考されることになり、「工業化」ということばに置き換えられることが多くなった。工業が活発になり、都市的生活が中心となって、一人当たりの国民所得の持続的成長がもたらされた過程として、後進国が見習い、意識的に実践すべき変化とみなされるようになったのである。しかし、他方では、イギリスの工業化は、同時にインドやカリブ海やアフリカに低開発状態をもたらしたという世界システム論的な見方も広がっている。

いずれにせよ、産業革命ないし工業化の過程は、十八世紀なかばすぎにランカシァ地方で綿織物工業が展開したことから始まった。ただ、注意すべきことは、工場制度や機械化、動力化が進行したのは、ランカシァやミドランド、南西部スコットランドなどの限られた地域の、限られた分野にすぎなかったことである。全国の工業生産は、ナポレオン戦争終結後の一八一五年ころまでは、ゆっくりとしたペースでしか上昇しなかったし、工業化の影響を直接受けた人々も限られていた。したがって、政治の世界でも、にわかに産業資本家が勢力を拡大するというようなことは起こらなかったのである。

### 消費——産業革命の前提条件

産業革命＝工業化がこのようなものであったとして、なぜそれは世界で最初に、十八世紀のイギリスで進行したのだろうか。イギリスが石灰や鉄鉱石に恵まれていたといった地理的な説明は、まずこの問いに答えることにはならない。イギリスでは、伝統的に毛織物工業が発展していたという事実も、それではなぜ、産業革命はまず毛織物工業で展開しなかったのだろうかという疑問を引き起こすだけである。イギリスでは、ピューリタニズムが浸透して「禁欲」や「勤勉」といった「資本主義の精

**家畜の改良**　産業革命には家畜の改良なども含まれ，品評会がさかんにおこなわれた。左端の人物は，ノーフォーク農法の普及者として知られる農業改良家，トマス・クックである。

神」が国民性となっていたからだという説明も、それでは生産された商品は、誰が消費したのかという別の問題が生じてしまう。

本当の原因は、イギリス社会そのものの特性と広大な海外市場を確保した商業革命、さらには産業革命に適合的な国内の社会経済構造をつくりだした農業革命とであった。ノーフォーク農法の採用に象徴される農業革命は、しばしば囲い込み《エンクロージャ》をともないつつ、十七世紀後半から始まった。主としてイギリス東南部に広がったノーフォーク農法は、牧草や冬期の飼料としてのカブを導入することで家畜を年中飼育し、休耕地をなくす一方、糞尿による施肥効果で穀物の生産性を著しく高めた。このため、粘土質の土壌が原因でこの農法を採用できなかったランカシァやミドランドなどは、穀物生産では対抗できなくなり、牧畜と手工業に転換した。

こうしてイギリス経済は、金融と商業の中心としてのロンドンを含む農業的な東南部と、工業的な中部・西北部という明白

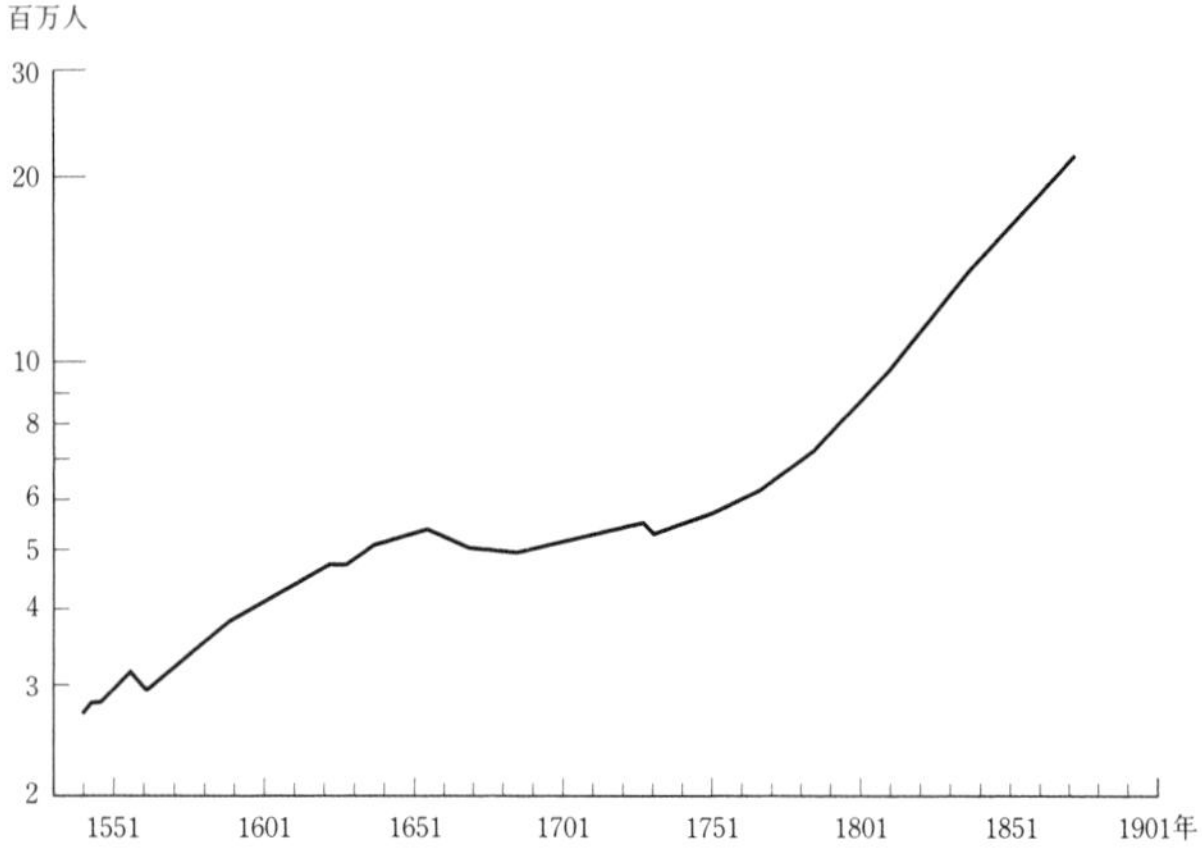


16〜18世紀のイギリス人口　イングランドとウェールズの総人口の動向(比例目盛)。

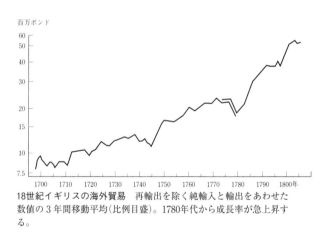

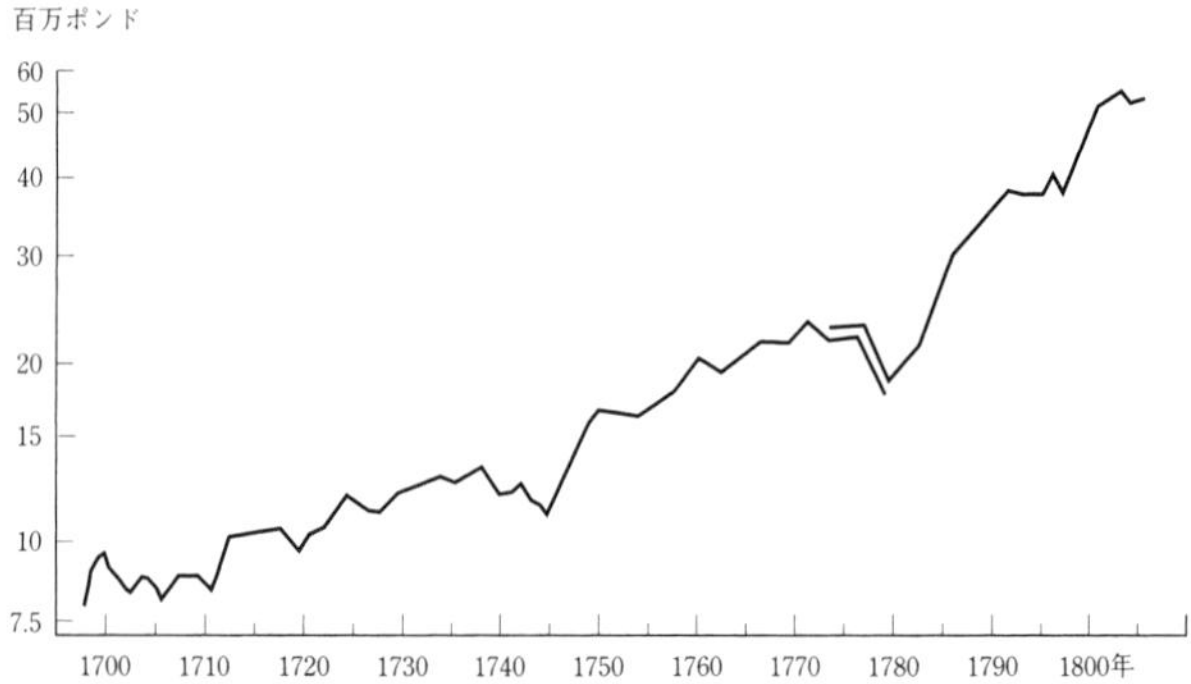


18世紀イギリスの海外貿易　再輸出を除く純輸入と輸出をあわせた数値の 3 年間移動平均(比例目盛)。1780年代から成長率が急上昇する。

（単位：ポンド）

| | アイルランド | ヨーロッパ | アメリカ西インド諸島 | アフリカ |
|---|---|---|---|---|
| 1739年 | 2,481 | 620 | 6,842 | 4,381 |
| 1750 | 1,928 | 362 | 9,530 | 7,847 |
| 1759 | 12,695 | 400 | 57,134 | 39,129 |
| 1769 | 38,219 | 7,975 | 66,713 | 98,699 |
| 1779 | 19,148 | 217,638 | 57,991 | 7,983 |

**綿織物の海外市場**　綿織物の初期の海外市場は，圧倒的に奴隷貿易のルートにあった。

な地帯構造に分かれることになった。農業生産が躍進したことで、人口の増加が可能になった。十七世紀後半の停滞期をへて、イギリスの人口は一七四〇年代から出生率が上昇して、急速に増加しはじめた。一六八八年のイングランドとウェールズの人口は、一八〇一年には二倍近くにふえた。人口が増加した結果、労働力の供給がふえ、都市化が進行して、国内需要を拡大させた。イギリス産業革命の労働力は、アイルランド人の移民を別にすれば、このような人口増加の結果としてえられたものである。農業革命はまた、農業の経営形態にも変化をもたらし、イギリス農村社会を、地主と地主から借地する農業経営者《ファーマー》、ファーマーに雇われる農業労働者という三つの階層にまとめあげる役割をもはたした（「三分割制」）。

他方、重商主義帝国の拡大にともなう商業革命は、イギリス産業に広大な植民地市場を提供した。植民地物産を大量に輸入したことでイギリス人の生活は一変したが、同時に、タバコや砂糖の輸出で利益をえた植民地人は、イギリス風の生活文化を実践する

| | 河川改修と運河 | 港湾設備 | 有料道路 |
|---|---|---|---|
| 1660〜　89年 | 11 | 3 | 1 |
| 1690〜1709 | 10 | 8 | 14 |
| 1710〜　29 | 12 | 5 | 68 |
| 1730〜　49 | 3 | 7 | 62 |
| 1750〜　69 | 26 | 5 | 340 |
| 1770〜　89 | 22 | 4 | 109 |
| 1790〜1809 | 69 | 28 | 130 |

交通の改善(事業認可件数)　鉄道以前の初期の交通の改善は，河川改修，運河の開削，有料道路の開設などによってなされた。

ため、大量のイギリス商品を輸入した。植民地市場が国際競争力の強かった毛織物だけでなく、雑工業製品の生産にとって重要であったのは、このためである。とくに、産業革命の端緒となった綿織物業は、奴隷貿易の主要な商品としてリヴァプールから輸出され、カリブ海の砂糖植民地の副次的産物として、綿花が同じ港に戻ってきたことから、その後背地マンチェスタに根づいたものである。この意味で大西洋奴隷貿易こそは、イギリス産業革命の起源そのものであったが、さらに、奴隷貿易が生み出した利潤が産業革命の資金源として、決定的に作用したという見方もある。

アジアもまた、イギリス産業革命の重要な前提となった。すでに十七世紀には、東インド会社がインドから大量に綿織物を輸入して、消費ブームを引き起こしていた。「インド狂」とさえ称されたこのブームはイギリス人の生活様式を変え、絹織物や毛織物の業界にも脅威となったため、十七世紀末から「キャラコ論争」と呼ばれた紛争を引き起こしたほどである。したがって、十八世紀に多数の技術革新を生んで大発展をとげたイギリスの綿織物工業は、圧倒的に優位にあったインド綿業との競争の結果であり、いわばインド産綿布が開発したイギリス市場を利用した輸入代替産業であったともいえる。こうして、イギリスの産業革命の結果、十九世紀初頭までには、かつて世界最大の綿業地帯であったインドは、綿花を輸出し、イギリス製綿布を輸入する地域に「低開発」化された。

工場の経営者や綿織物業の新技術の開発者は、特定の社会層から出たとはいえない。機械といっても初期のものは木製であったから、それほど高価なものでもなく、工場も借地の上に建てられていた。産業革命のためには、むしろ道路や港湾、運河のような交通手段などの社会的資本の整備が重要であった。回収に長期間を要し、採算の見通しの立ちにくいこうした資本は、日本やドイツのような工業化が国家目標となった後発国では国家が自ら整備したものである。しかし、イギリスでは一円の民衆の保護者という意識の強い地主ジェントルマンが、社会的威光のために、それを実行したといえる。道路は、十八世紀初めから有料道路として整備され、運河は一七六〇年代から急速に発達し、「運河マニア時代」を現出した。

### エネルギーの転換と技術革新

しかし、産業革命の核心は蒸気機関の採用と鉄と石炭の活用にあった。蒸気機関は本来は鉱山の排

(単位：百万トン)

| | |
|---|---|
| 1700年 | 2.1 |
| 1750 | 4.7 |
| 1770 | 6.2 |
| 1790 | 7.6 |
| 1795 | 10.0 |
| 1800 | 11.0 |
| 1816 | 15.9 |

〔注〕数字は推計。

(年平均)

| 年　代 | 1000トン／年 |
|---|---|
| 1530～39 | 1.2 |
| 1590～99 | 16.4 |
| 1630～39 | 20.0 |
| 1690～99 | 23.0 |
| 1710～19 | 25.0 |
| 1730～39 | 27.5 |
| 1750～59 | 29.5 |
| 1770～79 | 44.0 |
| 1790～99 | 122.0 |
| 1810～19 | 332.0 |

鉄(右)と石炭(左)の生産　ともに，1790年代からの急増がみてとれる。

水用であったが、ジェイムズ・ワットが改良し、広く普及した。近世のイギリスでは、もっとも重要な工業用原料は羊毛であり、交通手段などに使われる動力は馬、建築・造船などの資材はおおかた木材であった。燃料の多くも木であった。鉄と石炭も少しずつ使われるようになってはいたが、なお、良質の鉄は木炭でしかつくれなかったため、すでに十六世紀には「森林の消滅」と呼ばれる生態学的危機にみまわれていた。したがって、一七〇六年にエイブラハム・ダービが開発したコークスによる製鉄法の開発は、資源・エネルギー問題の決定的な解決につながった。一七八四年にヘンリ・コートによってパドリング法が開発され、コークスによって鋼鉄を生産することも可能になった。

一七八五年にアークライトの紡績機の特許が無

効と宣言されて一挙に普及したうえ、同年、ワットの蒸気機関が取りつけられ、機械化が進んだ。一七七九年にクロンプトンが発明したミュール紡績機によって、綿紡関係の技術革新はほぼ一段落した。一八二五年には、スティーヴンソンの機関車がストックトン―ダーリントン間を走行し、鉄道時代の幕が切って落とされた。今や石炭からできたコークスを使ってつくられた「鉄の馬」が、石炭を燃料として「鉄の路」を疾走するようになったのである。鉄道の波及効果は圧倒的であり、全国にそのネットワークが張りめぐらされた一八五〇年代には、産業革命がほぼ完成したとみられている。

### 社会的・政治的帰結

産業革命によって、都市化は急速に進んだ。一七〇〇年ころには、人口の四人のうち三人までが農村に住んでいたのに、一八五一年には両者がほぼ等しくなった。むろん、産業革命以前の農村の生活が牧歌的であったなどというのは、幻想にすぎない。産業革命がスラムや「暗く惨めな工場労働」をもたらし、庶民の生活を一挙に悪化させたなどというのも正しくはない。伝統的な社会は、疫病や慢性的貧困と栄養不良に悩まされ、長時間の厳しい労働を強いられた社会であった。長期的には人口が増加しなかった事実がその厳しさを証明している。しかし、それはまたたしかに、良くも悪しくも強い共同体の紐帯《ちゅうたい》につながれた社会ではあった。産業革命は、まさにその紐帯を断ち切ってしまったのである。

産業革命による庶民生活の変化は、時間の管理にもっともよくあらわれている。農村の労働や伝統的な職人の労働では、人々は自己の都合にあわせて働くことができたが、工場労働では、機械時計の刻む時間に人間の生活が従わざるをえなくなった。工場労働を中心に、いろいろな分野で、資本家が賃金労働者を雇用する、いわゆる資本主義的雇用関係が広がっていったためである。そこでは、なされた仕事の量に応じて報酬が払われる(出来高払い)のではなく、時間給が一般化した。その結果、民衆の生活は、賃金とひきかえに経営者に「売った」時間(労働時間)と、残りの時間(生活の時間ないし余暇)とに分離した。雇主は、労働時間が正確に守られること(時間規律)を要求し、労働者と対立した。週末に飲んだくれ、月曜日は仕事をしないという、伝統的な職人の「聖月曜日」の慣習は、徹底的に排除された。また、時間規律に悪影響を与える飲酒などは、たとえ、それが「余暇」になされるにしても、批判の対象とされた。ギャンブル性や残虐性や飲酒を否定した「理性にかなった娯楽」が強制されたのである。一八三三年の一般工場法にいたるいくつもの工場法が、労働時間の短縮をめざしたのも、このような変化を象徴する事実であった。

民衆生活の都市化は、住環境の変化にもつながった。ロンドンのイースト・エンドを典型とするスラムが、急速に拡大したのである。ロンドン港をはじめとする港の活動が活発になったことと、鉄道の普及がスラムの拡大を引き起こした。前者は、ロンドンのような港湾都市に、港湾労働という膨大な非熟練労働を生み出したし、後者は、地方からの人の移動を容易にしたうえ、駅などがもとから貧民の住居の密集していた地域につくられたため、一層の住環境の悪化につながったのである。

十九世紀のイギリスでは、こうした都市貧民についての雇用、衛生、犯罪予防、教育などが、深刻な課題となっていく。一八三二年といえば、選挙法が改正され、都市に住む男性の住民の相当数が政治的に解放され、政治改革のひとつの画期となった年であるが、それがまた、スラムを中心にコレラの大流行した年でもあったことは、その象徴といえよう。

今日の常識では、産業革命はかつて考えられたほど「劇的」な歴史の転換点などではない。技術の変化も、生産形態の変化も、人口や経済の成長も、雇用関係の変化も、よほどゆっくりとした長期の変化にすぎなかった。こうした産業革命そのものの見方の変化にともなって、産業革命時代の政治の見方も、今では大きく変化している。よく知られた古典的な政治史の見方は、つぎのようなものであった。産業革命は、都市的な工場労働者を生み出したが、他方では、マンチェスタやバーミンガムなど、中部・西北部に工場を経営する「産業資本家」層を生み出し、世紀転換期以後の政治は、彼ら産業資本家の利害にそって展開する。自由貿易主義はその典型的な表明だというものである。たしかに、産業革命の進行によって、中部や北西部に工業都市といえるものが成立し、工場を経営する中産階級――農業でいえば、ファーマーすなわち資本家的借地農にあたる――の人々が出現した。しかし、製造業からえられた富は、地主の富や商業や金融によってえられた富に比べれば、なお遥かに目立たないものであったことがわかっている。地域的にいえば、イギリスの第一級の富者は圧倒的にロンドンに集中しており、政治勢力としても、産業資本家層はせいぜいのところ、地主ジェントルマンやシティの商業・金融界とならぶ、ひとつの勢力となったにすぎないのである。

# 第七章　伝統と革新の相克

## 1　革命の衝撃と政党政治

### ヨークシァ運動

アメリカ独立戦争の長期化を背景に、一七八〇年には各地で改革を求める動きが広がった。この動きは、ロンドンとともにイギリス北部のヨークシァがその中心地となったことから「ヨークシァ運動」と呼ばれる。一七七九年末以降、戦時の重税と経済事情の悪化に苦しむ国民が、公金の無駄使いを批判し行財政改革を求める請願を議会に提出する準備を開始すると、それに議会内の野党政治家が協力するというかたちで、運動は発展した。

議会内では、一七八〇年二月に、野党のロッキンガム派ホイッグ党のバークが、無駄な官職(閑職)の廃止により予算を節減し、国王ジョージ三世の政治的影響力を削減することをめざす行政機構法案を提出した。また、四月六日には、野党議員ダニングによる「君主の影響力は増大し、今も増大しており、削減されるべきである」との決議が庶民院を通過した。しかし、野党はノース政権をそれ以上追いつめることができず、具体的な改革は実現しなかった。

議会内の野党は行財政改革の重要性を強調していたが、議会外では、より急進主義的な改革派が行財政改革実現の前提として議会改革(庶民院の選挙制度の改革)を強く要求するようになっていった。そのなかには議員の毎年改選や普通選挙権を主張する者もおり、「憲法情報協会」など、議会改革派の団体も結成されるにいたった。与野党を問わず、伝統的な選挙制度に安住していた地主貴族出身の議会政治家は、こうした議会外の動きには脅威を感じざるをえなかった。さらに、ワイヴィルのような議会外の改革派の指導者は、改革派の全国的連合組織を結成する際、議員を役員から排除しようとする動きをみせるなど、議会政治家への不信感をあらわにしていた。このような状況下に、ロッキンガム派ホイッグ党は、議会政治家の側が穏健な改革を自ら積極的に推進して国民の信頼をかちえることによって、急進主義的な改革派の勢力が拡大するのを避けるという路線をとり始めた。このホイッグ党の穏健な改革路線はその後の議会政治に大きな意味をもつことになる。

一七八〇年春に全国的な広がりもみせた「ヨークシァ運動」は、改革派内の意見の対立もあって、まもなく後退期にはいった。とくに六月には、反カトリック的な議会外組織「プロテスタント連合」による請願の提出をきっかけとしてロンドンの民衆が暴徒化したゴードン暴動が起こり、政界は保守化した。議会外では改革を求める動きがこれ以後も続くことになるが、首相のノースは同年九月の総選挙をかろうじて乗りきって、当面の危機を脱した。しかし、この時期になると、国際的に孤立したイギリスがアメリカ植民地を屈伏させることは、もはやほとんど不可能になっていた。イギリスはフランス、スペイン、オランダとも戦わなければならず、さらに、ロシアなどがイギリスに敵対的な武装中立同盟を結成していた。一七八一年十月、アメリカのヨークタウンでコーンウォリス将軍が降伏したことにより、形勢は決定的に悪化し、ノースを長く支持してきた議員のあいだにも動揺が生じた。

### 小ピット政権の成立

一七八二年二月、アメリカでの戦争継続に反対する動議が庶民院で可決され、翌月ノースは辞任した。後継政権は、野党内で有力であったロッキンガム派ホイッグ党を中心に組織せざるをえなかった。しかし、国王の政治的影響力の削減を基本方針とし、政党の役割を強調するロッキンガム派は、ジョージ三世にアメリカ独立の承認や行財政改革の実行などの政策への支持を事前に約束させ、国王の専権事項とされてきた閣僚人事にも厳しい条件を突きつけたために、政権づくりは難航し、三月末にロッキンガム侯を首班とする政権がようやく成立した。ロッキンガムにとっては、十数年ぶりの首相への返り咲きであった。この第二次ロッキンガム政権ではじめて設けられた外務大臣と内務大臣には、ロッキンガム派のフォックスと、野党の小グループを率いるシェルバーン伯がそれぞれ就任したが、ジョージ三世は、ロッキンガムと比べて国王の立場をより尊重するシェルバーンを引き立てようとしていた。

新政権は行財政改革を進め、アイルランド議会の権限を拡大するなど、それなりの成果をあげたが、講和問題を解決する前に、首相のロッキンガムが一七八二年七月に死亡した。国王はただちにシェルバーンを後任の首相に任じたが、これに反発したロッキンガム派ホイッグ党は下野した。シェルバーンは大ピットの子である小ピットを蔵相に起用して前政権の改革路線を継承し、講和仮条約を締結したが、フォックスを指導者とするホイッグ党と、元首相のノースに従うグループとが手を結んだため、翌一七八三年二月には辞任に追い込まれた。ジョージ三世は議会の多数政党が閣僚人事を決定するというホイッグ党の考え方に反対しフォックス主導の政権の成立に強く抵抗したが、結局屈伏し、四月にホイッグ党のポートランド公を首相とするフォックス＝ノース連合政権が発足した。

一七八三年九月、アメリカ合衆国とのあいだでパリ条約が、フランスなどとのあいだでヴェルサイユ条約が結ばれ、一三植民地の独立が承認されてアメリカ独立戦争は正式に終結した。これにより、十八世紀を通じて進められてきた、北アメリカと西インド諸島を中心とするイギリス帝国の建設は挫折することとなる。この後、政局の焦点はインドの統治改革の問題に移り、連合政権は東インド会社にたいする本国政府の規制の強化をはかるインド法案を議会に提出した。王権をおさえようとする連合政権に当初から非協力的な態度をとっていたジョージ三世は、一七八三年十二月に貴族院でのこの法案の審議に圧力をかけて否決させ、それを機に連合政権を更迭した。後任の首相には二十四歳の小ピットが任命されたが、小ピット政権は庶民院では少数派であったから、野党に転じたホイッグ党の激しい攻撃にさらされた。しかし、ピットはこれにたえぬき、一七八四年春の総選挙に大勝して、以後一七年間政権を保つことになる。政党中心の政治を主張したホイッグ党と王権の役割を守ろうとしたジョージ三世とが激しく敵対したこの二年間の国制危機を通じて、議会では二大政党制的な状況が出現するとともに、政界における対立は最終的には総選挙で示される民意によって解決されるという考え方が生まれた。

また、長く政権を維持したピットのもとで首相の権限が強まり、十九世紀に確立する内閣連帯責任の原則が準備されることとなった。彼は国王に支持されて政権の座に就いたが、行財政改革を推進する彼の施策によって国王の政治上の影響力は確実に低下していった。彼はまた、一七八六年にフランスと自由主義的な通商条約(イーデン条約)を締結し、さらに、失敗に終わったとはいえ、八五年には議会改革も提案している。このような政界での新しい動きの背景には、中流階級も参加する議会外組織が多数つくられ、奴隷貿易の禁止や非国教徒にたいする差別立法の撤廃など、政治や社会のさまざまな面での改良が求められていたという事情が存在する。この時期は福音主義の復活の時代とされ、クラパム派のウィルバーフォースらが宗教色の強い運動を展開し、非国教徒も活発に活動したが、他方、商工業者による「全英商工会議所」などの圧力団体の結成といった、より世俗的な現象もみられた。

### フランス革命とイギリス

一七八八年秋にジョージ三世が精神異常の兆候を示し、野党ホイッグ党よりの皇太子の摂政就任が予想されると、政局は一時不安定となった。しかし、国王は数カ月後に回復し、ピットの地位は一層強化された。また、当時、ホイッグ党のバークらがもちだした初代インド総督ヘイスティングズの弾劾問題が世間の注目を集めていたが、ピットが弾劾手続きに反対しない態度をとったため、この問題も政局に大きな影響を与えるものとはならなかった(一七九五年へイスティングズは無罪となった)。

一七八九年のフランス革命の勃発も、ただちにイギリスに深刻な影響を与えることはなかった。議会政治家の多くはフランス革命を一世紀前の名誉革命に類似した事件とみており、フランスの政治変革が穏やかに進んだ初期の二年ほどは、それを歓迎する姿勢をとっていた。また、一七八八年にプロイセン、オランダとのあいだで三国同盟を結成することに成功したものの、いぜんとして外交面で不安をかかえていたイギリスとしては、強国フランスが国内問題で忙殺されている事態はむしろ好都合であるという事情もあった。一七九〇年代初期のイギリス政府の対外的関心は、おもに北アメリカ太平洋岸でのスペインとの領有権争い(ノートカ危機)や、ロシアの黒海沿岸への進出問題(オチャコフ危機)に向けられていた。

もちろん、フランス革命の衝撃をより敏感に感じとった人々もいた。たとえば、ブレイク、ワーズワース、コールリッジらのロマン派の詩人は、フランス革命を抑圧からの解放として称賛した。また、思想の世界では、十八世紀イギリスの諸制度を根本的に批判する多数の著作が出版された。まず、プライスが、一七八九年十一月におこなった講演の内容を『祖国愛についての講演』として刊行した。一七九二年にはメアリ・ウルストンクラフトが『女性の権利擁護』で体系的な女性解放思想を展開し、翌年には、のちに彼女と結婚するゴドウィンが私有財産制を否定する『政治的正義』を発表した。さらに、一七九二年には、革命の必要性を主張したペインの『人権論』の第二部も出版された。

フランス革命は、ヨークシァ運動以後、一時停滞していたイギリスの議会改革運動をふたたび活発にし、ペインの著作は議会外の改革派に大きな影響を与えることになった。一七九二年、労働者も参加した急進主義的な改革派組織「ロンドン通信協会」が靴職人のハーディらによって結成され、翌九三年には各地の改革派組織の代表を集めた集会が開かれた。こうした改革派の活発な動きは保守的な人々の反発を招いており、すでに一七九一年七月には、改革派の非国教派牧師プリーストリの自宅などが襲われるバーミンガム事件が起こっていた。一七九二年以降は、フランス革命の急進化と周辺地域への拡大につれて、フランスとその影響を受けたイギリス国内の改革運動に警戒的になったピットも改革運動にたいする弾圧に乗り出し、一七九三年二月には革命フランスとの戦争に突入した。また、一七九二年末には、反革命・反改革の運動を展開する市民団体も政府の支援を受けて結成されていた。

フランス革命を警戒する保守主義的な議論をイギリスで最初に本格的に展開したのは、野党ホイッグ党のバークであった。バークはアメリカ独立革命時には植民地人に同情的で、本国の政治の改革を求める立場をとったが、フランス革命については批判的で、既存の制度を根本的に否定することの危険性を鋭く指摘した『フランス革命についての省察』を早くも一七九〇年十一月に出版していた。当初彼の立場は政界では受け入れられなかったが、やがて、革命に同情的な議員の多かったホイッグ党内でも支持を集めるようになった。この結果、ホイッグ党は、フォックスや、穏健な議会改革をめざす「人民の友協会」を結成したグレイらの自由主義的なグループと、より保守的なグループとに分裂した。一七九四年七月、ホイッグ党の保守派が与党に合流し、その指導者であるポートランドはピット政権の内務大臣に就任した。

この結果、議会では、圧倒的勢力を擁するピット与党と、勢力を半減させた野党ホイッグ党とが対峙することとなった。両勢力は、フランス革命と国内の諸改革にたいして否定的か肯定的かで明確に区別されており、この保守主義対自由主義の対立の構図はこれ以降長く維持され、十九世紀なかばに確立する二大政党制を準備することになった。

### 危機の時代

イギリスは、フランスがネーデルラント地方に進出したのに反発して、一七九三年に対仏大同盟を

ピットの政策に苦しめられるジョン・ブル(イギリス人)　ピットは自らの改革理念よりもフランス革命との戦いを優先した。

結成してフランス革命にたいする干渉戦争に乗り出した。この戦争でイギリスは南アフリカのケープ植民地やセイロンを占領するなど、十九世紀の帝国の発展を準備することができたものの、フランスではナポレオンがイタリア派遣軍司令官となってオーストリア軍を苦しめるなど、ヨーロッパ大陸における戦況はかんばしいものではなかった。

　戦争が続いていた一七九〇年代なかば、イギリスの社会は危機的状況にあった。とくに一七九五年には、戦争で貿易が妨げられて経済事情が悪化しているところに凶作が加わって深刻な食糧危機が起こり、下層民衆の不満が極度に高まった。こうした事態に直面して、バークシァの治安判事が、救貧院に収容されていない貧民にたいする給付をパンの価格や家族数に応じて変化させるスピーナムランド制をはじめて導入したが、それにより労働者の賃金はかえって低くおさえられ、救貧のための支出が急増するという結果を招いた。

ピット政権は、経済的不満をもった民衆が急進主義的な改革派によって組織されることを恐れ、議会外の政治改革運動にたいしては強硬な態度で臨んだ。一七九四年には人身保護法の適用が停止され、「ロンドン通信協会」のハーディをはじめ、多くの改革派が逮捕された。ハーディは裁判の結果無罪とされ、イギリスの政治的自由の伝統の根強さを示すこととなったが、翌一七九五年には無許可の五〇人以上の集会を禁止する扇動集会法が制定されるなど、政府は厳しい姿勢をくずそうとはしなかった。こうした弾圧によって急進主義者の運動は一時的におさえこまれたようにみえたが、国民の政治的不満は解消したわけではなかったから、まもなく、より一般的に労働者の団結を禁止する団結禁止法の制定が必要と感じられた。一七九九年と一八〇〇年の団結(結社)禁止法は政治改革運動の抑圧という文脈で制定されたが、これにより、産業革命初期の厳しい労働条件にさらされていた人々が労働組合を結成することが非合法化されることになった。

一七九七年はピット政権にとって非常に苦しい年となった。二月にはイングランド銀行が兌換停止に追い込まれ、また、すぐに降伏したものの、フランス軍がウェールズのフィッシュガードに一時上陸するという事件も起こった。さらに春から夏にかけて、イギリス南部の艦隊停泊地で海軍の水兵が反乱を起こした。戦争が長期化したにもかかわらず、水兵の待遇は劣悪であり、これにたいする不満が反乱の原因となっていた。スピットヘッドでの反乱は水兵の待遇を改善することで平和的に解決されたが、ノーアでは反乱の首謀者が処刑されることになった。事件には政治的な背景もうかがわれ、国防上きわめて重要な役割を担っていた艦隊での反乱の勃発に、政府は驚愕した。そして、十月には、オーストリアがカンポ・フォルミオ条約でフランスと講和したため、一七九三年以来の対仏大同盟は崩壊した。しかし、このような危機的状況にもかかわらず、議会内におけるピット首相の地位は磐石であった。このため、野党ホイッグ党は議会審議を欠席する戦術をとることもあったが、それは野党にたいする国民の支持を広げることにはつながらなかった。

## 2　ナポレオンとの戦い

### アイルランド合同

革命政府そしてナポレオン支配下のフランスと対峙するイギリスにとって、自らの背面に位置する従属国アイルランドとの関係はきわめて慎重な扱いを要する重大問題であった。一七八二年に立法上の独立性をある程度回復したアイルランドは、いわゆる「グラタン議会」のもとで、経済的繁栄の時期を経験していたが、その体制は住民の多数を占めるカトリック教徒を抑圧するものであり、彼らに選挙権が与えられた一七九三年以降も、その本質は変わっていなかった。また、イギリスとの関係という面でも、両国間に自由主義的通商関係を樹立しようとしたピットの試みが一七八五年に失敗したことにも示されているように、真の安定はえられていなかった。

フランス革命は、このような状態にあったアイルランドを大きく揺さぶることになった。一七九一年にウルフ・トーンらが結成した「ユナイテッド・アイリッシュメン」はアイルランドの民主化を求めるプロテスタント系の団体であったが、すぐにカトリックとプロテスタントの両者を統合してイギリスの支配からの独立をめざす革命組織へと発展した。これにたいして、プロテスタント優位の体制を維持しようとする勢力の動きも活発化し、宗教対立が深刻化した。「ユナイテッド・アイリッシュメン」の側は、イギリスと戦っていたフランスによる軍事援助に期待をかけたが、何度かおこなわれたその試みは成功しなかった。一七九八年に彼らが起こした蜂起も失敗に終わり、捕われたトーンは自殺をとげた。しかし、ピットはアイルランドをこのままの状態で放置することは危険と判断し、イギリスとアイルランドを合同してひとつの国家とすることを決断した。

アイルランド合同のための法律は両国の議会を一八〇〇年に通過し、翌年一月「グレイト・ブリテンおよびアイルランド連合王国」が誕生した。これにより、ダブリンにあったアイルランド独自の議会は廃止となり、アイルランドからは聖職貴族四名、世俗貴族の代表二八名、そして庶民院議員一〇〇名がロンドンの議会に合流することになった。同じ一八〇一年にはじめて実施された国勢調査によれば、当時のアイルランドの人口は五二〇万ほどで、これは連合王国全体の人口一六〇〇万弱の三割を上回っていたから、全部で六五八の庶民院議席中一〇〇という議席配分は明らかにアイルランドに不利なものであった。

この合同を実現するにあたって、ピットはカトリック解放、すなわちアイルランドのカトリック教徒の政治的権利の回復を進めることを考えていたが、国王ジョージ三世はそれを認めなかった。ここでもし首相であるピットが自説をゆずらなければ、国制上きわめてむずかしい問題が生じるところであったが、ピットは国王の立場を尊重して首相の職を辞し、庶民院議長をつとめていたアディントン（のちにシドマス子爵に叙される）が一八〇一年三月に継続の首相となった。

アディントン政権が誕生したとき、フランスとの戦いは手づまり状態にあった。一七九八年八月にネルソンがエジプトのアブキール湾の戦いに勝ち、その後、ロシア、オーストリアなどとのあいだで第二次の対仏大同盟が結成されたとはいえ、主として海軍力に頼っていたイギリスにはヨーロッパ大陸でナポレオンをおさえこむ力はなかった。八年間におよぶ戦争で財政は破綻に瀕しており、国債残高は戦前の二倍近くに達していた。激しいインフレーションが進行するなか、一七九九年には一〇％所得税が導入されたが、厳しい経済事情もあって、この政策はきわめて不評であった。

## ピットの死

一八〇二年三月、イギリスとフランスはアミアンの和約を結んだ。ひさびさに平和を回復したこの条約はイギリスでも好評であったが、これは戦争に疲れた両国が一時的な休息を求めた結果にすぎず、早くも翌年五月には戦争が再開された。

政界では、アディントン政権が誕生した一八〇一年以降、与党のなかに分裂が生じていた。アミアンの和約を結ぶのには成功したものの、アディントン首相は指導力を欠いており、前首相のピット自身が明確な野党的立場をとることはなかったものの、外務大臣としてピット政権を長く支えてきたグレンヴィル男爵は強力な政治指導を求めて、力を回復しつつあった野党ホイッグ党のフォックスとの連携を強めた。戦争再開から一年をへた一八〇四年五月にはピットが首相に復帰したが、グレンヴィルは野党陣営にとどまった。

一八〇五年にはいって、ピットは第三次の対仏大同盟の組織に成功し、十月にはネルソンがジブラルタルに近いトラファルガー岬沖の海戦でフランス－スペイン連合艦隊を撃破した。ネルソン自身は戦死したが、この海戦の勝利によって確立したイギリスの海上での優位は、以後一世紀間にわたり揺らぐことがなかった。しかし、前年帝位に就いていたナポレオンは一八〇五年十二月のアウステルリッツの戦いでロシアとオーストリアの皇帝を破って第三次対仏大同盟を解体に追い込むなど、ヨーロッパ大陸におけるその勢力はきわめて強大であった。このような国際情勢を懸念しながらピットは一八〇六年一月下旬に死去し、翌二月にグレンヴィルが首相となった。

グレンヴィルは強力な挙国一致内閣をめざして、国王ジョージ三世がきらうホイッグ党の有力者を

トラファルガー岬沖の海戦　フランスは艦隊の半分以上の18隻の戦列艦を失ったが，イギリスの27隻は全艦無事であった。

含む、いわゆる「全人材内閣」を組織した。フォックスは二二年ぶりに外務大臣に復帰し、その政治的後継者となるグレイが海軍大臣に就任した。しかし、ピットのライヴァルとして長年ホイッグ党を率いてきたフォックスも同じ一八〇六年の九月には死去し、グレンヴィル政権は翌一八〇七年にカトリック解放問題で国王と衝突して更迭されてしまう。在任一年余りのグレンヴィル政権の事蹟としては、奴隷貿易の廃止がもっとも有名である。

一八〇七年三月、ポートランド公が首相に任じられた。彼のもとで、一時分裂していた旧ピット与党が再結集され、新政権には、ホークスベリ男爵(一八〇八年リヴァプール伯を襲爵)、カニング、カースルレー子爵などの有能な政治家が参加した。こののち、この与党はトーリ党と呼ばれるようになっていき、一八〇七年に伯爵位を継いだグレイが率いるホイッグ野党と相対することになる。ホイッグ党は一七九〇年代後半の最悪の状況を脱し、自由主義的な党派として政界で一定程度の支持を集めるようになっていたが、その内部に保守的な勢力と、議会外の急進主義的改革派に近い勢力とをかかえて、党のまとまりの維持に苦闘していた。

一八〇九年、ポートランドが辞任し、ポートランド政権の大蔵大臣であったパーシヴァルが首相となった。不仲で決闘までしたカニングとカースルレーの二人はともに新政権の閣僚とはならなかったが、この時期には、パーマストン、ピールといった若手のトーリ党の政治家が頭角をあらわした。一八一一年、ジョージ三世の精神異常のため、皇太子のジョージが摂政となり、彼が国王ジョージ四世となる一八二〇年まで「摂政時代《リージェンシー》」が続くことになる。かつてはホイッグ党よりであった皇太子もトーリ党を支持しており、一八一二年の春までにはパーシヴァル政権はすっかり安定していた。しかし、パーシヴァルは一八一二年五月に庶民院のロビーで暴漢に殺害されたため、当時陸軍大臣をつとめていたリヴァプール伯が首相となった。

## ワーテルローの戦い

ナポレオンは一八〇六年十一月にベルリン勅令、翌〇七年十二月にはミラノ勅令を発してヨーロッパ大陸とイギリスとの貿易を禁止した。イギリスもこの大陸封鎖に対抗する措置をとり、ナポレオン戦争はイギリスとフランスのあいだの経済戦争としての性格をはっきりと示すことになった。ナポレオンは自分が命じた大陸封鎖に従わなかったロシアへの遠征を一八一二年におこなったが、その軍事的失敗が彼の没落につながることになった。

その四年前の一八〇八年、ナポレオンが兄のジョゼフをスペイン王としたのをきっかけとして、スペインでもナポレオンの支配にたいする抵抗運動が始まった。イギリスのポートランド政権はこの機をとらえて、ウェルズリ指揮下の軍隊をイベリア半島に送り、ここに「半島戦争」が始まった。これによりイギリスはヨーロッパ大陸における反攻拠点を確保し、一八一二年にウェリントン伯に叙されたウェルズリは、一三年のなかばまでにはフランス軍をイベリア半島から追い出すことにほぼ成功した。同年十月のライプツィヒの戦いでナポレオンが敗れたあと、ウェリントンもフランス国内に侵入し、翌一八一四年四月、ナポレオンは退位し、エルバ島に移った。

一八一四年の秋に始まったウィーン会議で、二〇年以上にわたったフランス革命・ナポレオン戦争の事後処理が国際的に話し合われた。イギリスからは外務大臣のカースルレーや公爵に昇爵したばかりのウェリントンらが出席し、ヨーロッパ大陸における勢力均衡の回復と海外植民地の確保につとめた。一八一五年六月の最終議定書ではイギリスの目的がほぼ達成され、領土的には南アフリカのケープ植民地やマルタ島の領有が認められた。イギリスはオーストリア、ロシア、プロイセンとウィーン会議で決められた国際体制を維持するための「四国同盟」(一八一八年にフランスも参加し「五国同盟」となる)を結成したが、ロシア皇帝の提唱した「神聖同盟」には参加しなかった。そこには、すでにある程度自由主義化したイギリスと、旧来の体制を保持しようとするロシアやオーストリアなどとの立場の違いがあらわれていた。

ウィーン会議が続いていた一八一五年春、フランスではナポレオンがパリに帰還して権力を回復した。この事態にイギリスをはじめとする列強はたがいに妥協して六月九日にウィーン会議の最終議定書をまとめ、ナポレオンとの決戦に向かった。六月十八日、ナポレオンはベルギーのワーテルローでウェリントン率いる連合軍と激しい戦いを繰り広げたが、遅れて到着したプロイセン軍が戦いの帰趨を決した。このワーテルローの戦いでの敗北によりナポレオンはふたたび退位をよぎなくされ、その二度目の支配はごく短期間で終わった(「百日天下」)。

こうしてイギリスはナポレオンとの長い戦いに勝利をえたが、その末期には多くの困難がこの国を襲った。ナポレオンの大陸封鎖への対抗措置はアメリカ合衆国の反発を招き、同国との貿易の減少、さらには「一八一二年戦争」と呼ばれる戦争を引き起こした。これはすでに苦況にあったイギリス経済を一層悪化させ、とくに一八一二年は最悪の年であった。小麦の価格は高騰し、工業地域では「ラダイト運動」と呼ばれる機械のうちこわし事件が頻発した。この運動は、産業革命にともなう機械の導入がまだ多くの国民の生活の向上に必ずしも結びつかず、むしろ深刻な社会的対立を生み出していたことを示している。

## 戦後不況

ナポレオン戦争末期の社会的対立は、一八一五年に戦争が終わってもすぐには緩和されず、むしろ平時の体制への移行にあたって、あらたな争点も出現した。その最大のものが穀物法であった。戦争中、イギリス国内の農業は外国との競争から保護された状態にあったが、戦争の終結とともに、農業不況の到来が予想された。このため、議会で圧倒的な勢力をなしていた地主階級の利益を守るため、国内の穀物価格がかなり高くなるまで外国産穀物の輸入を禁止する穀物法が、一八一五年三月に制定されたのである。しかし、穀物法は高価な食糧を購入させられる多くの消費者の反発を招いただけでなく、労働者の生活費上昇による人件費増大で経営を圧迫される中流階級からは国家による地主階級優遇政策の象徴として激しく攻撃されることになった。

一八一六年には、不作と不況で不安定になっていた労働市場に大量の陸海軍の兵士が復員してきたため、失業が広がり、また職があっても賃金が低下した。さらに、政府が継続を望んでいた所得税は廃止をよぎなくされ、重い間接税が物価を押し上げる結果となった。この時期に民衆の不満が高まっていたことは、「ラダイト運動」や食糧蜂起が多発したことからもわかる。急進主義者のコベットは週刊の「ポリティカル・レジスタ」を大幅に値下げし、広範な読者に向けて政府攻撃の論陣を張っていた。

こうした状況下に、一時停滞していた議会改革運動がふたたび盛んになった。ロンドンでは一八一

ピータールーの虐殺　このピータールーの名は，栄光の戦いの名ワーテルロー(英語ではウォータールー)のもじりである。

二年に十七世紀の反国王派の指導者ハムデンに名を借りた議会改革派の組織「ハムデン・クラブ」が結成されていたが、一六年には多くの地方で同名の組織が誕生し、多数の労働者が参加した。リヴァプール政権は、政治変革を求めるこうした運動に厳しい非妥協的な姿勢で臨んだため、この時期には暴動や陰謀などの事件が目立った。一八一六年十二月のロンドンのスパ・フィールズ暴動に続いて、翌年初めに議会に向かう摂政の馬車が襲われた事件ののち、人身保護法の適用の一時停止が決定された。一八一九年八月十六日には、マンチェスタのセント・ピーター広場で数万人の集会が開かれた際、改革派のハントを逮捕しようとした治安当局が民間人一一人を死亡させるという「ピータールーの虐殺」が起こった。野党のホイッグ党は急進主義的な改革派とは距離をおきつつ政治的自由を擁護して政府を批判したが、リヴァプール政権は同年末に治安維持のための「六法」を成立させるなど、急進主義運動の弾圧という方針を変えようとはしなかった。実際、一八二〇年二月には閣僚の殺害を企てた「カトー・ストリート陰謀」事件が発覚し、人々に衝撃を与えた。

一八二〇年一月に国王ジョージ三世が死去し、摂政をつとめていた皇太子がジョージ四世として即位した（在位一八二〇〜三〇）。新国王は不仲になっていた妃のキャロラインと離婚しようとしたが、野党のホイッグ党のみならず、与党からも、国民に支持された王妃を擁護する声があがり、離婚法案は廃案となった。怒った国王はリヴァプール首相の交替も考えたが、野党から政権樹立のための厳しい条件が示され、結局、現政権の存続を認めざるをえなかった。国王の個人的感情で首相の交替を決定できる時代ではなくなっていたのである。彼は翌一八二一年におこなわれた戴冠式には王妃を参列させないことで満足せざるをえなかった。

このころまで、イギリス政府は国内の改革運動にたいしては断固たる姿勢をとりつづけていたが、国際的には一八二〇年にスペインやイタリアで起こった自由主義的な動きを力でおさえつけようとするオーストリアのメッテルニヒらの方針は支持せず、いわゆるウィーン体制から距離をおいていた。東洋では、一八一六年にアマーストが中国（清）の北京を訪れ、一八一九年にラッフルズがシンガポールを獲得するなど、次代のイギリス勢力の拡大につながる動きがみられた。

## 3 自由主義への転換

「自由トーリ主義」

一八二二年八月にカースルレーが自殺をとげ、翌月カニングが後任の外務大臣となった。これに前後して、リヴァプール政権の内部では重要な人事異動があった。一八二二年一月、シドマス子爵にかわってピールが内務大臣となった。ピールは前任者より三十歳以上も若く、また、名門のパブリック・スクールで学んだとはいえ、製造業者の子であったという点でも変化を感じさせた。大蔵大臣も一八二三年一月に十数歳若返ってロビンソン（のちにゴドリッチ子爵に叙される）に交替した。そして、ロビンソンがそれまでつとめていた商務院総裁の後任としては、経済政策通のハスキソンが任じられた。彼は、一八三〇年にリヴァプール－マンチェスタ間の鉄道の開通式で列車にひかれて死亡したことでも知られる。

こうした新しい人事に対応するかのように、一八二二年ころから政策面でもリヴァプール政権には変化が目立つようになった。まず、外交面では、「カニング外交」とも呼ばれる政策が展開された。一八二二年十月、北イタリアのヴェローナで国際会議が開かれ、スペインでの自由主義運動やギリシア独立戦争にたいする方針が協議された際、イギリスは反動的な干渉政策に明確に反対した。カニングはスペインがラテンアメリカの旧植民地の独立の動きに弾圧を加えることにも反対したが、このことは、翌一八二三年のアメリカ合衆国によるモンロー主義の表明とともに、ラテンアメリカの新興国を守る結果となった。こうした外交政策は、同地域への経済進出をねらうイギリスの利害にそうものであった。

景気の回復とともに、イギリスは通商政策の面でも産業革命後の新しい経済状況への対応を着実に進めていった。一八二三年にはロビンソンとハスキソンにより関税の引き下げが広範におこなわれて、自由貿易への一歩が踏み出された。また、一八二四年には団結禁止法が撤廃された。それまで労働者の団結は友愛協会のような形態でしか認められていなかったが、これ以後労働組合の結成が許されるようになったのである。さらに、内務大臣となったピールはただちに刑法関係の諸改革に着手した。政策がこのように変化した背景には、リカードに代表される古典学派経済学、ベンタムやミル父子らの功利主義といった新しい学問・思想の発展と、それらを広く伝える『エディンバラ・レヴュー』や『ウエストミンスタ・レヴュー』などの雑誌の成長を指摘することができる。

リヴァプール伯は一八一二年に首相となり、二七年春に病気で辞職するまで一五年間トーリ党の政権を率いた。ただ、これまで述べてきたように、一八二二年以降その政権の政策は明らかに自由主義的色合いを強めており、その新しい立場を「自由トーリ主義」と呼ぶこともある。しかし、反動的とされたカースルレーも外務大臣としてはウィーン体制から距離をおいていたし、一八二一年にはすでに一部関税の引き下げや金本位制の実施などがおこなわれるなど、二三年という特定の年の変化をいたずらに強調すべきではない。また、議会改革については、腐敗が著しかったグラムパウンド都市選挙区の二議席を有権者の多いヨークシァの州選挙区に移すことが一八二一年に決定されて以後、改革は進まなかった。

このように「自由トーリ主義」を過大視することは適当ではないが、その政党政治史上の意味を無視するのもやはり誤りであろう。一八二〇年代なかばには、トーリ党政府が提案した自由主義的な政策に与党内の保守派が抵抗し、野党ホイッグ党が政府に協力してその政策を実現するといった、通常の二大政党制の枠組みにはうまくおさまらない状況が一時的に生じていた。そして、野党のはたす役割にたいする積極的評価を含意する「陛下の反対党」ということばが用いられるようになったのは、このような与野党の協力を経験した一八二〇年代の後半のことであった。

### ホイッグ党の政権復帰

一八二七年春、リヴァプール伯の後任の首相にカニングが任じられた。カニングとともに「自由トーリ主義」を担ってきたゴドリッチ子爵やハスキソンは引き続いて政権に参加していたが、与党トーリ党、野党ホイッグ党の境界は不分明となり、ピールやウェリントン公などトーリ党の前閣僚で新政権からはずれたものが少なくなかった一方で、ホイッグ党からランズダウン侯が入閣した。

しかし、このようなトーリ党カニング派にホイッグ党の一部が協力して政権を維持するという変則的な状態は長くは続かなかった。カニングは一八二七年八月に首相在任五カ月たらずで死亡し、かわって首相となったゴドリッチ子爵が組織した、カニング政権を一部手直しした後継政権も短命に終わったからである。一八二八年一月、ウェリントン首相、ピール内務大臣という陣容のトーリ党主流派の政権が成立した。この政権は、旧カニング派を含んで発足したが、その後、ごく小規模の議会改革案でもトーリ党優位の貴族院を通過しなかったことをきっかけに、旧カニング派はトーリ党政権を離脱しホイッグ党に接近していくことになった。

カニング　小ピットのもとで育った数多くのトーリ政治家のなかでももっとも才気ある人物であったが，敵もまた多かった。

しかし、ウェリントン政権はけっして頑迷な政権ではなかった。この政権のもとで、一八二八年春には、力を回復しつつあった野党ホイッグ党が提案した審査法・自治体法の廃止がおこなわれ、夏には、外国産穀物の輸入を一律に禁止するのでなく、国内の穀物価格に従って変動する関税によって輸入を制御するという趣旨の穀物法改正も実現した。翌一八二九年には内務大臣ピールの手でロンドンに新しい警察制度が導入された。

ウェリントン政権のこれらの政策も必ずしもトーリ党全体の支持をえていたとはいえないが、同政権の基盤を決定的に揺るがすことになったのはアイルランドのカトリック解放問題であった。一八二八年夏におこなわれたアイルランドのクレア州の補欠選挙で、「カトリック協会」の指導者のオコンネルが当選したが、彼はカトリック教徒であるために議席につくことができなかった。アイルランドのカトリック教徒はこれに強く反発し、内乱すら懸念されるという状況のなかで、ウェリントンもピールもカトリック解放によって事態を改善するほかないとの結論に達した。彼らはそれに反対する国王も説得し、一八二九年春にカトリック解放法を成立させた。しかし、「ウルトラ」と呼ばれるトーリ党保守派はこの政府の方針に最後まで抵抗し、トーリ党は分裂状態におちいった。

一八三〇年二月、議会改革を拒むウェリントン政権はホイッグ党のみならず旧カニング派とウルトラ・トーリからも攻撃を受けた。ウルトラ・トーリは、世論の支持をえていないカトリック解放が実現したのは現行の議会制度に問題があるからであるとして、本来立場を異にするホイッグ党や旧カニング派とともに、議会改革を求める側に立ったのである。当時、不況のためもあって、議会外では中流階級や労働者階級の議会改革運動があらたな盛り上がりをみせており、銀行家アトウッドの結成した「バーミンガム政治同盟」をはじめ改革派の組織が多数誕生していた。六月には、ホイッグ党をきらっていたジョージ四世が死亡し、ウィリアム四世が国王となった(在位一八三〇~三七)。夏におこなわれた総選挙では、世論が改革を求めていることがはっきりと感じられ、ホイッグ党は改革推進の立場を一層明確にした。同じころ、フランスで七月革命が起こるなどヨーロッパ大陸でも変革の気運が高まり、それがイギリスの世論を刺激した。さらに、イギリスの南部では「スウィング暴動」が広がっていた。

一八三〇年十一月、議会改革に反対の立場を改めて強調したウェリントン首相は議会の多数の支持を失い、ホイッグ党のグレイが後任の首相に任じられた。二四年ぶりのホイッグ党の政権復帰であった。

### 議会改革

グレイは、ホイッグ党から内務大臣にメルボーン子爵、大蔵大臣にオルソープ子爵、旧カニング派から外務大臣にパーマストン子爵、陸軍大臣にゴドリッチ子爵を起用するなど、ホイッグ党と旧カニング派の人材を糾合して強力な政権を組織し、彼の政権のもとで、旧カニング派はホイッグ党と一体化していった。政権にはウルトラ・トーリからリッチモンド公も参加していたが、一八三一年になると、ウルトラ・トーリの議員の多くはトーリ党の陣営に復帰した。

新政権には、ベルギーの独立問題の平和的解決といった外交的課題もあったが、やはり議会改革が最大の問題であった。選挙法改正法案は早くも一八三一年三月には庶民院に提出され、この後一年三カ月にわたり改革を推進するホイッグ党と反対するトーリ党の対立が続くことになる。

一八三一年三月に提案された最初の法案は庶民院を通過せず、政府は四月に議会を解散した。総選挙では改革支持派が勝ち、新しい議会では九月に最初の法案とほぼ同じ内容の改革法案が庶民院を通過した。しかし、この法案も十月に貴族院で否決された。こうした事態に世論は激昂し、改革を求める議会外の圧力が高まるなか、トーリ党への多少の譲歩を含む法案が改めて提出され、翌一八三二年三月には庶民院を通過した。しかし、この三度目の法案も貴族院通過のめどが立たず、グレイ首相は五月上旬、法案通過を可能にする改革派貴族の大量創家の約束を国王に求め、拒否されると辞任した。しかし、議会外の改革派の動きはいよいよ激しさを増し、グレイ政権にかわる政権を組織することは不可能であったので、国王も一週間余りでグレイを政権に復帰させせざるをえなかった。この結果、トーリ党のウェリントン公もそれ以上の抵抗を断念し、イングランドとウェールズにかんする選挙法改正法案は六月七日に成立した。

一八三二年の第一次選挙法改正は、人口が少なく都市選挙区の体をなしていない「腐敗選挙区」を数多く廃止し、それによってえられた議席をマンチェスタやバーミンガムのような都市や人口の多い州に配分した。また、都市選挙区での選挙資格が統一されて年価値一〇ポンド以上の家屋・店舗などの占有者が有権者となり、州選挙区では年価値一〇ポンド以上の謄本土地保有者や五〇ポンド以上の借地人があらたに有権者に加えられた。これによりイングランドとウェールズの有権者は四三万人か

庶民院議場(1834年)　中央の議長席をはさんで左側が与党，右側が野党。この議場内の配置は今日も変わっていない。

ら六五万人に増加した。新制度下初の一八三二年末の総選挙ではアトウッドがバーミンガムで当選するなど、議会改革の恩恵をおもに受けたのは産業革命期に力をつけてきた中流階級であった。

この改革は、十七世紀以降固定されていた議会の選挙制度を産業革命後の社会に対応させるのに十分な規模のものであったが、これによりすぐに中流階級がそれまで政治を牛耳ってきた地主貴族に取ってかわるといったことは起こらず、地主はこれ以後も長く議会で多数を占めた。一八三二年の改革は、穏健な改革を自ら推進することで地主貴族の政治権力をできるだけ温存しようとするホイッグ党の十八世紀末以来の方針の実現であり、地主貴族は若干の譲歩とひきかえに、成長しつつある中流階級を既存の支配体制に組み込むことに成功したのである。そして、改正法案に激しく抵抗したトーリ党も、一八三四年に指導者のピールが「タムワース宣言」をだして、この改革を受け入れる姿勢を示し、近代的な保守党へと脱皮していくことになった。

なお、一八三二年の選挙法改正では有権者の登録制度も定められていた。その影響が十分に感じられるようになるのは十九世紀後半のことであるが、これによって有権者登録に関与する組織が各地に誕生し、政党の組織化がうながされたことも軽視できない。

## 改革の時代

一八三二年の議会改革ののち、他の領域でもつぎつぎと重要な改革がおこなわれた。まず一八三三年には工場法が制定され、立ち入り調査権をもつ工場監督官の制度が導入された。産業革命期の工場にみられた、とくに年少者の長時間労働は人道主義者などから強い批判をあび、一八〇二年以降それを規制する工場法が何度か制定されていたが、それらは実効性を欠いていたから、三三年法は初の本格的工場法といえる。工場法は経営の自由を制限する性格をもっていたので、この時期の自由主義的諸改革を支持していた中流階級のなかでも、これには反対の立場をとる者が少なくなかった。しかし、一八三三年の工場法にみられるように、自由放任主義的性格が強調されがちな十九世紀なかばのイギリスにおいても、公衆の福祉のために必要な場合には、しばしば国家干渉政策がとられたのである。

一八三三年には不穏なアイルランド情勢への対処も大問題であった。住民の多くがカトリック教徒のアイルランドではプロテスタントのアイルランド国教会に十分の一税を納めることにたいする反対が強く、グレイ政権はアイルランド国教会制度の改革を提案した。しかし、これには与党内を含めて強い抵抗があり、それがきっかけとなってグレイは一八三四年七月に首相の座を内務大臣のメルボーンにゆずった。

一八三四年八月には救貧法改正法(新救貧法)が成立し、救貧制度の抜本的改革がおこなわれた。ベンタム主義者のチャドウィックが起草した王立委員会の調査報告書に基づくこの改革は、スピーナムランド制を廃止し救済を劣悪な条件の救貧院内に限るもので、その実施のための機関として中央に救貧法委員会(一八四七年以降は救貧局)が設立された。これは地方行政を地域社会のジェントリに委ねてきた近世以降のイギリスに特徴的な統治のあり方を変更する面をもっていた。そして、社会的弱者に自立して働くことを強いるこの新救貧法体制は、安価な労働力を確保しようとするものであったといえる。しかし、これにたいする民衆の抵抗は激しく、現実には改革が実施できない場合も少なくなかった。

この時期イングランド国教会も改革をまぬがれなかった。まず、一八三四年末から数カ月間続いた保守党ピール政権によって国教会にかんする委員会が設置された。これを受けて、一八三五年四月から四一年夏まで六年余りにわたったホイッグ党の第二次メルボーン政権は、聖職禄の兼領の禁止などの改革を実現した。また、同政権のもとでおこなわれた、十分の一税の現物納入の廃止や「出生・死亡・婚姻登録官」の任命は、社会生活のさまざまな面で国教会が支配的地位を占めていることにたいする非国教徒の不満に応えたものであった。国教会内部では、こうした事態に危機感をもったニューマンらが「オクスフォード運動」を展開していた。

メルボーン政権はもうひとつ重要な法律を一八三五年に成立させた。これが都市自治体法で、これにより、旧来の閉鎖的性格の強い寡頭《かとう》的な都市自治体は廃止され、庶民院議員選挙と比べて遥かに民主的な選挙制に基づいた市会が都市自治体の中心機関となった。

海外関係では、一八三三年に、東インド会社による中国貿易の独占が終了となり、奴隷制を帝国全域で廃止することも決まった。また、一八三七年にはカナダで反乱が勃発したが、議会改革でも重要な役割を演じたホイッグ党のダラム伯が翌年総督に任じられ、三九年にはカナダの状況についての報告書を公表した。この『ダラム報告書』はのちの自治領建設につながる植民地自治の考え方を打ち出しているが、それを勧めたのは、植民政治家でオーストラリアやニュージーランドでも活躍したウェイクフィールドであった。

## 4　穀物法撤廃と「飢餓の四〇年代」

### 議会外の新しい動き

一八三七年六月、ウィリアム四世が死亡し、姪のヴィクトリアが女王となった(在位一八三七〜一九〇一)。これにより、一七一四年以来続いていたドイツのハノーヴァとの同君連合は解消された。即位したときヴィクトリアは十八歳で国制についての理解が十分でなく、一八三九年五月には宮廷女官の人事をめぐって女王とピールが対立して、いったん辞任したメルボーンがやむなく政権に復帰するといった事件も起こったが、彼女は四〇年にアルバート公と結婚し、それ以後はアルバート公が女王をよく補佐した。

ヴィクトリア女王治世の最初の一〇年余りは議会外の強力な政治運動の展開に特徴づけられるが、そのひとつが、労働者階級を中心とする「チャーティスト運動」であった。一八二四年の団結禁止法の撤廃以後、労働組合が続々と結成され、その全国的な組織化がめざされた。労働組合運動はオーウェンの指導のもとで社会主義的な協同組合運動と結びつき、一八三四年には「全国労働組合大連合」を成立させるまでになったが、この組織はまもなく崩壊した。労働者階級は政治的にも一八三〇年代初頭には議会改革を強く要求して、その実現におおいに貢献していたが、改革の主たる受益者は中流階級であった。このため、一八三〇年代後半には労働者階級を中心に議会の民主化を求めるチャーティスト運動が起こったが、この運動はとくにイングランド北部の工業地帯で激しかった新救貧法反対運動と重なり合って、大きく発展することになった。

チャーティスト運動は、一八三七年に「ロンドン労働者協会」のラヴェットらが起草し、翌三八年五月に公刊した「人民憲章」の実現をめざすもので、具体的には男子普通選挙権、秘密投票、議員の毎年改選、議員歳費の支給、議員の財産資格廃止、平等な選挙区の六項目を要求した。不況下の一八三九年には全国大会である「コンヴェンション」が開かれ、一〇〇万人以上の署名を集めた請願が提出されたが、議会はその要求を拒否し、その後のゼネスト戦術や一部地域でみられた武装蜂起も失敗に終わった。チャーティスト運動には、ロンドンのラヴェットに代表される、理性と教育に信頼をおき中流階級との関係を重視する「モラル・フォース」と、イングランド北部の工業地帯を基盤とするオコンナに代表される、より強硬で実力行使の可能性を否定しない「フィジカル・フォース」という二つの流れがあったが、一八三九年以降は後者の影響力が強まった。

チャーティスト運動とほぼ同時期に、やはり議会外から政界に強い圧力を加えた運動が穀物法撤廃運動であった。穀物法は一八一五年の制定当初から地主階級優遇政策として中流階級の批判をあびていたが、三〇年代後半の不作と穀物価格の上昇は穀物法撤廃運動を刺激し、三八年九月にはマンチェスタで「反穀物法協会」がつくられ、翌年には全国的組織として「反穀物法同盟」が誕生した。

自由貿易を求めるマンチェスタの産業資本家が主導するこの運動は、本質的に中流階級の運動であり、あくまでも穀物法の撤廃という特定の目的を合法的な手段で達成しようとするものであった。たとえば、「反穀物法同盟」は、一八三二年の選挙法改正で定められた有権者登録制度を利用して各地の選挙区で自派の有権者をふやし、穀物法撤廃を支持する者を選挙で議会に送ろうとつとめた。しかし、運動の指導者で、一八四〇年代前半に庶民院の議席をえた急進主義者のコブデンやブライトは、自由放任と自由貿易、さらにはそれを通じての国際平和を主張する、いわゆるマンチェスタ派の哲学を展開し、この穀物法撤廃運動を地主支配体制にたいする広範な国民の戦いとして位置づけていた。

## ピール政権

不況が続いていた一八四一年夏、総選挙がおこなわれた。その結果、少数派に転落したホイッグ党のメルボーンは議会開会の直後に首相を辞任し、保守党のピールが六年ぶりに政権に返り咲いた。しかし、ピールは与党議員の多数を占めていた保護主義的な地主の利害に縛られることなく、それまでの自由主義的な改革の流れを継承した。五年間続いた彼の政権は、商務院副総裁(一八四三年には総裁)となったグラッドストンをはじめとする有能な人材を起用して、財政赤字を解消しながら、同時に経済活動の妨げとなる関税と内国消費税を引き下げるという困難な課題に挑み、一八六〇年代に完成する自由貿易体制を準備した。

ピール　若くして庶民院議員となり，トーリ党を近代的な保守党に脱皮させたが，穀物法撤廃をめぐってその分裂を招いた。

一八四二年、ピールはナポレオン戦争後に廃止されていた所得税を復活し、それを当面の財源として大規模な関税の引き下げをおこなった。彼の政策は成功し、経済活動が活発化した結果、関税と内国消費税の引き下げにもかかわらず、国家財政は黒字に転じた。ピールは一八四五年には輸入関税をさらに引き下げるとともに、輸出関税を廃止し、自由貿易は一層現実のものとなった。また、通貨安定のために、一八四四年の立法でイングランド銀行に発券中央銀行としての独占的地位が認められた。

ピール政権はメルボーン政権から中国とのアヘン戦争も引き継いでいた。アヘン戦争はイギリスによる中国へのアヘン密輸をめぐって一八四〇年に起こったが、イギリスが中国を圧倒し、四二年八月の南京条約で終結した。不平等条約である南京条約と翌年の追加条約は、イギリスへの香港の割譲と上海など五港の開港を定める一方、中国の関税自主権を認めず、これ以後イギリスの中国進出が本格化していった。この時期のイギリスでは、自由貿易体制の確立と国際平和が強く主張され、防衛費のかかる植民地の拡大には消極的な論者も少なくなかったが、アヘン戦争の例にみられるように、政府は、経済進出を進めるうえで必要とあれば、軍事力を用いて自由貿易を強要し、さらに植民地を獲得することも辞さなかった。イギリスのこのような政策を「自由貿易帝国主義」という。

他方、本国の社会に目を転じると、「飢餓の四〇年代」とも呼ばれた一八四〇年代の労働者階級の生活状況は厳しく、それがチャーティスト運動の広がる背景をなしていた。もちろん、一口に労働者階級といっても、そのなかには多数の家事使用人や農業労働者が含まれていたし、工業労働者にしても、工場制度の普及はまだ繊維工業など一部に限られており、工場労働者ではなく職人的な労働者がいぜんとして支配的な地域も多かったというように一様ではない。また、労働組合運動を担い、賃金も相対的に高い熟練労働者と、低賃金で雇用も不安定な不熟練労働者のあいだにも大きな違いがあった。それでも、貧しい労働者階級と中流階級以上の富裕な人々との差異は決定的で、保守党の政治家ディズレーリは小説『シビル』(一八四五年)のなかで、両者は思想も生活習慣もまるで異なる別々の「二つの国民」を構成していると書いている。

当時の都市労働者の劣悪な生活環境を報じたエンゲルスの『イギリスにおける労働者階級の状態』が刊行されたのも、『シビル』と同じ一八四五年であった。都市の衛生環境の問題については、救貧制度改革でも活躍したチャドウィックが、一八四二年に『イギリス労働貧民の衛生状態にかんする報告書』を提出し、工業都市で異常なまでに幼児死亡率が高いことを統計的に示した。彼は衛生改革運動に取り組み、各都市が上下水道の建設を進めるように強く訴えたが、ようやく一八四八年にホイッグ党ラッセル政権下で最初の公衆衛生法が制定されることになった。

また、当時の労働者は長時間労働にも苦しんでいたが、一八四〇年代前半には年少者のみならず一般的に工場労働者の労働時間の法的制限を求める運動が盛り上がった。しかし、オストラーやアシュリ卿など保守党系の人道主義者が指導したこの運動が、繊維工場での女性と年少者の労働時間を一日一〇時間に制限する「十時間労働法」というかたちで一応の結実をみたのも、やはりラッセル政権下の一八四七年のことであった。

### 穀物法の撤廃

失業問題が深刻であった一八四二年にチャーティスト運動は二度目の盛り上がりをみせた。再度「コンヴェンション」が開かれ、三〇〇万人をこえる署名を集めた請願が議会に提出された。これを指導したのはオコンナであったが、彼の強引なやり方のために多くの運動家の協力がえられなくなり、ローバックのような庶民院に議席をもつ急進主義者も彼を支持しなかったので、議会でも請願は相手にされなかった。これにたいして、イングランド北部の工業地帯ではストライキが頻発し、労働者は工場の蒸気機関の「プラグを抜く」闘争を展開したが、結局、この後、景気が回復していくにつれて、政治運動としてのチャーティスト運動は沈滞期をむかえることになった。それは、ちょうど空前の鉄道建設ブームの時期と重なっていた。

そのころ、穀物法撤廃運動は議会内で確実に支持をふやしつつあった。すでに述べたように、反穀物法同盟はコブデンとブライトを庶民院に送り込んでいたし、大地主の多いホイッグ党のなかでもラッセルらは早くから自由貿易支持派に転じていた。さらに、保守党のピール首相は自由貿易推進の必要性を確信していた。これに対抗して、撤廃反対派も一八四三年に「中央農業保護協会」を結成した。

一八四五年後半、アイルランドで貧しい民衆の常食となっていた馬鈴薯の大飢饉が起こった。ホイッグ党はこれを機に穀物法撤廃の方針を明確にしたが、保守党のピールは自案に閣僚が反対したことから、一八四五年十二月にはいったん首相を辞任した。しかし、後継政権ができなかったため、ピールは首相に復帰し、翌一八四六年六月には穀物法の廃止を実現した。しかし、一八四五年のアイルランドのカトリック神学校への公費援助問題ですでに党内に亀裂の生じていた保守党は、穀物法撤廃の衝撃にたえることはできなかった。穀物法の撤廃をめぐって、保守党はピール支持派と、撤廃にあくまで反対するディズレーリなどの保護主義派に分裂し、撤廃のための法案は野党ホイッグ党の支持で成立したのであった。

穀物法が撤廃されたことにより、自由貿易体制完成への最大の障害が取り除かれ、商工業を担う中流階級の政治的発言力の大きさが改めて確認された。しかし、地主が多数を占めた議会が穀物法撤廃を決定したのは、たんに議会外の中流階級の圧力に屈したからではない。当時は多くの地主が商工業とつながりをもち、また、排水工事や肥料投与を積極的におこなって生産性をあげる新しい「高度集約農業《ハイ・ファーミング》」を採用する者もふえていたから、地主といっても保護主義者ばかりではなかったのである。

穀物法撤廃の政治的結果は、きわめて大きかった。保守党が分裂し、ピール政権は穀物法撤廃の決定直後に退陣に追い込まれた。彼にかわって一八四六年六月末に首相となったのはホイッグ党のラッセルで、外務大臣にはパーマストンが三度目の就任をした。保守党はスタンリ卿(一八五一年にダービ伯を襲爵)を指導者に保護主義派の党として再出発し、ピールは旧保守党自由貿易派をピール派として率いることになった。

一八四七年夏におこなわれた総選挙においてピール派は庶民院で約一〇〇議席を獲得し、保守党が二〇〇議席余りにとどまったため、与党ホイッグ党は多数を確保し、ラッセル政権は五二年二月まで継続した。しかし、ホイッグ党も、独立性の強いコブデンをはじめとする急進主義者や、人数的には減少していったものの、グラッドストンなどの有能な人材を含んでいたピール派の協力がなければ、政権を維持していくことができなかった。このような不安定要因をはらんだ議会内の状況は、一八五〇年七月のピールの死をこえて、五九年にホイッグ党、急進主義者、旧ピール派が大同団結して自由党を結成するまで続くことになる。

## 革命の回避

一八四七年から四八年にかけては穀物価格が上昇し、食糧蜂起も起こった。このような民衆の苦況を背景に、チャーティスト運動は一八四八年に三度目の盛り上がりをみせた。さらに、この年の前半には、ヨーロッパ大陸でもフランス二月革命やドイツ三月革命などの変革の動きがいっせいに起こっていた。一八四八年四月十日、オコンナはロンドンのケニントン・コモンに多数の支持者を集めて、議会に三度目の請願を提出したが、治安当局は準備を十分に整えており、請願支持者の危険なデモは許さなかった。請願の署名者も数百万人とされていたが、実際にはそれより遥かに少なく、この一八四八年の請願には、議会にたいして改革の実現を迫るだけの力はなかった。チャーティスト運動はさらに一〇年間にわたって続きはするが、一八四八年以降、国政への直接的な影響力をもつことができなかった。

このように、大陸諸国が革命に揺れ動いた一八四八年に、イギリスは革命を回避することができた。この点は、ホイッグ党の政治家でもあった歴史家のマコーリがその主著『イングランド史』で強調している。しかし、一八四五年に始まった大飢饉が三年も続き、死者と移民とをあわせて二〇〇万以上の人口を失ったアイルランドでは、より危険な状況がみられた。ここでは、すでに一八四〇年代の初頭にオコンネルの穏和な運動に不満を感じた民族主義者が「青年アイルランド党」を結成していたが、彼らが四八年にはティパレァリ州で武装蜂起したのである。蜂起自体は簡単に鎮圧されたが、このの

チャーティスト運動(1848年)　アイルランド出身の指導者オコンナの雄弁は，運動のなかで大きな影響力をもった。

ち、アイルランドの民族主義運動はさらに強まっていくことになった。

一八四八年以降、イギリスの中流階級はその絶頂期に近づきつつあった。チャーティスト運動が労働者階級の政治運動としては重要性を失う一方、中流階級が求めていた「世界の工場」イギリスに適合的な自由主義的な経済政策の要求はつぎつぎと実現していった。一八四六年の穀物法撤廃に続いて、四九年には、海外貿易をほぼ二世紀にわたって規制してきた航海法が撤廃された。これらの政策は、世論の圧力があったにせよ、最終的には議会内の自由貿易派の政治家によって決定されたから、政治がいぜんとして地主貴族中心であることに多少の不満があったとしても、中流階級の多くは当時の議会政治に基本的には満足していた。そして、一八五〇年に外務大臣のパーマストンが、イギリス臣民にたいする略奪行為への賠償をギリシア政府に求めてイギリス艦隊を派遣したこと(ドン・パシフィコ事件)で広く国民の人気を博したように、政治家もはっきりと世論を意識した行動をとっていたのである。

この時期にはまた、中流階級の趣味や価値観が社会で広く受け入れられ、徐々に労働者階級の生活習慣のなかにまで入り込んでいった。たとえば、一八五〇年には「公共図書館法」が制定され、都市自治体は、市民の同意があれば、税金で公共図書館を建てることができるようになった。十九世紀前半、中流階級は、労働者階級の過度の飲酒や彼らが伝統的に楽しんできた「動物いじめ」のような猥雑な娯楽をおさえようとつとめてきた。図書館施設の公的整備が認められたということは、読書が健全な余暇の過ごし方として推奨されるにいたったことを意味する。同じころ、旅行も健全娯楽のひとつになろうとしていた。一八四四年の鉄道法は国民に安価な鉄道旅行をする機会を保証するものであり、トマス・クックのような団体旅行を企画する旅行業者もすでに出現していたのである。

# 第八章　パクス・ブリタニカの盛衰

## 1　繁栄の時代

### 地主支配の存続

十九世紀の第三・四半期、一八五一年のロンドン万国博覧会に始まり七三年の「大不況」の到来にいたる時期は、イギリス近代史上「繁栄の時代」として知られている。この時期は、世界で最初に産業革命を成しとげたイギリスが、「世界の工場」として世界経済に君臨し、自由貿易のネットワークが、ヨーロッパのみならずグローバルに確立された時代である。十九世紀後半から二十世紀初頭は、地球的《グローバル》規模でイギリスが圧倒的な影響力を行使した「パクス・ブリタニカ」(イギリスの平和)の時代であった。綿工業の発展に続いて、鉄と石炭を利用した重工業が発展したが、それを支えたのが鉄道建設であった。一八三〇年代の国内での「鉄道熱」をへて、五〇年代以降のイギリスは、世界中に先端

イギリス地主貴族の館「マナーハウス」　ロンドン郊外バッキンガム州にあるワデストン・マナー。1870年にフェルディナンド・ロスチャイルド男爵が建設し，現在はナショナル・トラストが管理している。

技術の鉄道を輸出する立場に立った。

この一八五〇〜六〇年代の工業化の進展による「繁栄」と富の蓄積を背景に、中流階級が社会での経済的実力を大幅に高めた。だが、それによって中流階級が社会の支配階級になったわけではない。この時期を通じて政治の実権を握っていたのは、十九世紀前半と同様に、相変わらず大土地所有者(地主)を中核とする貴族・ジェントリであり、社会全体としてみるならば、ジェントルマン階層がなおこの国の支配者であった。この点を理解することが、「繁栄の時代」のイギリス史をながめるうえで決定的に重要である。

それでは、農業に経済的基盤をおく貴族・ジェントリが、工業化の進展した「繁栄」期になぜ、なお支配階級たりえたのか。その諸条件を列挙することで、この時期の歴史的特色を考察してみよう。まず第一に、一八五〇〜六〇年代は、一八四六年の穀物法撤廃にもかかわらず、高度集約農業《ハイ・ファーミング》の発展に支えられて、史上空前の農業繁栄期となり地主の地代収入も着実に増大した。イギリス農業が衰退しはじめるのは、海外から安価な農産物が大量に流入する一八七〇年代の「大不況」以降のことであった。

第二に、イギリス特有の大土地所有制が、数々の批判にもかかわらず第一次世界大戦直前まで存続したことがあげられる。一八七〇年代なかばに実施された全国土地調査によって、驚くべき実態が統計的に明らかになった。それによれば、四二〇〇〜四三〇〇人の貴族・ジェントリ(全土地所有者の〇・四%)が、イングランドとウェールズの全所有地面積の五三・七%に相当する一八五〇万エーカーを所有していた。ジェントリは通常少なくとも一〇〇〇エーカー(約一二〇万坪)の土地を所有しており、貴族は一万エーカー以上の大土地所有者であった。これらの土地の大半は、家族継承財産設定により長男が単独で相続し、資産としての所領の一体性が保持される一方で、近代的農業経営をおこなう借地農に貸し出された。普通地代は一エーカーにつき一ポンド程度であったので、地主は最低でも年一〇〇〇ポンド強の不労所得を獲得できた。

第三に、貴族・ジェントリによる議会制度の掌握があげられる。貴族院と庶民院の議員職は、地方の治安判事と同様に無給の名誉職であったが、これは国会議員職が、資産と余暇に恵まれた有閑階級が担う、「高貴な身分にともなう義務《ノブレス・オブリュージュ》」という伝統的な観念に基づいていたことを意味する。庶民院の選挙制度自体も、一八八四〜八五年の第三次選挙法改正にいたるまでは地主階級にきわめて有利にできていた。前章で述べた第一次選挙法改正によって、人口が急増しつつあった都市選挙区の議席数は増大したが、全体としてみるといぜんとして農村の州選挙区優位の構造は変わらなかった。地方に館を構える貴族・ジェントリは、当該地域では名望家、有力者であり、借地制度とパトロネジ（いわゆるコネ）を通じて隠然たる影響力を行使する一方で、ジェントルマンとして地域住民の敬意の対象であったから、地方政治と議員選挙を大きく左右できた。したがって、相変わらず庶民院議員の三分の二以上が地主階級から選出されていたのである。

第四に、イギリス社会の支配的な理念、社会の価値観としての「ジェントルマンの理念」の存在が重要である。そもそもジェントルマンとは、伝統的な支配者階級である貴族・ジェントリが、近世以来歴史的に培ってきた価値観、生活様式、理想的人間像であり、彼らの階級的な文化と理念であった。その要件は、十九世紀においては、有閑階級の一員である特有の消費生活・生活様式を実行に移すことと、パブリック・スクールからオクスブリッジにいたるジェントルマン教育制度、その過程で身につく古典人文学の教養と人格にあるとされた。それゆえにこの時期は、ジェントルマンの理念がなお支配的な理念・価値基準として作用する一種の文化的身分制の社会であった。したがって、工業化の担い手であった製造業者・産業資本家層は、この文化と理念を欠落させていたがゆえに、経済的に成功したとしても社会的にはジェントルマンとはみなされず、尊敬をえることができなかった。

最後に、イギリスの工業化の進展自体が地主にとって好都合であったことがあげられる。すなわち、工業化にともなう炭鉱開発、運河・鉄道などの運輸手段の整備、都市の発達により、地主が所有する所領の資本価値が増大し、彼らの経済的基盤が拡大した。さらに、イギリスの工業化は、綿工業に代表されるように海外市場への依存度が非常に高いため、一八七〇年代まで国内土地市場の自由化を必要とせず、同時に、経済のサーヴィス部門が工業化の進展とともに拡充された。その過程で地主層は、世紀転換期には、あらたに利子・配当収入に依存することが可能になったが、この点は次節で詳述する。

## 政治・教育改革と中流階級のジェントルマン化

「繁栄の時代」には、一八三〇～五〇年の「改革の時代」に開始された各種の行政改革が、工業化と都市化の進行に応じて引き続き拡大された。そのなかでも、第二次選挙法改正や官僚制・軍制の改革などの政治上の改革、教育上の改革が重要である。というのも、それらの諸改革は、工業化の進展に対応した国制の近代化であるだけでなく、経済的に実力をつけた中流階級を土地貴族を中核とする伝統的な支配体制に取り込む、きわめて保守的なイギリス特有の改革であったからである。

諸改革の内容を検討する前に、制度改革の前提となった、工業化時代の中流階級の価値観、行動様式の変容、とくに上層中流階級の倫理観《エートス》と化したジェントルマン化意識を一瞥《いちべつ》しておくことにする。経済的に成功し富をたくわえたブルジョワ階級が、田舎に土地を購入してカントリ・ジェントルマン

（地主）に転化する事例は、すでに十八世紀からみられた。十八世紀前半の「商業革命」期において、大海外貿易商、西インド諸島の植民地プランター、インド帰りの「ネイボッブ」、ロンドン・シティ

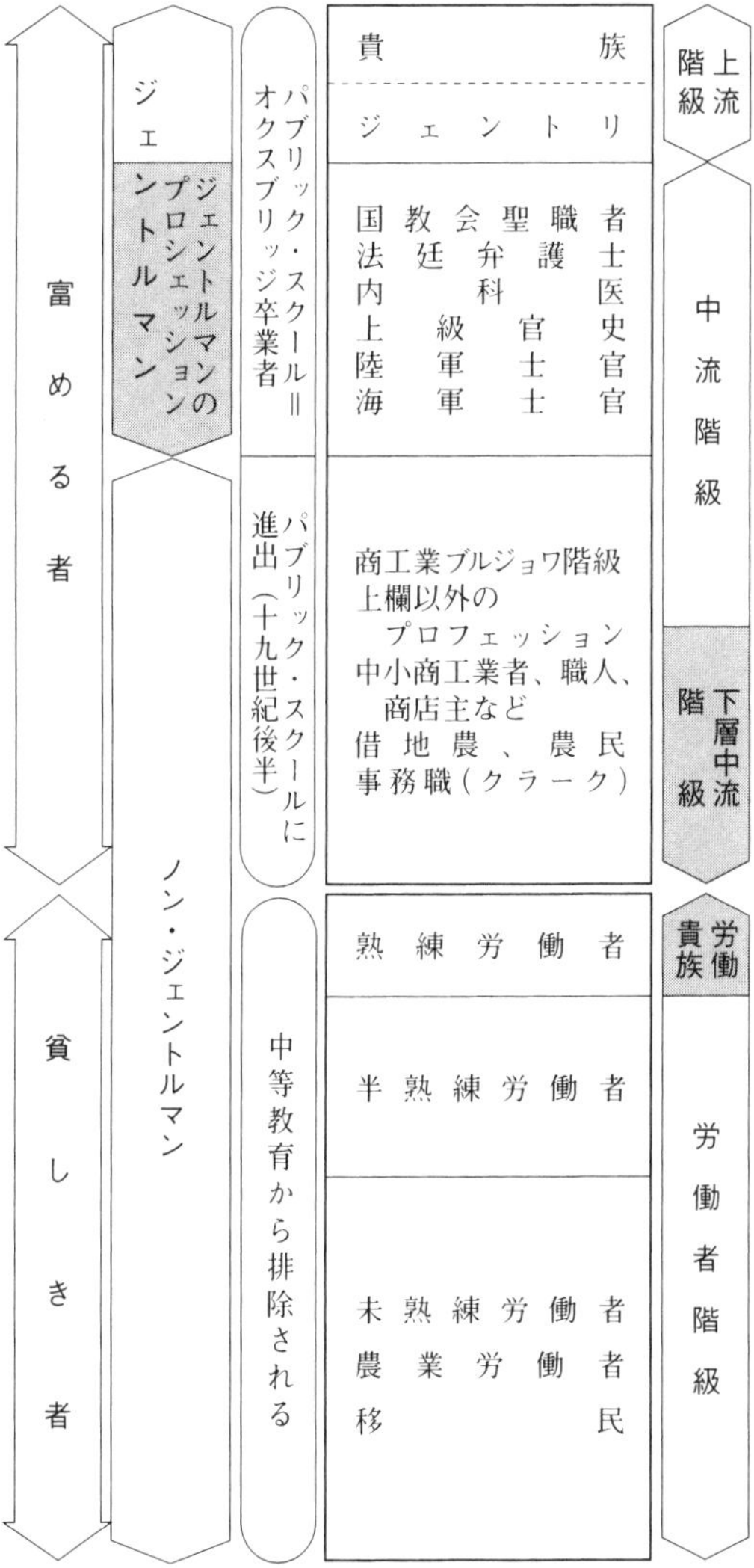

19世紀後半のイギリス社会の構成

の「金融利害関係者」らが、所領を購入した。産業革命の担い手であった産業資本家もその例外ではなく、綿工業のピール家、アークライト家、鉄道建設のトマス・ブラッシーなど枚挙にいとまがない。しかし、「繁栄の時代」には、農業用地の高騰で土地需要の増大にたいして土地市場そのものが狭隘《きょうあい》化し、所領購入を通じたジェントリ化による社会的地位の上昇は、閉塞状況におちいった。だが、それによってジェントルマン＝ノン・ジェントルマンの伝統的階層秩序が揺らぎ始めたわけではなかった。所領購入にかわる、ジェントルマン教育を通じた社会移動があらたに注目を集めたのであり、この中流階級の教育熱は一八五〇～六〇年代を、史上最初の教育改革の時代にした。

中流階級の上層部を中心に広がったジェントルマン化の風潮は、パブリック・スクールへの進学熱を高め、彼らの要請に応えて、チェルトナム、マールバラ校など八七校のあらたなパブリック・スクールが十九世紀中に創設され、空前のパブリック・スクール・ブームがおとずれた。名門校も、ラグビー校長のトマス・アーノルドの努力で教育理念の刷新に成功し、中流子弟の包摂への道を開いた。こうした教育熱を背景に、中・高等教育への国家干渉が上からの改革として遂行された。オクスブリッジにたいする改革は、両大学の中流階級の非国教徒にたいする閉鎖性の打破を主眼とし、一八五四、五六年の両大学法、七一年の大学審査法により宗教差別は撤廃され、ジェントルマン・エリートの供給源が広く中流階級に拡大された。中等教育では、一八六〇年代前半に二つの王立調査委員会が設置され、その答申に基づいて六八年にパブリック・スクール法、六九年に基本財産学校法が制定された。前者は、伝統的なジェントルマン教育の有効性を再確認し、後者は、全国の基本財産学校(文法学校)を中流階級内の階層別に三つの学校群に再編成することを定めた。こうして、上流階級と上層中流階級のジェントルマン教育を通じた融合がはかられる一方で、教育を梃子《てこ》とした中流階級全体の階層的序列化が推し進められた。

こうした教育改革の進展は、卒業生の受け皿としての官僚制と軍制の改革をうながした。十九世紀前半の国内およびインド行政の文官採用は、パトロネジ(縁故採用)によりおこなわれており、陸軍では士官職購買制(売官制)が定着し、通常は財産分与にあずかれない貴族・ジェントリの次・三男がそのポストに就き、彼らの「院外救済」として機能していた。こうした慣行は、中流階級の急進派によって批判され、一八五〇年代から国家が上からの政策としてその改革を推進した。最初の突破口は、インド高等文官(ICS)の改革を盛り込んだ一八五三年の東インド会社特許状の改正である。同法により、東インド会社重役による推薦任用制が廃止され、あらたに公開競争試験が導入された。一八五五年から実施された試験制度によって、ICSの職は広く大学卒業生一般に開放された。一方、国内の官僚制改革は、旧守派の抵抗を排しながら一八五五年から漸進的に進められ、推薦任用制は七〇年にようやく全廃されたが、その間の上級職合格者の大半は、オクスブリッジをはじめとする大学卒業生で占められた。陸軍士官職の売官制は、クリミア戦争時の大失態を契機に、軍制批判の一環として問題になったが、一八七〇年代になってはじめて改革が実施された。一八七一年の第一次グラッドストン内閣陸相カードウェルが提案した陸軍規制法案は貴族院の反対で頓挫したが、国王大権の発動(国王令状の発令)により、士官職購買制は廃止された。それ以後の陸軍士官への登竜門は、陸軍士官学校と陸軍技術士官学校に限定され、新興のパブリック・スクール出身者を集めた両校で、中流子弟が貴族・ジェントリの子弟とともに、将校団を構成するようになった。

以上のような上からの保守的改革の一環として、一八六七年の第二次選挙法改正も位置づけることができる。議会改革は、改革に熱心な自由党の指導者としてグラッドストンが台頭し、一八六四年に中流階級を基盤とする議会改革同盟、翌六五年に労働者階級の声を代弁する議会改革連盟という圧力団体が結成されるなかで、六六〜六七年に議会の議事日程にのぼった。第二次選挙法改正は、保守党のディズレーリの巧妙な議会戦略の結果、当初の議員の思惑をこえて、当時「暗闇に向かっての跳躍」と呼ばれた民主的なものになった。地方税の納入のみを要件とする戸主選挙権を認めた同法は、労働者階級上層部にまで選挙権を拡大して彼らの体制内化を促進し、連合王国の有権者は、改正前の一三五万人から二四七万人へと大幅に増加した。しかし、本格的な議席再配分の問題は先送りされたのである。

### 労働大衆と消費生活の変化

「繁栄の時代」をむかえて総人口の四分の三を占める労働者階級の生活も、一八四〇年代の苦境期と比べると明らかに好転した。一八五一年のロンドン万国博覧会が、その幕開けとなった。一八六〇年代になると労働者階級の実質賃金は著しく上昇し、労働大衆も「繁栄」の恩恵に十分に浴することができた。それは、労働運動の穏健化と消費生活の変容＝「生活革命」を引き起こすことになった。

この時期の労働運動の特色は、機械工、大工指物師《さしものし》、石工、ボイラー工などの熟練職人層が指導的役割を演じたことである。彼らは、当時から「労働貴族」と呼ばれた上層労働者階級であり、全労働者層の一〇％程度を占め、年収は七〇～一〇〇ポンド以上に達した。彼らが結成した労働組合は、高額の組合費を徴収し、高い失業給付と共済機能、徒弟制度を組み込んだ排他的な性格を有し、労働市場での独占力を背景にストライキを極力排する労使協調路線をとった。ウィリアム・アランの合同機械工組合(一八五一年設立)、ロバート・アップルガースの大工指物師組合(一八六〇年設立)が、その典型である。この時期には、中流階級の場合と同様に、上層の熟練労働者階級も自助と独立の精神に染まり、とくに彼らの場合は、各種の集団的組織を介した相互扶助のかたちをとった。サミュエル・スマイルズの『自助』を愛読し、レスペクタブルな地位にこだわったのも彼らである。会員の拠金に基づいて疾病、死亡、不慮の災害に融資する相互扶助組織である友愛協会は、この時期に労働者階級のあいだで普及し、一八六〇年代には三〇〇万人が加盟した。また、オーウェン主義の影響下で発達した協同組合も、消費生活組合(生協)として、この時期におおいに普及した。

前述の中流階級を対象とする教育改革と並行して、民衆教育(初等教育)の改革もこの時期に着手された。一八六二年のロバート・ロウの改正教育令は、三〇年代に導入された民衆教育への国庫助成金の削減を目的に、各学校の児童の読み、書き、算術のスリー・アールズの試験結果を重視する「出来高払い制」を導入した。助成金配分を能力主義に基づいて合理化し、国庫負担を軽減する自由主義的な政策であった。一八七〇年には、公教育としての初等教育の実施をめざした初等教育法が制定された。同法は、前述の第二次選挙法改正による都市労働者階級への選挙権の拡大に対応して制定され、あらたな有権者を既存の体制内部に取り込み「教育する」ことが意図され、民間諸団体が経営する学校が存在しない地域で、地方税を徴収する労務委員会が公立学校を設立することを義務づけた。就学強制や無償教育に向けての措置は不十分であったが、公教育としての民衆教育拡充の第一歩が印され、とくに都市部の公立小学校はあらたなアイデンティティを育むことになった。

「繁栄の時代」は、労働大衆の消費生活にも反映され、とくに彼らの食生活はおおいに改善された。十八世紀から続く「生活革命」により、新奇な消費物資と新しい生活習慣が普及し、イギリス人の生活様式の国際化が進展した。とくに、紅茶と砂糖の消費量は急増して、労働者階級のあいだでも飲茶の習慣があたり前になった。肉の消費量も生活水準の向上にともない増加した。もとより、労働大衆の全面的な衣食生活の改善は、世紀転換期を待たねばならないが、自由貿易の恩恵が庶民レヴェルにまで感じられ始め、「豊かな社会」への萌芽が形成されたのもこの時期である。

## 「自由貿易帝国主義」の展開

十九世紀中葉のイギリスの対外政策は、一九五〇年代にギャラハーとロビンソンが「自由貿易帝国主義」論を提起して以来全面的に見直しがおこなわれ、今やヴィクトリア朝中期は、イギリスの海外発展史上で決定的な段階とみなされている。「自由貿易帝国主義」論では、イギリスの海外膨張をめぐって、(1)時間的二分法が否定され、十九世紀中葉における「公式帝国」の拡大＝領土拡張の連続説が、また、(2)空間的二分法を否定し、圧倒的な経済力と軍事力を背景に自由貿易の論理が押しつけられた、中国、ラテンアメリカ、トルコなどの低開発諸国を包摂する「非公式帝国」の存在が主張される。

この時期のイギリスの対外政策を一手に担ったのが、外相ついで首相としてイギリス帝国の威信と力を誇示する砲艦外交を展開したパーマストンである。彼は、一八五四〜五六年にロシアの南下政策を阻止すべく、クリミア戦争に参戦し、フランスと協力して戦争を勝利に導き国民的な英雄になった。同時に彼は、「イギリスの通商業者、製造業のためにあらたな市場を確保するのは政府の仕事である」との確信をいだいて、「自由貿易帝国主義」政策を世界各地で積極的に推進した。つぎに、具体的な帝国外交政策をあらたな通説となった解釈に従って、再検討してみよう。

まず、ヴィクトリア中期には、あらたにニュージーランド、黄金海岸、ラゴス、バストランド、インド周辺のパンジャブ、シンド、ビルマ低地などの広大な諸地域がつぎつぎに植民地となり、「可能

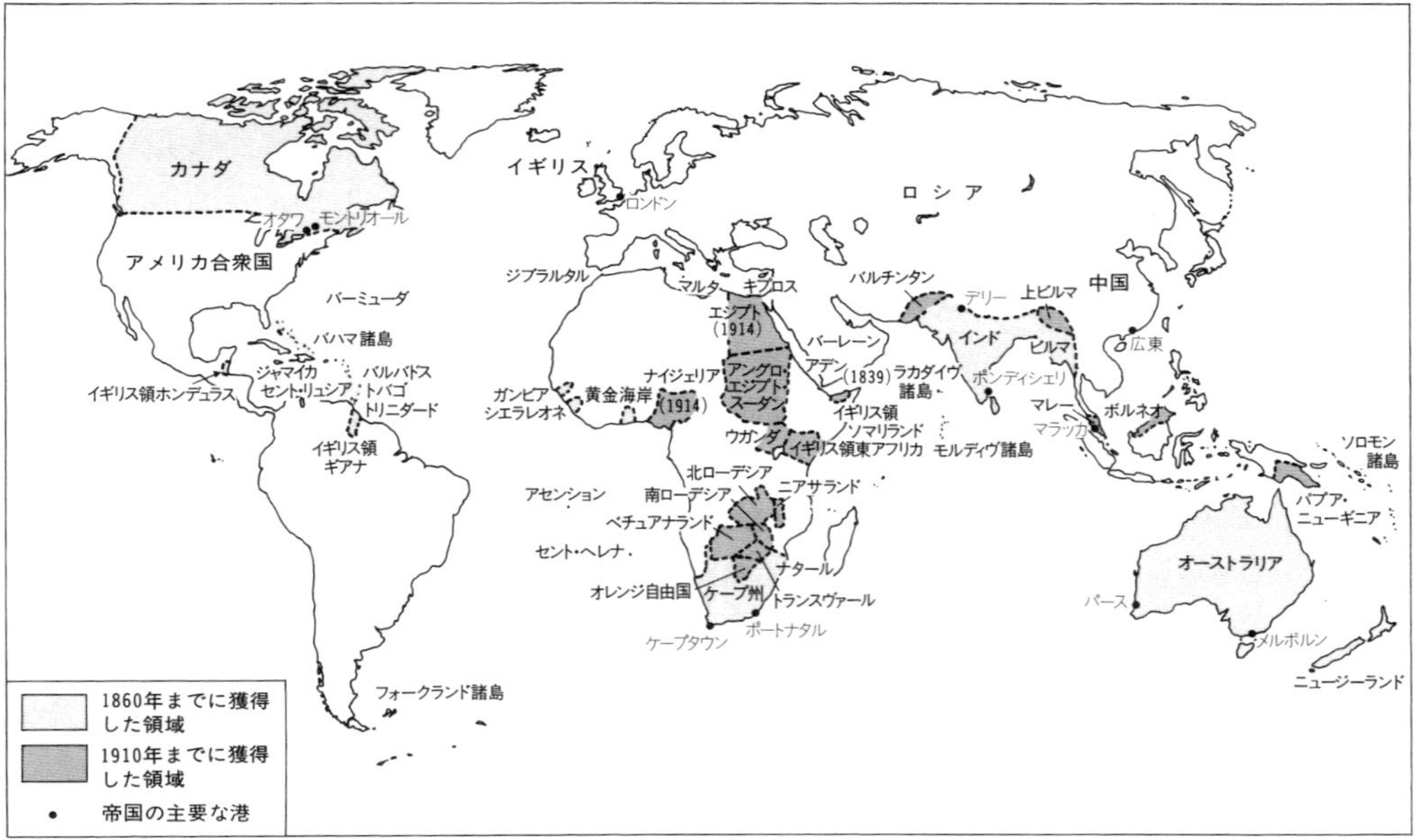


イギリス帝国(1860～1910年)

ならば非公式手段により、必要ならば公式の併合によって」イギリス帝国が拡大した。ついで、この時期にコブデン、ブライトらマンチェスタ派の論客が提唱した植民地分離論（小英国主義）は、西アフリカ植民地の放棄を勧告した一八六五年の西アフリカ委員会の提言を含めて、まったく実現されずに終わった。白人定住植民地にかんしては、責任政府の承認、自治領化、帝国防衛費の現地負担化が推進されたが、それはけっして植民地分離主義ではなく、本国の利益を擁護する安価な間接的手段への転換にすぎなかった。一八五〇年のオーストラリア植民地政府法によりヴィクトリア植民地が生まれ、五〇年代末までにオーストラリアの諸植民地で二院制議会と自治政府が設立された。一八六七年には、英領北アメリカ諸植民地の連邦化が実現し、自治領であるカナダ連邦が成立した。新生カナダは、イギリスの資本投資に支えられた鉄道建設を通じて、大陸横断国家の建設を推進した。

とくに、アジア諸地域において「自由貿易帝国主義」は顕著であった。インドでは、レッセ・フェールの時代においてさえ、戦争と併合があいついでおこなわれ、東インド会社は一八三三年に対中貿易独占権を喪失して以来、完全なインド統治機関になった。一八五七年のインド大反乱（セポイの反乱）は、イギリス支配体制を大きく揺るがしたが、大規模な軍事動員により危機を乗りきったイギリスは、一八五八年に東インド会社を廃止してインド省を創設し、インドを直轄支配下においた。以後のインドは、内陸部開発のための鉄道建設と原綿栽培の奨励、本国の綿製品輸入促進のための関税操作、本国からの資本輸出の増大などの一連の経済・財政政策を通じて、大英帝国を支えるもっとも重要な植民地になった。他方中国は、一八五六〜六〇年の第二次アヘン戦争(アロー戦争)での武力行使を通じて自由貿易を押しつけられた。一八四〇〜四二年のアヘン戦争により、香港島を植民地とし中国本土の五港を強制的に開港させたイギリスは、対中貿易の一層の拡大を求めて圧力を強め、首相パーマストンは、中国側の抵抗を打破すべくフランスと共同で典型的な砲艦外交を展開した。一八六〇年十月に結ばれた北京条約により、中国は、イギリスに九竜半島の一部割譲と賠償金の支払いのほかに、天津など一一港の開港に同意した。イギリスは、同時期にアジア諸地域でも砲艦外交を展開し、ペルシア、トルコ、シャム(タイ)、日本(一八五八年エルギン条約)などの弱小国を相手に友好通商条約を締結した。同様な通商条約は、白人移住者が理想的な「協力者」として存在したラテンアメリカ諸国とも十九世紀前半に結ばれており、鉄道建設の進展と蒸気船航路の開設で、それら諸地域の対英貿易は順調に伸びた。世界の低開発諸地域を、イギリスへの第一次産品供給国、本国の工業製品市場や資本輸出先として補完的衛星経済に転換する、というイギリスの世界戦略は国家の支援で着実に実現された。

## 2　帝国主義時代の到来

### 「大不況」とジェントルマン資本主義

この節で扱うのは、「大不況」の到来からヴィクトリア女王が死去する一九〇一年までの十九世紀の最後の四半期であり、いわゆる「帝国主義時代」の最初の三〇年間に相当するヴィクトリア朝後期の時期である。

十九世紀中葉に「世界の工場」として未曾有の経済的繁栄を誇ったイギリス経済は、一八七三年のドイツに始まる世界恐慌から一転して慢性的不況におちいり、七九年恐慌、九〇年の「ベアリング恐慌」をへて九六年にいたるまで長期にわたる「大不況」から脱却できなかった。この「大不況」は、イギリス資本主義と世界市場の構造的な再編をもたらした。

この時期に、アメリカ合衆国とドイツは急速に工業化を進めて資本財の生産でイギリスを凌駕《りょうが》し、一八九〇年代にはロシア、イタリア、日本などの「半周辺」資本主義国が工業化に乗り出し、世界資本主義体制はこれらの後発資本主義諸国が工業化を競う段階に移行した。また、一八六九年にはアメリカ大陸横断鉄道とスエズ運河が完成して、欧米向け食糧・原料輸出を媒介にして、ラテンアメリカ諸国、インド、オーストラリア、カナダなどの第一次産品国が世界市場に本格的に編入されて、世界

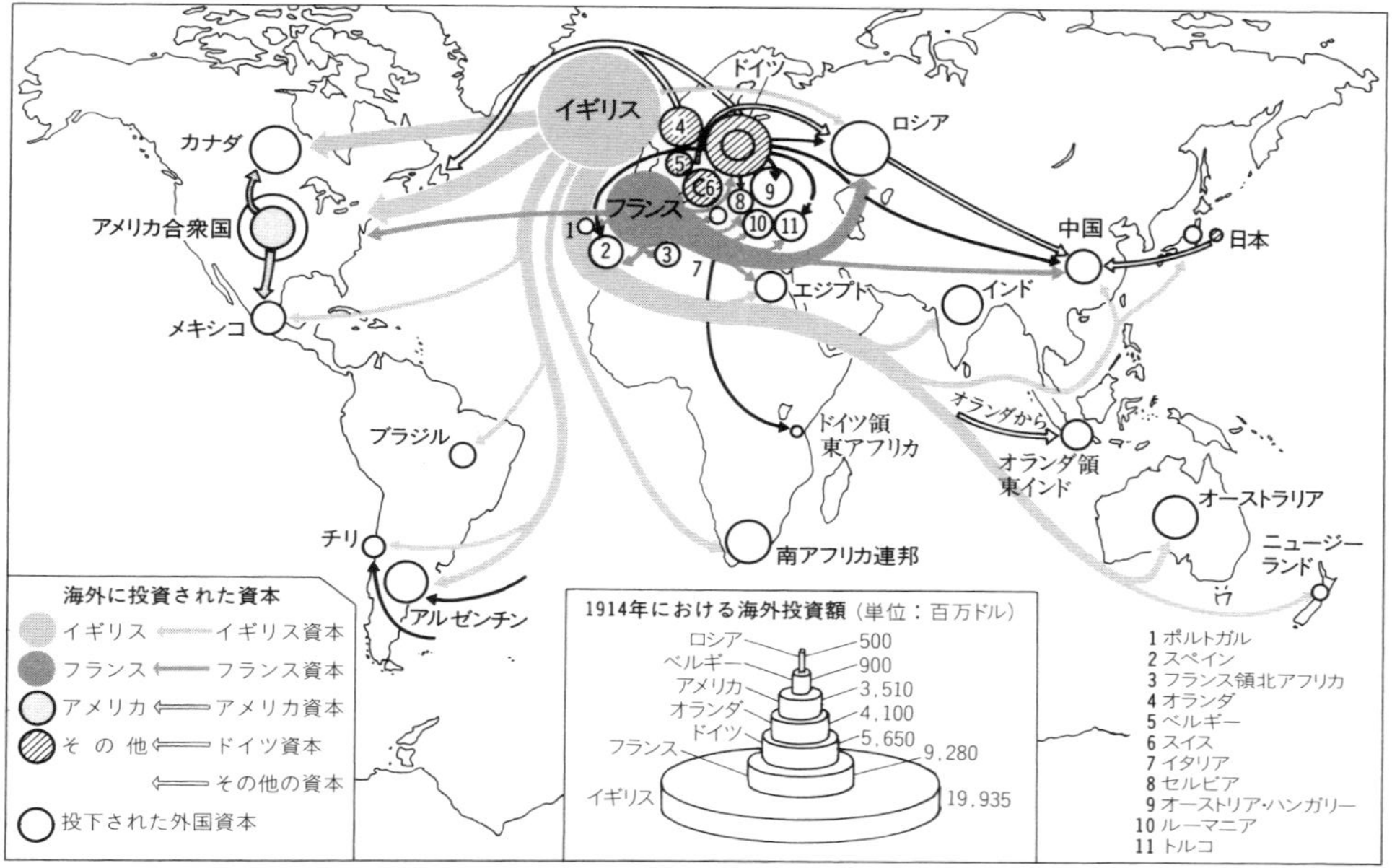


**資本の動き**（1875～1914年）　イギリスの資本輸出は世紀転換期に急増し，イギリスは多角的決済機構の中心国，国際金融の基軸国になった。イギリスの投資先は，オーストラリア，カナダ，アルゼンチンなどの第一次産品国とアメリカ合衆国に集中した。

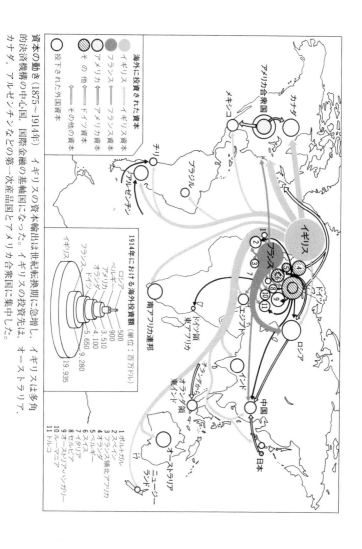

の一体化が促進された。その過程で、イギリス農業は、遠隔の第一次産品国からの安価な農畜産物の大量輸入にさらされて、高度集約農業《ハイ・ファーミング》の継続が不可能になり、破滅的な「農業大不況」に直面した。借地農経営の破産や地代の滞納、不払いが続出して農業利潤と地代収入は低下した。他方、イギリス工業の国際競争力も低下して、製品輸出が停滞するなかでドイツ、アメリカ合衆国からの鉄鋼・非鉄金属製品の輸入が急増し、両国との貿易摩擦を生んだ。「大不況」期イギリスの貿易構造(貿易収支)は、貿易赤字が倍増して弱体化したが、ドイツ、アメリカの急激な工業化と第一次産品国の経済発展に支えられ、世界経済全体はグローバルな規模で成長を続けた。そして、支配的な貿易決済手段であるスターリング手形を媒介として、ポンド資金の世界循環システム、いわゆるイギリスを中心国とする「多角的決済機構」が二十世紀初頭に確立された。このシステムを維持するには、(1)イギリスが開放的な自由輸入体制を維持すること(自由貿易の逆説)、(2)インドへの消費財の集中的輸出により、インドが欧米諸国より稼いだ膨大な貿易黒字を吸い上げること、が必須条件となり、対インド貿易は「多角的決済機構の鍵」ともいうべき重要な地位を占めた。

「大不況」期の後半以降、イギリスの貿易外収支の構造も大きく変化した。貿易外収支は、海運料収入、貿易商社手数料、保険料、利子・配当収入から構成され、その合計額で増大する貿易赤字を相殺する国際収支構造が、イギリスでは十九世紀前半から定着していた。この時期には、海運料収入が停滞する一方で利子・配当収入が急増し、二十世紀初頭には、激増する資本輸出(三〇億ポンド)を反

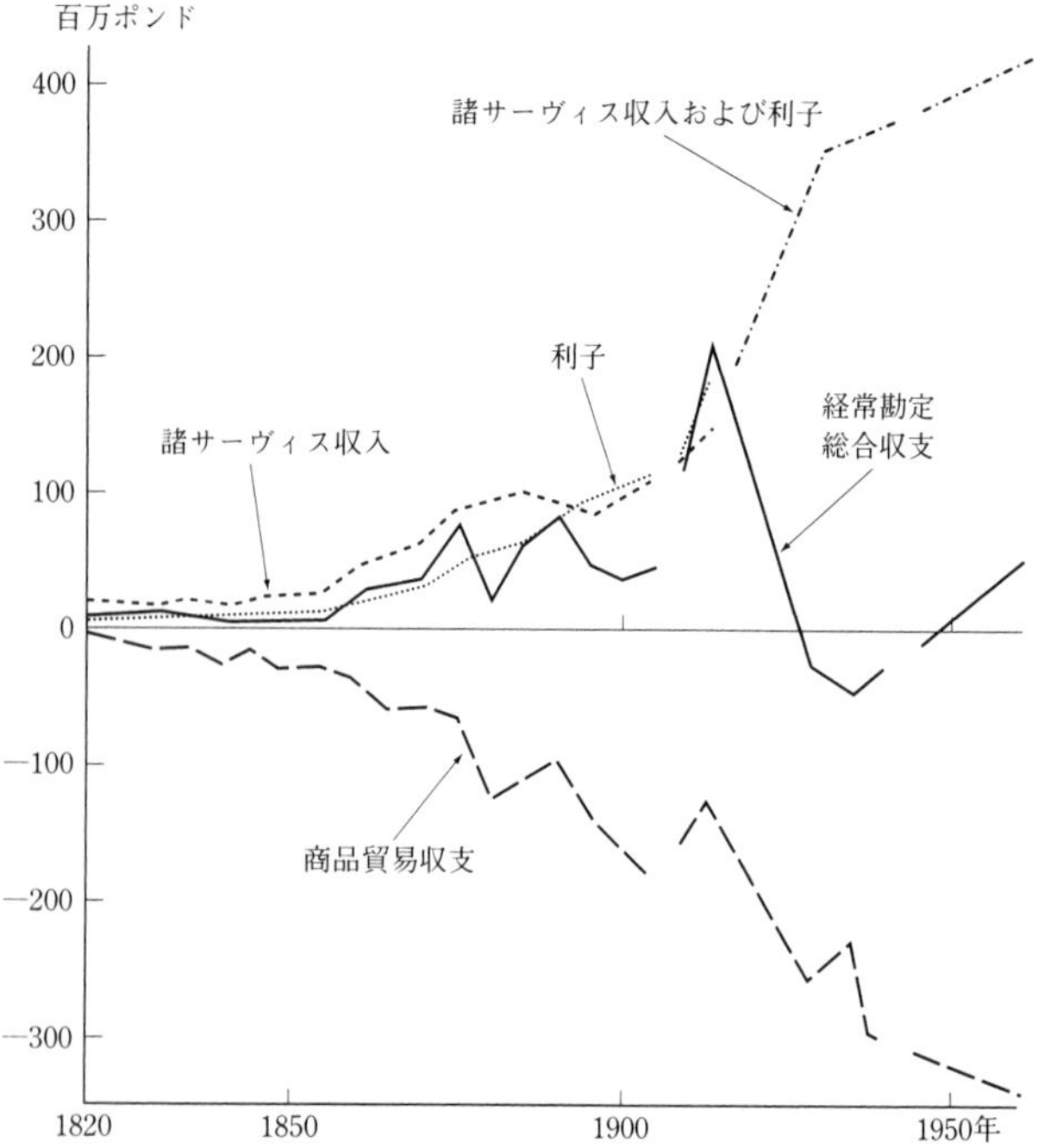


**イギリスの国際収支と資本輸出**　イギリスの貿易収支は恒常的に赤字であった。その赤字を相殺して国際収支の黒字をもたらしたのが，諸サーヴィス収入から成る貿易外収支の伸びであり，世紀転換期以降は，資本輸出の増大にともなう利子・配当収入が大きく寄与した。

映して、利子・配当収入のみで貿易赤字を補塡できるまでになった。資本輸出は、従来のアメリカ合衆国やアルゼンチンに加えて、一八八〇年代後半以降は白人定住植民地向けが急増し、一貫して増大した対インド投資とあわせて、帝国内投資が増大した。二十世紀初頭のイギリス国際収支の構造をみると、対欧米諸国の膨大な赤字が、インドからの巨大な黒字と、極東、オーストラリア、トルコからの黒字で補塡されていた。「インドの安全弁」は、前述の強要された貿易黒字の獲得と、植民地統治にともなう「本国費」を通じた財政収奪を前提にしており、今やインドは、国際金本位制＝ポンド体制の「最大の安定要因」になったのである。こうして二十世紀初頭のイギリスは、「世界の工場」(工業製品輸出国)から、「世界の銀行家」「世界の手形交換所」(金融・サーヴィスの中心国)へと経済活動の重点を移動させながら、ロンドン・シティの金融利害を中心にして、世界資本主義体制の「中核」国としての地位を維持したのである。この「ジェントルマン資本主義」が二十世紀のイギリス社会経済を支える基盤となった。

### 自由主義の破綻とアイルランド問題

国内政治面でのヴィクトリア朝後期は、当初の二大政党による典型的な政党政治が揺らぎ始め、帝国植民地問題、アイルランド問題をめぐって政界が再編された時期である。

一八七四年の総選挙により、ディズレーリ保守党内閣が成立した。ディズレーリは、内政面で

ヴィクトリア女王に「インド女帝」の王冠を贈るディズレーリ（イギリスの風刺雑誌『パンチ』1877年1月）　ヴィクトリア女王は，ディズレーリ発案の国王称号法で，あらたにインド女帝になった。オリエント世界に広大な領土をもつ君主のイメージが「創造」された。

「トーリ・デモクラシー」と呼ばれる一連の社会改革諸立法（公衆衛生法、職工住宅法、労働組合法など）を通じて、労働者階級を保守党陣営に取り込もうと試みたが、最大の成果はイギリス帝国の強化をめざす外交政策でみられた。一八七五年のスエズ運河株買収、七七年のヴィクトリア女王の「インド女帝」宣言、七八年の露土戦争への介入とベルリン条約など一連の東方外交政策の成功は、彼の威信をおおいに高めた。しかし、その後のアフガニスタンや南アフリカでの植民地戦争の行きづまりと一八七九年恐慌に直面して、自由党グラッドストンの「ミドロジアン・キャンペーン」での倫理的な理想主義外交の訴えの前に、ティズレーリ流の政策は魅力を失い、一八八〇年の総選挙で第二次グラッドストン自由党内閣が成立した。

「ヨーロッパの協調」、自由主義精神、平和主義を掲げたグラッドストンは、前政権の強硬外交と放漫財政を清算して好評を博した。しかしすぐに、アイルランド、エジプト、スーダンで高揚した従属諸民族のナショナリズム運動に直面し、彼の理念的な自由主義は動揺をよぎなくされた。アイルランドでは、農業大不況を契機に借地農による土地改革闘争が展開され、借地権を保護する土地法の制定にもかかわらず、その運動は自治要求闘争へとエスカレートした。他方、エジプトでは、一八七九年からの英仏両国による外債返済の強制と財政管理が反発を招き、親英政権が倒れた(オラービー・パシャの反乱)。一八八二年六月のアレキサンドリアの反英暴動への対処に苦慮したグラッドストンは、閣内強硬派の圧力に屈して軍事干渉をおこない、結果的にイギリス単独によるエジプト占領を容認した。さらに翌一八八三年、エジプトの属州のスーダンでいわゆる「マフディー教徒の反乱」が勃発した際に、グラッドストンは「中国の英雄」ゴードン将軍を現地に派遣した。ゴードンが逆に包囲されて窮地におちいると、グラッドストンは世論や閣内強硬派の圧力に屈して救援軍を派遣したが、援軍の到着直前にゴードンは戦死し「ハルトゥームの悲劇」が引き起こされた。北アフリカをめぐる優柔不断な政策は、結果的に二十世紀初頭までイギリス外交を制約し、グラッドストンの意図をこえて、

「アフリカ分割」への道を切り開くことになった。

他方、動揺した外交政策と比べて、内政面でグラッドストンは重要な政治改革を成しとげた。一八八三年の腐敗および不法行為防止法は、選挙の浄化をめざしたもので、当時世界でもっとも厳しい選挙規範が確立された。一八八四年の第三次選挙法改正は、第二次改正で都市選挙区に導入された地方税納税者戸主選挙権を州選挙区にも拡張して、有権者は約二六〇万人から約四四〇万人に一挙に増大した。一八八五年の議席再配分法はさらに重要で、ロンドンと大工業都市の議席をふやし、人口比例制の議員選出と小選挙区制が導入され、女性参政権を除くと、二大政党制を前提にした議会制民主主義の基盤が確立された。

だが、グラッドストン自由主義は、一八八五〜八六年にかけて、最大の帝国植民地問題であったアイルランド問題の解決に失敗して破綻をきたすことになる。グラッドストンは、第一次内閣当時からアイルランド問題の解決に熱意を示していたが、保守党の自作農創設政策とパーネルに率いられたアイルランド国民党の政治的台頭、それに彼独自の政治的使命感が重なり、アイルランド自治が最大の政治課題になった。一八八六年二月に成立した第三次グラッドストン内閣は、四月にはアイルランドにカナダ方式の自治権賦与を規定したアイルランド自治法案と土地購入法案を提出した。しかし両法案は、性急な土地問題の解決を恐れるホイッグ派、帝国市場の喪失を懸念するチェンバレンを中心とする新急進主義者の造反、および帝国の統合を重視する保守党の反対で否決された。アイルランドと本国の連合維持を主張する造反者たちは自由党から離脱し、あらたに自由統一党を結成(自由党の分裂)、一八八六年七月の総選挙では自治権の賦与に反対する保守党が大勝し、第二次ソールズベリ保守党内閣が成立した。ここにグラッドストン流の自由主義は完全に破綻し、二十世紀初頭までは保守党の手で帝国主義政策が推進されることになる。

### 大衆社会の萌芽

「大不況」は労働者階級の生活にも影響をおよぼし、あらたな政治的思潮が生み出され、一八八〇年代前半に、中流階級の知的エリートを指導者とする社会主義諸団体が結成された。いわゆる「社会主義の復活」がそれである。まず、一八八一年、トーリ急進派のハインドマンは民主連盟を結成、八三年にはイギリス初のマルクス主義団体、社会民主連盟を組織した。彼は、一日八時間労働、累進課税、土地・鉄道の国有化など社会主義的な綱領を掲げ、知的エリートによる社会革命の実現をめざした。しかし、路線の対立により、ウィリアム・モリス、エリナ・マルクスらは社会主義者連盟を結成した。他方、一八八四年には、シドニ・ウェッブ、バーナード・ショウ、ウェルズら中流階級知識人により、非マルクス主義的な社会主義団体であるフェビアン協会が結成された。この団体は、経済活動や社会生活への積極的な国家干渉(集産主義)によって福祉国家の実現をめざし、中央政府や地方自治体への政策提言と啓蒙・宣伝活動を通じた漸進的な改良主義を提唱した。フェビアン協会は労働者階級との直接的接触は欠いていたが、二十世紀に出現するイギリス労働党の思想的基盤を提供することになる。

「大不況」の影響で不熟練・半熟練労働者の失業が急増し、一八八〇年代後半に失業問題への関心が高まるなか、ロンドンを中心に労働運動にも大きな変化がみられた。まず、一八八八年、ロンドン

港湾労働者組合の紋章　1889年のロンドン・ドックストライキは新組合主義運動の象徴であった。紋章には，正義、希望と，支援を受けたオーストラリアの労働者との連帯感が表現されている。

のマッチ工場の女工が、賃上げと労働条件の改善を要求してストをおこない、「苦汗労働」への世論の共感に支えられて成功をおさめた。ついで翌一八八九年三月末に、約三万人のロンドンのガス労働者が、賃上げと八時間労働三交替制の採用を要求してストに突入し、三カ月の闘争に勝利した。彼らは、六月末に「ガス労働者・一般労働者組合」を結成した。この成功に刺激されて、一八八九年八月、ロンドンの港湾労働者もストに突入した。ベン・ティレットに指導された彼らは、賃上げ（「沖仲仕《おきなかし》の六ペンス」といわれる時給）と雇用の安定と近代化を要求した。約八万人が参加した闘争は、世論の支持をえて勝利をおさめ、ティレットは「港湾・波止場・河岸・一般労働者組合」を結成した。こうして、一八八九年から九〇年にかけて、あらたに約二〇万人の不熟練・半熟練労働者が、「一般労働組合」と呼ばれる新組合を結成した。それは、旧来の組合から排除されていた労働者を、産業や職種をこえて安い組合費で全国規模に組織し、労使協調よりもストを武器に賃金や労働条件の改善、国家干渉を要求した。こうした新組合主義運動が高揚するなかで、一八九二年の総選挙でスコットランドの鉱夫、ケア・ハーディが独立派の労働者議員として初の当選をはたし、翌九三年一月、北部工業都市ブラッドフォードで「独立労働党」を組織して注目をあびた。だが、二十世紀初頭までの労働界では、労使協調主義を掲げ、自由党急進派に組する「自由《リブ》＝労働《ラブ》」主義がいぜんとして優位を占めつづけ、労働運動のエネルギーは、既存の政治・社会体制の枠組みのなかに吸収されたのである。

また、一八八〇年代後半から九〇年代は、下層中流階級や上・中層の労働者階級を巻き込んだ諸変革が漸次的に進展し、大衆社会化現象の萌芽がみられた時期でもある。まず、初等教育の拡充があげられる。一八八〇年教育法は児童の強制就学を規定し、違反者には罰金を課し、九一年には、公立初等教育の無償化が実現した。その後も、学務委員会が管轄する公立小学校が拡充され、二十世紀初頭には、就学児童は四七三万余名、就学率も八八％に達し、初等レヴェルで「万人のための教育」理念が実現に近づき、大衆社会の文化的基盤が形成されつつあった。初等教育の拡充についで、技術教育や実用的な中等教育の拡充も模索され、一八八九年には工業教育法が制定され、九五年にはブライス委員会が労働者階級への中等教育の門戸開放を提言した。しかし、その実現には、帝国主義的な海外膨張の国内的な矛盾が露呈する世紀末のボーア戦争の衝撃をへなければならなかった。

一八九〇年代後半には、ジャーナリズムの世界でも商業的な日刊大衆紙が出現し、「ノースクリフ革命」と呼ばれる一大変革がもたらされた。一八九六年、大衆向け週刊誌の編集者ハルムズワース（のちのノースクリフ卿）は、廉価な『デイリー・メイル』（半ペニーで従来紙の半額）を創刊し、都市の下層中流階級を主要な読者として、一九〇〇年には一〇〇万部に迫る発行部数を達成した。世論の動向を巧みにとらえた編集と、読みやすさ、大量の広告を売り物にした経営戦略は、大衆社会の幕開けの時期にふさわしいものであった。さらに、消費生活の側面からこの時期には、「大不況」による輸入品価格の下落によって、失業をまぬがれた労働者の実質賃金はむしろ上昇し、生活水準の向上を背景として個人消費が増大する一種の大衆消費社会の萌芽がみられた。食料品を廉価販売するリプトン、セインズベリ、マークス&スペンサーや新聞・雑誌販売のW・H・スミスなど一連のチェーン・ストアは、一九〇〇年には一万軒を突破して膨張を続け、生協も組合員が急増した。もとより本格的な大衆消費社会の出現は、アメリカで発展したフォード主義、大量生産方式が波及する戦間期を待たねばならないが、海外からの安価な食糧の大量輸入に支えられた「豊かな」消費生活の実現は、世界的規模で海外膨張をとげたイギリスの国際的地位を反映しており、注目に値する。

### ボーア戦争(南アフリカ戦争)とイギリス帝国

アイルランド問題をめぐり自由党が分裂して以来、イギリス政局の中心は、自由統一党を率いたジョゼフ・チェンバレンを中心に展開した。内政では、一八八五年の自由党「非公認綱領」、九二年の自由統一党「労働綱領」で彼が掲げた、労働者階級向けの社会政策の公約と、第二次ソールズベリ保守党内閣の一八八八年地方自治体法が注目に値する。前者は、二十世紀になって展開される「社会帝国主義」政策(後述)の前史であり、後者は、農村地域における伝統的社会秩序の維持をはかる保守的改革である。外交面でソールズベリ内閣は、「アフリカ争奪戦」に積極的に参入し、貿易・植民で特権をもつ「特許会社」を設立して領土拡張政策を展開しながら、一八八九年の海軍防衛法では海軍力の増強にも着手した。この軍備拡張は短命の自由党政権(一八九二〜九五年)にも継承され、一八九四年に平和主義に固執した老首相グラッドストンの悲劇的辞任を招いた。後継の首相ローズベリは、帝国拡張を唱える「自由帝国主義派《リベラル・インペリアリスト》」の指導者であった。

一八九五年の総選挙で大勝した保守党は、自由統一党と合体して統一党を結成、チェンバレンは、第三次ソールズベリ内閣で植民地相に就任し、外相を兼務したソールズベリと協力して、帝国膨張政策を推進した。まずチェンバレンは、白人定住植民地（自治領）と本国との連携強化をめざす帝国連合を模索した。それは、本国と自治領との互譲原則に基づいて、帝国内の自由貿易（自治領の関税撤廃）と食糧・原料の帝国特恵（本国側での外国産品への輸入関税賦課）により帝国関税同盟の結成をめざし、そのうえに帝国防衛費の自治領側分担を通じて、帝国軍事同盟の構築をはかる帝国統合計画であった。一八九七年六月には、イギリス帝国の威信、力、一体性を全世界に誇示する壮大な祝典「ヴィクトリア女王即位六〇周年記念式典」が挙行され、それを機に第二回植民地会議が開催された。この会議では、自治領側はチェンバレンの提案を拒否したが、カナダが一八九七年関税法で、現存の収入関税を前提としながら一方的な本国製品特恵を実施した。国際自由貿易体制の再検討が、現実のものになってきたのである。

帝国拡張にかんしてチェンバレンは、南アフリカでケープ植民地を中心とする英領南アフリカ連邦創設の構想をいだき、セシル・ローズと協力した。ローズは、一八八六年の金鉱発見から急速に経済的実力をつけてきた、ボーア人（オランダ系白人でアフリカーナと自称）のトランスヴァール共和国を封じ込める政策をとり、九五年十二月末には、クリューガ政権へのクーデタ計画である「ジェームソン侵入事件」を引き起こした。その後も、現地の高等弁務官ミルナーは、チェンバレンの暗黙の了解のもとで積極的な危機累積策をとり、ついに一八九九年十月、第二次ボーア戦争(南アフリカ戦争)が勃発した。

戦争は、当初の予想に反してボーア側の頑強な抵抗で長期化したが、開戦当初の国民の熱狂的な支持と自治領諸国からの軍事的支援を受けて、一九〇二年五月、ようやく講和が成立した。その結果、トランスヴァール共和国とオレンジ自由国は大英帝国に併合され、チェンバレンの帝国拡張構想が実現に一歩近づいた。しかし、ボーア戦争は、最終的に四五万の兵員と二億三〇〇〇万ポンドの戦費を要した末、巨大な財政赤字と膨大な国債を残してイギリスの国家財政は破綻に瀕した。また、国際政治面でも、戦争中の国際世論は終始ボーア側に好意的で、イギリスは外交的に孤立状態におちいった。戦争の長期化は、イギリス陸軍の脆弱さと兵役志願者の劣悪な健康状態を暴露することになり、一九〇〇年第二次艦隊法の制定によるドイツの海軍大拡張計画への着手とあいまって、軍事面でもイギリスの優位は脅かされ始めた。そうしたなかで一九〇一年一月、ヴィクトリア女王が死去し、イギリスはイギリス帝国の象徴を失い政策転換を迫られる状況のもとで二十世紀をむかえたのである。

## 3　エドワード時代

### チェンバレン・キャンペーンの展開――関税改革運動

エドワード時代は、正確にはエドワード七世(在位一九〇一～一〇)の治世の期間をさすが、通常は第一次世界大戦が勃発する一九一四年までを含む時期をさしている。

ヴィクトリア女王の死去とボーア戦争の終結で開幕した二十世紀イギリスは、政治、経済、社会、帝国の各側面で解決すべき多くの諸問題に直面していた。まず、ボーア戦争で軍事費が急増した結果、一九〇二～〇三年度の国家財政は四五〇〇万ポンドの赤字が見積もられ、それを補塡するため、一九〇二年三月、ソールズベリ内閣蔵相ヒックス・ビーチは、一年限りの臨時措置として輸入穀物への課税(穀物登録税)を含む予算案を提案した。食糧の自由輸入＝「安価なパン」に反するこの予算案は、財政危機にたいする臨時措置として容認されたが、貿易政策をめぐる党内対立を招いて首相と蔵相は辞任した。一九〇二年七月に後継のバルフォア内閣が成立し、翌年の予算案では穀物税が廃止されたが、自由貿易か保護貿易かの選択をめぐる党内対立は、やがて国政を左右する大問題になった。

チェンバレンは、一九〇三年五月十五日のバーミンガムでの演説で関税改革＝帝国統合の構想を提示し、自由貿易政策の転換を求めて精力的なキャンペーンを展開した。彼は、前節でみたように、イギリス本国と自治領諸国を包括する自給体制である帝国関税同盟の実現をめざしていたが、この構想案では、帝国特恵と国内の農業・産業保護策を含む以下の諸提案をおこなった。(1)本国側は、外国産食糧に関税を課し(穀物クオーター当たり二シリング、乳製品五%)、植民地産食糧は関税を免除する。自治領側は、本国工業製品を優遇する低率特恵関税を導入する。(2)外国との競争から本国産業を保護するために、外国工業製品に輸入関税(最高一〇%)を課す。原料の自由輸入は継続する。(3)茶関税を引き下げ、砂糖・コーヒー関税を撤廃する。チェンバレンの関税改革運動は、膨張する帝国主義財政を、今までどおりの自由貿易政策=直接税の増税でまかなうのか、それとも保護貿易政策に転換して間接税(関税)でまかなうのかを問いかけた。

チェンバレンと彼の支持者は関税改革同盟を結成し、「関税改革で全員雇用を!」をスローガンに、労働者階級を保護主義に転向させるべく広範な運動を展開した。その背後には、国際競争力を失い国内市場の保護を主張したバーミンガムの金属工業利害や一部の地主の利害があった。これにたいして、統一党内の自由貿易派および自由党は、従来どおりの自由貿易政策を擁護した。その背後には、綿工業やシティ金融利害がひかえていた。首相バルフォアは、諸外国の敵対的関税を引き下げさせる報復関税として特恵を支持する中間的立場をとり両勢力の妥協をはかったが不調に終わり、一九〇五年十二月、政権を放棄した。

統一党の瓦解により政権についたキャンベル=バナマン自由党内閣は、翌一九〇六年の初頭に総選挙を実施した。選挙では、一九〇二年バルフォア教育法をめぐる評価(後述)や、南アフリカの金鉱山への中国人苦力《クーリー》労働者導入問題も争点になったが、最大の争点は関税改革問題であった。その結果は、自由党の地滑り的勝利(自由党四〇〇、保守党一五七)に終わり、第一次世界大戦まで復活した自由党が政権を担うことになった。チェンバレン・キャンペーンの敗北した原因は、彼の提案がその有効性を疑問視されたことにある。地主は国内農業の保護効果を疑い、産業資本は自治領側の特恵関税を疑問視するとともに保護貿易の必要性をめぐり分裂した。とくに労働者階級は、「パンへの課税」をきらって食糧自由輸入体制の継続を支持した。だが、第二節でふれたように、「多角的決済機構」が二十世紀初頭に成立したことが決定的に重要であった。すなわち、本国とインド間の自由貿易を基軸とする貿易黒字の獲得と好調な貿易外収支が、イギリスの国際収支の均衡と帝国体制存立の必須条件となり、自由輸入体制の維持がポンドの円滑な世界循環を可能にした(自由貿易の逆説)。おりしも、海外投資の急増に支えられて景気は回復し、イギリス経済は世界経済の拡張に連動して、一九〇五〜〇七年と一九一〇〜一三年は好況のうちに推移した。シティ金融資本、金融・サーヴィス利害の優位が確立された状況のもとでは、チェンバレンの構想が受け入れられる余地はなかったのである。

## 「社会帝国主義」の実践

「社会帝国主義」論とは、帝国主義を、政治権力構造を含む社会の現状を維持し安定化させるための国内戦略として、つまり、社会主義者の議論に対抗して、支配階級が全国民を結集して国家と帝国の防衛にあたらせる広範な内政統合、社会統合の手段として解釈する理論である。この「社会帝国主義」が本格的に展開されたのが、前節で述べた大衆社会的な状況下の一八九〇年代なかばから第一次世界大戦にいたる時期であった。具体的には、労働者階級を既存の政治・社会体制に取り込むための社会政策の実施と、その財政的・経済的基盤を確保するための領土拡張政策と軍備、とくに海軍力の増強であった。前述したチェンバレンの帝国外交政策と関税改革運動は、彼が一八八〇年代から長らくいだいてきた「社会帝国主義」の具体的表現にほかならなかった。彼の場合は、帝国拡張をめざしたボーア戦争への関与が、社会政策の公約の実現を困難にする一方で財政難を招き、その打開策としての関税改革も時期尚早で支持がえられず、失意のうちに政界を去らねばならなかった。それ以後の「社会帝国主義」は、自由党政権、とくに一九〇八年に成立したアスキス内閣のもとで自由帝国主義政策として推し進められたのである。

社会政策の実施を公約していた自由党内閣は、一九〇六年に労働争議法、労働者災害補償法改正法、学校給食法、海運法を制定して社会改革に着手した。アスキス内閣では、社会政策を重視する急進派のロイド＝ジョージが蔵相に、商務相にウィンストン・チャーチルが就任し、改革への気運がいちだんと高まった。一九〇八年に炭坑夫八時間労働法、老齢年金法が、〇九年には職業紹介所設置法が成立した。とくに老齢年金法の制定は、ボーア戦争以前からの懸案であったが、七十歳以上の老人を対象とする収入調査を前提に、無拠出制の年金支給を定め、あらたに六〇〇万ポンドの財源を必要とした。ついで一一年には、社会改革の最大の成果である国民保険法が制定された。同法は健康保険と失業保険からなり、労働者、雇用者および国家がそれぞれ一定額を負担し(拠出主義)、失業保険は一部の産業労働者に限定されたものの一律強制加入を原則とした。

お手本とされたドイツの社会保険制度と異なり、イギリスでは、国家と民間の労働団体(公認団体とされた友愛組合や労働組合)との提携が、制度の形成と円滑な運用に重要な役割をはたした点が特徴的であるが、政府にとってはあらたに二七〇〇万ポンドの歳出増となり、財源の確保が至上命題となった。

こうした社会政策は、「社会帝国主義」のもうひとつの柱である帝国主義的膨張政策、とりわけ、ドイツ海軍の大拡張計画に対抗した海軍増強、いわゆる英独建艦競争と並行して展開された。イギリスは、一九〇五年に海軍軍令部長フィッシャーが作成した「コーダー覚書」に基づいて、本国水域への艦隊集中とドレッドノート型戦艦の建造に着手していたが、一九〇八年、ドイツの海軍拡張計画の加速化により「海軍パニック」が起こった。自由党内閣では、アスキス首相、グレイ外相、マッケナ海相ら海軍増強を支持する「自由帝国主義者《リベラル・インペリアリスト》」(大海軍派)と、社会政策を重視するロイド＝ジョージ、チャーチルら小海軍派が対立した末、妥協策により海軍増強の方針が是認され、一層財政負担が増大した。

以上のような経費膨張(一九〇九年度で約一〇〇〇〇万ポンド)を背景に、一九〇九年四月、蔵相ロイド=ジョージは画期的な予算案を提出し、その是非をめぐり国制の変更を含む大論争が起きた。いわゆる「人民予算」と「憲政の危機」がそれである。「人民予算」は、(1)所得税改正(税率引き上げと超過税の導入)、(2)相続税改正(税率倍増と累進性の強化)、(3)土地課税新設(自然増加税、土地復帰税、空閑地税、採鉱権税)からなったが、とくに土地課税が論争の的になった。新設される土地課税は、都市化の進展による土地評価額の高騰を理由に、都市部の大土地所有者を狙い撃ちにした増収策であった。土地貴族主体の貴族院の猛反発をあらかじめ予想して、「人民予算」は貴族院が否決しにくい財政法案として提案された。庶民院では十一月に可決されたが、貴族院は「社会主義予算」「赤旗の予算」として土地課税を批判し、国制上の慣例を無視して予算案を否決した。

アスキス内閣は、議会を解散して国民の信を問い、一九一〇年一月に総選挙がおこなわれた。選挙結果は、自由党が大幅に議席を減らしたものの、アイルランド国民党と労働党(後述)の支持をえて、引き続き政権を担当した。財政法案にたいする貴族院の拒否権行使、「憲政の危機」は、貴族院の権限削減をめぐる論争を呼び、一〇年三月末に、アスキス内閣は議会法案を提出した。同案は、(1)財政法案をめぐる貴族院の拒否権廃止、(2)財政法案以外の法案は、庶民院で三会期連続して可決された場合、貴族院の反対にかかわらず法律となる規定、(3)庶民院議員の任期の七年から五年への短縮と歳費の支給、を含んでいた。「人民予算」自体は、こうした圧力のもとで一〇年四月に再度提出され、今回は貴族院でも採決に付されることなく承認された。議会法案提出の背後には、庶民院のキャスティング・ヴォートを握ったアイルランド国民党が、悲願のアイルランド自治法案の成立のために、貴族院の拒否権制限を働きかけた政治事情があった。一九一〇年五月に、エドワード七世が死去してジョージ五世があらたに即位した(在位一九一〇〜三六)ため、政治休戦ののち、一〇年十二月に議会法案の是非を問うため、この年二度目の総選挙がおこなわれた。選挙結果は、前回とほとんど変わらず、自由党は再度、アイルランド国民党と労働党の支持で政権を維持した。選挙後の一一年二月、アスキス内閣は再度議会法案を提出し、五月に庶民院を通過した。貴族院は断固反対の姿勢を示したが、国王から新貴族創設の国王大権行使を認められた政府の圧力に屈して、議会法は八月にようやく貴族院で可決された。

以上の一連の政策により、自由貿易を堅持しつつ、海軍費と社会政策費で膨張する帝国主義財政を、土地課税を中心とする直接税でまかなう「社会帝国主義」政策路線が定着した。また同時に、一八八〇年代以来の懸案であったアイルランド自治実現の道も開かれることになった。

### 大戦前の社会変動とジェントルマン社会の変容

エドワード時代は、ヴィクトリア朝後期にみられた大衆社会的な状況がさらに進展した。二十世紀初頭にさかのぼって、主要な事項を振り返ってみよう。

まず、労働運動との関連では、一九〇〇年二月の「労働代表委員会」の誕生(一九〇六年に労働党と改称)が特筆に値する。この政党は、従来のいわゆる「自由《リブ》=労働《ラブ》」主義に基づく自由党追随の政治労働路線を見直す試みから生まれた。労働代表委員会は、最初から組織的には六五の労働組合と三つの社会主義団体(独立労働党、フェビアン協会、社会民主連盟)からなる連合組織で、団体加入制度を前提としていたが、一九〇一年のタフ・ヴェール判決は、党勢拡大におおいに寄与した。それは、一九〇〇年ウェールズのタフ・ヴェール鉄道会社が、合同鉄道従業員組合のピケにたいして損害賠償請求訴訟を起こし、組合が二万三〇〇〇ポンドの民事上の賠償支払いを命じられた事件である。この判決を機に、労働組合指導部は彼ら自身の代表を議会に送る必要性を痛感した。労働代表委員会への加入が急増し、一九〇三年までに加入組合一六八、全会員数八五万人に達した。同党は、一九〇六年総選挙で、自由党との選挙協定の支援もあって、一挙に二九名の議員をえた。同年の労働争議法により、タフ・ヴェール判決が労働組合に課した労働争議における民事責任は免責され、以後の社会労働問題をめぐる改革は労働党の圧力に対応しながら、前述のように「社会帝国主義」政策の一環として自由党により推進された。

教育面では、一九〇二年バルフォア教育法の制定と中等教育の拡充があげられる。同法は、一八七〇年教育法以降に発展してきた公教育としての初等教育を中等段階に拡充することを意図していた。あらたに地方税で公立の中等学校が設立されたが、その設立・運営の方法をめぐって国教会系と非国教会系勢力が対立し、保守党勢力の後退の一因になった。また、産業の変革に必要な技術教育はなおざりなままに放置され、産業面での国際競争力の低下を招く一因ともなった。

また、大戦前の一九一〇年ころから、労働運動が激化し「労働不安」の様相を呈してきた。その争議の原因は、鉄道、炭坑など一部での実質賃金の目減りと急進的イデオロギー（サンディカリズム）の浸透の影響もあったが、大衆消費社会の萌芽のもとで、余暇を含めたさらに「豊かな生活」への願望が労働者階級のあいだに広がり、現実とのギャップが広がったことが背景にあった。一〇年十月の南ウェールズの炭坑スト、一一年の海員・港湾労働ストと鉄道スト、一二年の最低賃金制度実現を要求する一〇〇万をこえる炭坑夫の全国ストと争議が続き、一四年六月には炭坑・鉄道・運輸労働者による「三重同盟」が結成され、ゼネラル・ストライキへの突入の雰囲気が醸成された。しかし、こうした情勢は、八月四日の対独宣戦により一変し、「労使休戦」が合意されて労使共同で臨戦体制が整えられていった。

同時期に、国政レヴェルでの女性参政権運動も、中流階級女性を中心に高揚した。一八九七年に穏健派の団体「婦人参政権協会国民連合」、一九〇三年にはパンクハースト夫人とその娘を中心とする急進的な「婦人社会政治連合」が結成され、女性参政権への支持は増大していった。一三年になると、一部の女性参政権運動者の示威行動がエスカレートして世論のひんしゅくをかった。この運動の背景には、大戦前の職業に従事する女性の数の増大があった。とくに中流階級の女性は、あらたに学校教師、看護婦、事務員などの職に従事し、男性のホワイトカラー層とともに、イングランド南東部を中心に膨張するサーヴィス経済を支えた。しかし、第一次世界大戦の勃発により過激な運動は急速に収拾し、やがて女性も総力戦体制に組み込まれていった。

以上のような大衆社会化状況のもとでの社会変動に対応して、第一節でふれた地主＝ジェントルマン社会はいかなる変容をとげたのであろうか。十九世紀中葉にジェントルマン支配を可能にしていた諸条件は、明らかに変化した。「農業大不況」により、地主階級の伝統的な経済基盤が打撃を受け、地主は農業投資をひかえて純粋な「地代取得者《ランチエ》」に転化した。「人民予算」の是非が議論を呼んだ一九一〇年から、大規模な所領の売却が始まり、大土地所有制は大きく動揺した。政治的には、第三次選挙法改正と議席再配分、地方自治制度の整備によって、名望家としての地主の政治的影響力は低下した。二大政党の内部でも、地主の比重が低下し、商業・金融利害が台頭した。だが、こうした逆境にもかかわらず、ジェントルマンの支配は、イギリスのグローバルな海外膨張を基盤として、一定の変容をとげつつ存続した。すなわち、第二節で述べたように二十世紀初頭に急増した海外投資を通じて、たんなる地代取得者《レントナー》になった地主階級は、地代および土地資産の売却益を海外の有価証券(株式・公債)の保有に転換して、利子・配当収入を獲得する金融資産所有者に転身することが可能になった。その過程で彼らは、シティの金融・保険会社の取締役に就任して役員報酬を受けたり、金融富豪との婚姻を通じて富をたくわえ、シティのサーヴィス・金融利害としだいに融合していった。やがて両者は、「利子取得者」としてあらたな支配階級を形成した。

十八世紀の「財政革命」以来、シティ金融利害は「疑似ジェントルマン」として、伝統的なジェントルマン文化を共有してきた。今や、主客入れかわって地主階級を包摂した彼ら「ジェントルマン資本家層」は、ロンドンおよびイングランド南東部を拠点として、開放経済の最大の恩恵を受けて繁栄する金融・サーヴィス部門を担い、強力な政治的影響力を行使して海外膨張政策を推進したのである。さらに、世紀転換期にジェントルマンの理念が一層の広がりをみせた点も重要である。とくに、行政

シティのジェントルマン資本家　彼ら新興のジェントルマン資本家層は，土地貴族との婚姻やエリート教育を通じて，伝統的支配層と共通の価値観をもった。

機構や金融・サーヴィス部門の拡張で急速に増大した下層中流階級のあいだで、より強力なジェントルマン化意識が形成された。彼らは、本国で増大するさまざまな事務職に就く一方で、なかには下級の官吏や陸軍下士官として、インドをはじめとする帝国各地に赴く者もいた。異民族を支配する現地で、あるいは戦時において、彼らは「ひとときのジェントルマン」を気どることができた。こうして、ジェントルマンの理念は、帝国・植民地支配を媒介にして強化されたのである。

## 第一次世界大戦への道

二十世紀にはいると、イギリスの帝国外交戦略は大きく変化した。ボーア戦争での外交的孤立は、伝統的な帝国外交戦略であった「光栄ある孤立」の見直しを迫った。まずイギリス政府は、一九〇一年にアメリカ合衆国とヘイ・ポーンスフット条約を締結、ベネズエラ紛争およびパナマ地峡の運河建設問題を解決して、カリブ海地域の覇権を合衆国にゆずり英米協調体制を築いた。翌一九〇二年には、ソールズベリ保守党内閣の外相ランズダウンが日英同盟を締結し、「光栄ある孤立」を放棄した。この同盟は、東アジアの新興勢力である日本と協力して、極東地域におけるロシアの勢力拡張に対抗するものであったが、イギリスは極東派遣の艦艇を本国水域に再配備して海軍力を増強することが可能になった。他方、日本は、同盟を背景にシティ金融市場で巨額の外債を発行して日露戦争を乗りきり、戦後のさらなる工業化の推進と中国をはじめとするアジア市場への経済的進出を本格的に始めた。

アフリカ分割をめぐって対立していたフランスとの関係は、両国首脳の相互訪問により急速に好転し、一九〇四年英仏協商が締結された。それにより両国は、モロッコでのフランス、エジプトでのイギリスそれぞれの優越的地位を認め、利害調整がおこなわれた。またロシアとの関係も、日露戦争後に改善され、ペルシア、アフガニスタン、チベットをめぐる両国の勢力範囲を確定する英露協商が一九〇七年に結ばれた。同年の日仏協約、日露協約の締結により、一大協商体系が形成されてイギリスの外交的立場は強化された。その挑戦者として登場したのが、前述のように積極的な海軍拡張策を推進したドイツである。英独建艦競争は、やがてアガディール危機(第二次モロッコ事件)を契機に、両国間の緊張を高め、イギリス、フランス、ロシアの三国協商陣営による対ドイツ包囲網が強化されていった。

エドワード時代のイギリス帝国をめぐる状況にも変化がみられた。まず一九〇一年に、帝国統合計画の一環として、六つの自治領が集まりオーストラリア連邦が結成された。ボーア戦争の舞台となった南アフリカでは、白人間での和解がはかられ、一九一〇年に自治領の南アフリカ連邦が成立した。また、アフリカーナを中心とする白人の優越が制度化されて、のちの「アパルトヘイト」(人種隔離政策)の原型が確立された。帝国防衛および貿易論争の領域では、一九〇七年の第五回帝国会議(植民地会議を改称)で、懸案の帝国特恵問題が議論されたが、自由貿易の堅持を公約した本国自由党政府とインド政庁の反対でその議論に終止符が打たれた。ついで、ジョージ五世の即位を機に一九一一年に開催された第六回帝国会議では、自治領カナダとオーストラリアの独自の自治領海軍（本国海軍とは指揮系統を異にする別働艦隊）の創設が承認された。また自治領諸国は、帝国防衛委員会（一九〇二年創設）に恒常的に参加し、大英帝国防衛の一翼を担うことになった。

本国にたいする戦時の協力を約したこれらの自治領諸国とは対照的に、アイルランドの不穏な状況が、緊迫するヨーロッパ情勢のもとでのイギリスの戦争準備に影を落とした。一九一二年四月、アスキス自由党内閣は第三次アイルランド自治法案を議会に提出した。自由党は、庶民院でキャスティング・ヴォートを握るアイルランド国民党の支持をつなぎとめるために、十九世紀末にグラッドストンが提案したのと同じ内容の自治法案を提出したのである。これに先立つ一一年九月、アイルランド北東部のアルスタ保守党協議会は、会長のカーソンを首班とする臨時政府を樹立し、アルスタ義勇軍を組織して南部のカトリック多数派への武力抵抗を開始した。その背後には、党首ボナ・ローを中心とする保守党の支持があった。これにたいして、南部アイルランドでも、シン・フェイン党やゲーリック協会がアイルランド義勇軍を結成し、アイルランドはまさに内乱寸前の危機をむかえた。

その後一九一三〜一四年にかけて、国王の仲介で自由党内閣とボナ・ローとの妥協をはかる動きがあり、蔵相ロイド＝ジョージは、アルスタ（北アイルランド）地方を六年間自治法の適用範囲から除外し、その後の帰属は住民投票で決めるという妥協案を提示した。しかし、この提案はアルスタの拒否で実を結ばず、両義勇軍の武装化が進んだ。さらに、現地に駐留する陸軍部隊のなかに騒乱鎮圧を公然と拒否する動きもあり、アスキスは自ら陸相を兼務して軍隊の掌握と事態の沈静化につとめた。一九一四年三月に、アイルランド自治法案は庶民院を三度通過したことにより、一九一一年にあらたに制定された議会法の規定に基づいて貴族院の反対にもかかわらず成立することになった。この難局を救ったのが、第一次世界大戦の勃発である。対独戦に突入する際に国論の分裂を避ける必要から、大戦勃発直後の一四年九月に、ロイド＝ジョージの妥協案を骨子とするアイルランド自治法案がようやく議会を通過した。しかし、その施行は大戦の終了まで延期されることになった。こうしてイギリスは、最大の帝国植民地問題であったアイルランド自治を棚上げにしつつ、自由党政権が遂行してきた「社会帝国主義」政策が成果をおさめるなかで、帝国諸地域と労働者階級からの戦争協力を実現しつつ「総力戦」に突入したのである。

# 第九章　福祉国家への道

## 1　第一次世界大戦

### 総力戦体制の成立

一九一四年七月二十八日、オーストリア＝ハンガリーのセルビアにたいする宣戦布告によって始まった戦争は、すぐにドイツがオーストリアを、ロシアがセルビアを支持して戦列に加わったことによって規模が拡大していった。イギリスはドイツによるベルギーへの侵攻を理由として八月四日に参戦し、ドイツ・オーストリア側との戦いを開始した。イギリスの国民は一挙に戦争熱に浮かされ、参戦の二日前にロンドン中心部のトラファルガー広場で大規模な平和集会を開き戦争への不介入を説いていた労働党の指導者たちも、そのほとんどが戦争支持の姿勢を明確にした。フランスなどと違ってそれまで徴兵制がしかれていなかったイギリスでは、参戦後も募兵制によって兵士が集められたが、

「国王と国のために」戦うという気運が各地を覆い、募兵は順調に進んでいった。

戦時体制への切りかえは、政党間の抗争をひかえる政治休戦の実現、国の防衛のために政府が市民的自由を制限することを可能にする国土防衛法の制定などのかたちで進められた。ただし、開戦当初は、短期間で戦争に勝利しうるはずとの予測が広がり、自由党アスキス内閣が継続して政権を担当するもとで政治・経済体制の大がかりな改編は試みられなかった。

この状態が著しい変化をとげ、イギリスが本格的な総力戦体制の構築に乗り出したのは、戦争長期化の方向がみえてきた一九一五年春のことであった。五月十三日、戦争遂行のための弾薬不足について政府を非難する動議が、保守党内のカーソンなどのグループによって議会にだされると、新聞も政府批判を強め、アスキス内閣は窮地におちいった。さらにフィッシャー海軍司令長官がチャーチル海軍大臣の企てたダーダネルス作戦(ガリポリ作戦)に反対して辞任するなど、政府の戦争指導力に疑問が投げかけられるなかで、アスキスは自由党単独内閣を解消して連立内閣の組織化に踏み切ったのである。この連立内閣には保守党のほかに第三党であった労働党の指導者アーサー・ヘンダソンも教育相として加わり、主要政党間の協力による戦争指導体制が整えられた。

経済面での総力戦体制構築の要となる軍需省も連立内閣によって新設された。軍需省は、軍需品生産にかかわるいくつかの工場を直轄下におくとともに、軍需生産への科学技術の応用を推進し、国内外で軍需関連品を大量に購入した。またこの省のもとで軍需産業でのストライキは禁じられ、労働争議は強制的仲裁に付されることになった。経済活動への国家の介入の度合は軍需省の創設によって著しく拡大し、軍需品生産は飛躍的に増大していった。初代の軍需相に就任した自由党のロイド＝ジョージが辞任した一九一六年七月段階における一八ポンド弾薬の三週間での生産量が開戦後一年間の生産量に匹敵する規模になったという一例だけでも、その効果は確認できるであろう。

募兵のためのポスター　キッチナー将軍が国民に呼びかけているかたちをとったこのポスターは，アルフレッド・リートというデザイナーによって描かれ，開戦直後の1914年９月に張り出された。このポスターの効果は大きかったので，その後これに類似したデザインのポスターがいくつもつくられた。

総力戦体制への変化は、募兵制にかわって徴兵制が採用された点にも示されている。兵士の恒常的な確保の必要性とともに、軍需生産を支えるべき労働者確保など人材の適正配置のためにも、徴兵制の導入が望ましいと考えられるようになり、一九一六年一月に十八歳から四十一歳までの独身男性を対象とする(独身者への限定はすぐに撤廃された)徴兵制が施行されたのである。その際、聖職者や身体的な兵役不適格者とならんで、根強く存在していた反英意識をあおらないようにアイルランドの人々は徴兵制の対象外とされた。また軍需生産に必要な労働者も徴兵の対象外となったが、その判定基準は地域によってまちまちであり、必ずしも目的どおりの運用はなされなかった。とはいえ、この徴兵措置によって兵士の確保がなり、開戦前には二五万人だったイギリス陸軍の軍人数は戦時全体で五七〇万人を数えるにいたったのである。

アスキス連立内閣のもとでの総力戦体制整備はこのように進んでいったが、それでも不十分であるとして、より効率的な戦争指導体制をつくろうとしたのが、軍需相、さらには陸軍大臣としてアスキス内閣の中軸に位置していたロイド＝ジョージであった。彼は少数の大臣からなる戦争指導機構の創設を提言し、それにたいしてアスキスが動揺した姿勢をみせるなかで、新聞をとおして世論の支持もえて、一九一六年に首相の座を奪うことに成功した。自由党はこれ以後分裂した状況を呈していくことになる。ロイド＝ジョージは小人数(五〜七人)のメンバーで構成される戦時内閣によって戦争指導にあたり、強力なリーダーシップを発揮した。

ロイド＝ジョージ内閣成立以降、経済活動にたいする国家の干渉は一層深まった。食糧供給の統制をおこなう食糧省や、商船運航や造船量の統制にあたる船舶省の新設がその表れである。また総力戦にとって死活的な重要性をもつ労働問題に対処するための労働省も設置された。しかし、労働省が扱うはずになっていた労働力、労使関係、戦後復員計画などについては、権限の競合する組織が存在し、それらに競り勝つだけの力をこの省はもちえなかった。その結果として戦時内閣は労働問題を統括的に処理しえず、労働力をめぐる困難は戦争期を通じて結局解消することがなかった。ただし戦争が終わるとともに戦時につくられた機関がつぎつぎに解体されるなかで、労働省はその後も存続し、複雑化する労働政策を担っていくことになる。

### 民衆と戦争

他の交戦国の民衆と同様、イギリスの民衆は戦争の遂行を熱心に支えた。開戦前には反戦論を唱えていた社会主義者や労働運動家のほとんどが戦争協力の立場に転換したし、戦前にきわめて過激な手段をも用いて女性参政権獲得を求める運動を展開していた女性運動家の多くも、戦争が始まるとすぐに戦争支持姿勢を明確にした。

戦争熱の高揚のもと、戦争に批判的なごく少数の人々は周囲の冷たい視線にさらされつづけた。第一次世界大戦期のイギリスにおける戦争批判派は、三つのグループに代表された。第一は、自由党の急進派の流れを引く民主的統制連合に拠る人々である。彼らは戦争勃発の背景となった列強間の秘密外交を廃し、外交を議会の民主的統制のもとにおくことをめざしていた。第二は、クエーカー教徒など宗教的信条に基づいた非戦論者であり、徴兵制施行後につくられた徴兵反対同盟会という組織の中心的担い手となった。第三のグループは、社会主義者、労働運動家であり、独立労働党や、より革命的なイギリス社会党、社会主義労働党といった組織を中心に戦争批判の活動を繰り広げた。

戦争の後半期に戦争批判派の活動として目立ったのが、良心的兵役拒否運動である。徴兵制実施に際して認められた宗教的理由などによる兵役拒否を求めた人々は、一万六〇〇〇人余りにのぼった。その決定は各地の審査会でおこなわれ、約八〇%の兵役拒否が認められた。兵役拒否が認められた人々は建設作業など直接戦闘にかかわらない戦争関係の代替業務に就くことを命じられ、兵役拒否者の多くはその決定に従った。しかしいかなる代替業務をも拒む「絶対的兵役拒否者」も存在した。彼らのなかには懲罰として戦線に送られ、さらに死刑に処せられた者もいる。

社会主義者や労働運動家のあいだでも、戦争批判派はあくまで少数派であった。労働党と労働組合会議は、政府と密接な協力関係をとりつづけ、戦争支持態勢をくずさなかった。開戦直後になりを潜めていた労働組合運動は、一九一五年になるとスコットランドのグラスゴーの工業地域クライドサイドや南ウェールズで活発になり、さらに戦争後期の一七年から一八年にかけてロシア革命の影響などもあって拡大をみせたが、強い反戦姿勢を示すことは結局なかった。たとえば、一七年五月に起こった大きな規模のストライキについての労働省の報告書は、それが戦争をやめさせるという意思から起こったものでないことは明らかである、と断言している。

戦時下の労働運動が生んだ独自の組織として、開戦直後に結成された戦時緊急労働者全国委員会をあげることができる。この委員会は戦争支持派が多数であったが、戦争批判派をも内に含み、労働運動の独立性を保つうえで一定の役割をはたした。この委員会が「富の徴発」というスローガンを掲げ、経済の重要な部門の公的所有と統制を求めたことは、戦争末期における労働党の社会主義政党としてのあらたな出発につながる動きであった。

戦争を熱心に支持するにせよ、それに批判的な態度をとるにせよ、総力戦のもとで民衆は戦争に否応なく巻き込まれ、それにともなってイギリスの社会はさまざまな変化を呈していった。

大戦は国民のあいだの所得平準化傾向を促進した。戦前の一九一一年には年収五〇〇〇ポンド以上のもっとも富んだ人々が個人総所得の八％をえていたのにたいし、戦後の二四年にはその同じグループの所得は五・五％へと減少していたのである。資産保有の面でもやはり平準化の傾向は明確にみられた。賃金の低い職種に就いている人々と高賃金をえている人々のあいだの死亡率の差が小さくなったこともそうした傾向の表れであった。

このような変化をもたらした要因としては、戦争財政をまかなうために直接税が重視され、所得税率が大幅に引き上げられるとともに、高額所得者にたいして特別付加税が課せられた点が重要である。

女性の労働　女性は軍需工場にも多く進出した。これはイプスウィッチの軍用機プロペラ工場で働いている女性の姿。

また、完全雇用状況と、労働組合の組織拡大（労働組合会議傘下の労働者数は一九一四年の四一四万人から一八年の六五三万人に増大した）のもとで、とりわけ半熟練労働者や未熟練労働者の賃金水準が上昇したことも平準化の方向に結びついた。

平準化傾向はそれまでイギリス社会で強い力をふるいつづけてきていた地主階級にも大きな変化をもたらした。一方で土地相続税率が引き上げられ、他方で戦費をまかなうための大蔵省証券など土地以外の投資対象が増すなかで、土地を手放す地主がふえていったのである。一九一八年から二二年のあいだにイギリスの耕地の約四分の一が売却され、戦時利得者やそれまでの小作農などの手に渡っていった。

大戦による変化の評価が微妙であるのが、女性の社会的位置である。戦争はたしかに女性の就業状況に変化をもたらした。戦争の長期化によって労働者不足が深刻になると、それまで女性労働者があまり雇用されていなかった職場にも女性労働者が進出するようになった。女性労働者の増大が著しかったのは、軍需産業、運輸業、中央・地方の公務員などである。電車の車掌や銀行の窓口職員といった人々の眼にふれる機会の多い職種に女性が登場してきたことにより、女性の社会的進出という印象はとりわけ強まった。しかし、さまざまな専門職では女性の進出は実現しなかったし、軍需産業で女性労働者が増大したところでも、仕事の性格自体が新しい機械の導入その他によって変わったため、男性の仕事が女性に移ったとはいえない場合もよくみられた。そして戦争が終わると、多くの女性は職場に未練をもつことなく家庭へと戻っていった。既婚女性のいるべき場は家庭であるという伝統的な考え方は、根強く残りつづけたのである。イギリス社会における女性の役割増大と地位上昇の長期的趨勢を大戦が加速化したことは確かであるが、女性の社会的地位の決定的な変化は大戦をへても起こらなかったといってよい。

## 帝国の戦争

第一次世界大戦は、イギリス帝国内諸地域の多くの民衆をも巻き込み、帝国の構造変化をもたらした。帝国内の各地域は、イギリスによる宣戦布告とともに自動的に戦争に加わることになり、人員や物資をイギリスのために提供した。オーストラリアやニュージーランドなどイギリス人の移住植民地と同様、インドなどの植民地も多大の戦争協力を強いられた。インドで徴募された人々の数は一五〇万人近くにのぼり、そのうち一一〇万人が遠く離れた中東やヨーロッパの戦線で用いられた。このような帝国内諸地域の戦争協力がなければ、イギリスが第一次世界大戦を戦いぬくことは不可能であったとの考えも広がり、第一次世界大戦は帝国に関心のある人々に帝国の重要性を改めて認識させることになった。

しかし、帝国内諸地域の戦争への協力の結果、イギリスによる帝国支配のやり方がそれまでどおりではうまくいかないという点もしだいに明らかになっていった。すでに内政面での自立性を獲得していた自治領のうち、それまでイギリスに比較的従順であったオーストラリアやニュージーランドでも、イギリスからの独立意識が高まり、そのひとつの表れとして、帝国にかかわるイギリスの政策決定への参加を求める声があげられた。そこでロイド＝ジョージは一九一七年春に帝国会議を召集し、帝国内諸関係を検討する帝国会議と帝国内各地域にかかわる戦争遂行上の問題を討議する帝国戦時内閣とを一日おきに開催することにした。一七年三〜五月に続いて一八年の六〜八月にも開かれた帝国戦時内閣の制度は、自治領にイギリスにたいする平等性を与える姿勢を示すことによって、自治領がイギリスからの遠心化傾向をより強めることを牽制する意味をもっていたのである。対外関係の面での自治領の地位の向上は、戦後のパリ講和会議への自治領諸国の参加によっても示され、両大戦間期における英連邦体制の創出につながっていった。

帝国支配体制の手直しの試みは、インドにかんしても試みられた。他の従属植民地に比べて民族運動が発展していたインドでは、イギリスへの戦争協力にあたって、その見返りとして自立性の拡大を求める声が強まった。イギリス政府もそれを無視する姿勢はとれず、一九一七年八月インド担当相モンタギュが、インドで責任統治を実現するために自治制度を発展させていく方針を示した「モンタギュ声明」をだし、さらに一八年七月にはインド総督チェルムスフォードとともに「モンタギュ-チェルムスフォード報告」によって、地方政府に一部責任統治を導入するという改革案を提示した。その姿勢の延長上につくられたのが、一九年に制定されたインド統治法である。この改革でも、インド統治の最終的な力がインド総督を中心とするイギリス側に握られるという基本的な支配の構造に変化はもたらされなかったし、同じ一九年には民族運動抑圧のための「ローラット法」が施行されるなど、民族運動へのイギリス側の譲歩姿勢はあくまでも限られた範囲にとどまった。とはいえ、インドにおけるイギリスのこの譲歩は、二十世紀世界史の大きな流れのひとつである脱植民地化の過程の始まりを示していたのである。

大戦期のイギリス帝国内では、一九一五年二月にシンガポールで起こったインド人のムスリム部隊の反乱を例外として、イギリスに敵対する目立った反乱は起こらなかった。ただし、イギリスの国内でありながら、実際には植民地といってよい位置を占めていたアイルランドでは、一六年に激しい反英反乱（イースター蜂起）が生じた。ジェイムズ・コノリなどのナショナリストが、一六年四月のイースターに反英蜂起を起こすにあたっては（計画ではイースターの日曜日に蜂起するはずであったが、実際の蜂起は翌日の月曜日に始まった)、反乱がアイルランド民衆の反英意識に火をつけることになるとのもくろみがあった。実際には、共和国宣言を発したこの蜂起にアイルランド民衆はすぐには反応しなかったが、イギリス政府が拙速にも反乱の指導者たちを処刑すると、彼らの反英感情は高揚し、独立を求める雰囲気が広がった。

## 戦時体制の終焉

戦線が膠着《こうちゃく》したまま長期化した第一次世界大戦の様相は、一九一七年になってロシアでの革命の発生(三月、ロシア暦二月)とアメリカ合衆国の参戦(四月)によって変化をみせた。ロシア二月革命はロシアでの戦争批判勢力の台頭を招き、十月革命は協商国陣営からのロシアの離脱につながった。しかしアメリカの参戦のほうは協商国側をおおいに強化し、一八年にはいってからのドイツの攻勢も功を奏さぬまま、一八年秋ドイツ側は降伏するにいたる。戦争の帰趨は一八年になってもはっきりせず、「一九四五年には勝利は着々と歩んできたが、一九一八年の勝利は全速力ではしってきた」といわれる。それだけに戦争が終わった日の人々の喜びはすさまじかった。

この勝利の喜びがまださめきっていない一九一八年十二月におこなわれた庶民院選挙は、戦争中につくられた連立政府の枠組みをそのまま維持するかたちで実施された。連立内閣を支持する候補者に渡されたロイド＝ジョージと保守党の指導者ボナ・ローの推薦書簡がクーポンと呼ばれたため、この選挙はクーポン選挙として知られている。クーポン選挙で投票権をもった有権者の数は、一八年二月の選挙法改正の結果、前の選挙のときに比べて約一三〇〇万人増加していた。これは、一八三二年以降の四度にわたる選挙法改正のうちで最大の増加数であった。この選挙法改正については女性(三十歳以上)に選挙権が初めて与えられた点が着目される(その数は約八四〇万人)が、男性についても、選挙資格獲得のための条件となる居住期間が一二カ月から六カ月になったことで、若者や未婚男性などを中心に有権者数の著しい拡大がみられたのである。

クーポン選挙は、連立内閣の支持者、とりわけ保守党候補者の大勝という結果で終わった。当選者七〇七人中、連立内閣支持者は四七八名であり、そのうち三三五名は保守党候補者だったのである。この結果からみれば、たとえ連立体制がそのまま続くとしても、保守党の指導者が首相の座に就いてもよかったはずである。しかし、保守党の側はロイド＝ジョージを首相にいただいて戦時から平時への転換期を乗りきるみちを選び、連立内閣体制は保守党が連立解消に踏み切る二二年秋まで続いていくことになった。この二二年までの時期を戦後の転換期とみることができるであろう。

その間、ロイド＝ジョージ政府はさまざまな問題に逢着した。戦後すぐに最大の課題となった、兵士たちのイギリス社会への復帰も順調には進まなかった。動員解除は緩慢にしか進まず、ロシア革命にたいする干渉戦争へのあらたな動員という要素も加わって、兵士たちの不満はつのった。一方復員した人々も自分たちを待ちかまえていた生活の窮状に激しく憤った。急増して一九二一年には二〇〇万人を数えた失業者のうち、約半数は元兵士であったといわれる。

労働運動も戦争直後に高揚をみせた。ストライキのほとんどは経済的な性格のものであったが、この時期の労働運動の中心となっていた運輸・鉄道・炭坑労組からなる三重同盟の攻勢は、政府に強い危惧をいだかせた。ロイド＝ジョージ政府はこうした労働運動に硬軟両様の政策を使い分けて臨み、一九二一年春には炭坑労働者のストライキへの同情ストを三重同盟の他の二者がおこなう体制を突きくずすことに成功し、危機の到来を防いだ。

アイルランドの民族運動への対処も、戦争終結後のイギリス政府の喫緊《きっきん》の課題となった。高揚するアイルランドの民族運動にたいしてイギリス側は武力弾圧の姿勢を強めつつ(とくに「ブラック・アンド・タンズ」と呼ばれる警察の特殊部隊は激しい弾圧行為をおこなった)、政治的解決をも志向して、一九二〇年十二月に、アイルランドを北部六州とそれ以外に分割し、北部六州以外の地域に自治を与える「アイルランド統治法」を制定した。二一年秋のロイド＝ジョージ政府とアイルランド・ナショナリストの交渉の結果、北部六州を除くアイルランドの独立(自治領で国名はアイルランド自由国)が決まり、アイルランド問題も一応の解決をみることになった。

こうして戦後転換期の危機を連立政権がなんとか乗りきったころ、第一党であった保守党内では自由党との連立解消の声が高まり始めた。一九二二年九月、トルコとギリシアのあいだの争い(チャナク危機)をめぐって、ロイド＝ジョージが対トルコ戦争をも辞さない態度をとったことによって、その声は一層強まった。十月、カールトン・クラブでの保守党党員集会で連立終結の方針が採択された結果、ロイド＝ジョージは野にくだり、保守党党首ボナ・ローを首相とする保守党内閣が成立することになった。大戦期に生まれた政治体制は、ここで終焉をみたのである。

## 2 伝統と現代化

### 労働党の台頭

ボナ・ロー内閣成立の直後一九二二年十一月におこなわれた庶民院選挙では保守党が大勝した。しかし、ローが健康上の理由で辞任したあと二三年に首相の座に就いたスタンリ・ボールドウィンが、失業救済のための関税導入を争点として断行した同年十二月の庶民院選挙で、保守党は過半数をとれなかった。関税導入は自由貿易を旨とするイギリスの伝統に背反するものとの考えはいぜんとして強かったため、ボールドウィンによるこの選挙戦はどうみても大きな賭であった。彼がそのような決断をした理由として、ボールドウィンが連立解消にあたって中心的役割を演じた点を重視し、保守党内にまだ存在していた連立志向の根をたつために自由党が賛成しえない関税問題を彼があえて争点にした、との分析もなされている。

この選挙の結果、第二党となった労働党が第三党の自由党の協力をえてラムゼイ・マクドナルド首相のもとで政権を担当することになった。労働党は一九〇〇年に労働代表委員会として結成されて以来、その組織的・イデオロギー的独自性を必ずしも鮮明にしてきていなかったが、一九一八年の二度にわたる党大会で、党の方針を明確にし、社会主義をめざす政党としてのかたちを整えていた。組織面ではそれまで団体加盟のみであった党組織に個人加盟の制度を付加した点が重要である。また綱領「労働党と新社会秩序」が制定され、⑴最低限の生活保障、⑵産業の民主的統制、⑶国家財政の改革、⑷剰余の富の公共福祉への投入、という四項目が党の政策の柱として打ち出された。自由党が第一次世界大戦中の分裂を克服しえず、改革の政党としてのイメージを失っていく反面、このようにして改革を担うあらたな政治勢力として歩み始めた労働党への支持は選挙のたびに増していき、ついに政権を担うにいたったのである。

自由党の支持によって成立したとはいえ、労働党政府が誕生したことは、第一次世界大戦をへてイギリス政治に大きな変化が生じたことを示していた。しかし、労働党政府は独自性を発揮しえず、共産主義者の動きをめぐる事件(キャンベル事件)によって一〇カ月たらずでつぎの選挙に追い込まれ、保守党に政権の座をゆずり渡した。その間の労働党政府の政策は、外交面ではソ連を承認するなどある程度の独自性を示したものの、国内政策では公共住宅建設の拡大が目立った程度であり、大胆な改革路線からはほど遠かった。

一九二四年の選挙で大勝した保守党は、ボールドウィン首相のもとで二九年まで政権を担当することになる。その少し前に自由党から保守党に鞍がえしたばかりのウィンストン・チャーチルが大蔵大臣に就任したことは、二三年選挙で打ち出した保護主義策をボールドウィンが捨てた印であったといってよい。チャーチル蔵相のもとで二五年、イギリスは大戦によって中断されていた金本位制への復帰を断行した。その際、イギリス政府は大戦前の通貨レート(一ポンド＝四・八六ドル)を採用したが、これはポンドの過大評価であり、すでに国際競争力を失って衰退のみちをたどっていた繊維や機械、石炭などの伝統的な輸出産業にとって大きな打撃となった。このような産業の根拠地であったイングランド北東部・北西部、ウェールズ南部、スコットランド南部は、金本位制への復帰によって深刻な影響を受けたのである。

金本位制復帰でとりわけ激しい痛手をこうむった石炭業では、資本家側がこの苦境を労働者の賃金切り下げを含む合理化策によって乗りきろうとした。炭坑労働者はこれに対抗する態度をとり、石炭業にかんする王立委員会が一九二六年三月にまとめた報告書が労働者の要求を否定する方向を示すにおよんで、対決姿勢をさらに強めた。労働運動全体のなかでも炭坑労働者への共感が強まり、彼らを支援するかたちで二六年五月四日からゼネストが開始されることになった。イギリスの労働運動史上に特記される事態となったこのゼネストによって、経済活動はいたるところで麻痺した。ゼネストの目的はあくまでも炭坑労働者の経済的要求の擁護であったが、政府や資本家側はストがイギリスの政治・社会体制を脅かす政治的性格をもつものであるとして国民の危機感をあおる一方、労働運動内の穏健派の切りくずしをはかった。労働組合会議指導部が交渉に応じる方針をとったことで、ゼネストは五月十二日に中止され、その後十一月まで闘争を続けた炭坑労働者も、結局は賃金切り下げや労働時間の延長という合理化策を受け入れざるをえなくなった。

戦闘的労働運動は、ここに明確な敗北を喫した。一九二七年には、同情ストの非合法化や労働組合から政党への寄金規制などを定めた「労働争議および労働組合法」が制定され、労働運動の政治力の規制が試みられた。他方では「モンド‐ターナー会談」に代表される資本家と労働組合指導者の協調路線が目立ち始める。第一次世界大戦後のイギリスにおける労働党の台頭は、イギリス政治の急進化には結びつかず、むしろ労働組合も政策形成構造のなかに組み込まれていくコーポラティズム的様相が顕著になっていったのである。

金本位制への復帰とゼネストの乗りきりが、ボールドウィン内閣の時代にはもっとも目立った事態であった。しかし、ネヴィル・チェンバレン保健相のもとで拠出制の老齢年金や寡婦年金の制度が整えられたり、失業保険制度がそれまでよりも充実したことや、地方自治体の権限が拡大したことも忘れてはならない。第一次世界大戦前の自由党政府のもとで始まった福祉国家への歩みは、一九二〇年代にも継続していたのである。

またこのボールドウィン内閣の時代に、ウェールズとスコットランドでそれぞれの地域の自立性の拡大を求めるナショナリスト政党（ウェールズ国民党と民族スコットランド党、後者は一九三〇年代にスコットランド国民党となる）が誕生したことにも注目する必要があろう。両地域のナショナリストたちはそれまで自由党と密接な関係をもっていたのであり、この事態は自由党の没落と関連した動きであった。

### 世界恐慌と「挙国一致政府」

ゼネストののち、ボールドウィン内閣はさしたる危機に直面することもなく、一九二九年につぎの総選挙をむかえた。この前年には女性の選挙資格も二十一歳以上のすべての女性に拡大されており、二九年選挙は女性と男性が平等に投票するはじめての機会となった。この選挙に際して保守党はそれまでの政権実績を有権者に訴えつつ「安全第一」を唱え、労働党は道義の実現を軸とする穏健な社会主義を主張した。それにたいしてより大胆に新しい政策の提唱をおこなったのは、ロイド＝ジョージ指導下の自由党であり、「われわれは失業を克服しうる」と題する選挙政策を掲げて公共事業の拡大による失業対策を提示した。後世の目からみれば自由党のこの政策がもっとも創造的なものであったといえる。しかし選挙の結果、自由党は得票率、議席ともに増したものの、他の二党には大きく差をつけられた。最大議席をえて勝利したのは労働党であったが、得票率では保守党のほうが労働党をわずかに上回った。労働党が初めて第一党としてマクドナルド首相のもとで組織した単独政府の政権基盤は、はなはだ脆弱《ぜいじゃく》だったのである。

　第二次労働党政権は成立後しばらくして、アメリカ合衆国に端を発する世界恐慌に巻き込まれた。すでに一九二〇年代初めから伝統的主要産業が停滞し、失業者も一〇〇万人を上回っていたイギリスでは、恐慌によるあらたな経済後退の度合はアメリカやドイツなどに比べると小さかった。とはいえ、失業者数が二五〇万人をこえ、国際収支も赤字に転じるなど、イギリス経済の苦境は深まった。そうした状況に直面して労働党政権が打ち出した恐慌克服策は、大蔵省の唱道する緊縮財政によるデフレ政策にそったものであり、一九三一年八月には政府は失業手当の一〇％切り下げを含む緊縮案をつくりあげた。マクドナルド首相やスノウドン蔵相がこの政策の実現に固執したのにたいし、失業手当の削減案は労働党を支える労働組合会議の激しい反発を呼び、労働党の大勢もそれに批判的姿勢をとった。その結果、財政緊縮案が審議された閣議では閣僚の意見が完全に分かれ、方向性を失った労働党政府は八月二十四日に倒壊するにいたった。

　経済危機によって生み出されたこの政治危機は、保守党が中心となって、マクドナルドやスノウドン、さらにはジョン・サイモンなどの自由党員をも含む「挙国一致政府」をつくりあげることによって収拾された。この政府はたしかに連立政権ではあったものの、マクドナルドなどは労働党から除名されており、自由党も分裂したため、「挙国一致」とは名ばかりであり、実質的には保守党主導の政権であった。その点は、新しい政府への国民の信を問うため一九三一年十月におこなわれた庶民院選挙ののち、さらに明確になった。選挙戦では恐慌への対処の仕方をめぐって政府支持派と労働党を中心とする批判派のあいだで激しい非難の応酬がおこなわれた末、政府支持派、とりわけ保守党が圧勝したのである。保守党の議席は二九年選挙での二六〇から四七三へと激増した。選挙後も「挙国一致政府」の外貌を保つために、マクドナルドが首相の座にとどまったが、政府の実権は、枢密院議長ボールドウィンや大蔵大臣ネヴィル・チェンバレンなどの保守党指導者に握られたのである。

ただし、三一年選挙にかんしては、労働党が大敗したとはいっても、三割を上回る得票率(二三年選挙での得票率をわずかに上回る率)を確保した点に注意しておく必要があろう。自由党の得票率は政府支持派と批判派の双方をあわせても一割強であり、保守・労働という二大政党の配置が確立したことは、この選挙でも明らかになった。

「挙国一致政府」は、失業手当の一〇%削減などの緊縮政策を実施するとともに、一九三一年九月に金本位制の再停止を断行し、さらに三二年二月には輸入関税法を制定して保護貿易体制を採用した。金本位制の停止によってポンドの価値は他の通貨にたいして約二〇%下落し、イギリスの輸出産業が直面する状況はある程度の改善をみることになった。一方、保護貿易体制の導入を前提として、三二年夏にカナダのオタワで帝国経済会議が開かれ、イギリスと帝国内の自治領諸国やインドとのあいだで帝国特恵制度がつくりあげられたが(同様の制度は翌年帝国内の他の植民地にも適用された)、この制度のもとでは、イギリスからの対帝国輸出の増大よりも帝国内諸地域からイギリスへの輸出増大の割合のほうが大きくなった。イギリス経済に不利な結果を招いたかにみえるオタワ会議の結果も、帝国内諸国のイギリスにたいする債務返済の条件を整えるための措置として、金融・サーヴィス部門がイギリス資本主義の中心に位置していたとする「ジェントルマン資本主義」論によればけっして不自然なものではなかった。また、金本位制離脱ののち、イギリスが、自国と密接な経済関係をもつ国々（スカンディナヴィア諸国などイギリス帝国以外の国も含まれていた）の通貨をポンドにリンクし、国際的決済をポンドでおこないうる地域、スターリング・ブロック形成のイニシアティヴをとったことも、イギリス経済の「ジェントルマン資本主義」的性格と強く結びついていた。

ただし、「挙国一致政府」のこのような経済政策は、恐慌からの脱出の決め手とはならなかった。イギリス経済の恐慌離脱を促進したのは、一九三二年から三七年まで持続した住宅建設のブームであった。職に就いていた人々の実質賃金は恐慌のあいだでも上昇しており、「挙国一致政府」がとったいまひとつの財政政策である低金利政策などの条件下で広がった住宅建設の動きが、経済の再活性化を牽引したのである。

緊縮財政、デフレ政策にあくまで固執する政府にたいし、公共事業の拡大など積極的な政府支出の増大によって恐慌を克服しようとする政策は、労働党政府のもとでランカスタ公領相として失業対策を担当していたサー・オズワルド・モズリによって提唱されていた。モズリは自らの提言が容《い》れられぬのをみて、一九三〇年五月に大臣を辞任、さらに労働党を離れて三一年に新党という政党を結成した。この政党はしだいにファシズム組織としての性格を明確にし、三二年秋にはイギリス・ファシスト連合と名乗るようになる。しかし、モズリのファシズム運動は限られた範囲での支持しか集めることができなかった。他方、共産党など左派の勢力も伸び悩み、「挙国一致政府」の中軸を占めた保守党は、三五年十一月におこなわれた庶民院選挙で圧倒的多数を占め、ボールドウィンを首相とする政府を組織した。

## 貧困と豊かさ

イギリスでファシズムが勢力を伸ばせなかったもっとも重要な理由は、他の各国でファシズムの社会的基盤となった中流階級が、経済的・社会的不満を深めていなかった点に求められる。一九三〇年代のイギリス社会は、失業者の増大、困窮の深まりがみられる一方、職をもった中流階級の人々にとっては物質的な生活を享受できる社会だったのである。

すでにふれたように、第一次世界大戦後のイギリスでは、十九世紀にイギリス産業の繁栄を担っていた繊維、機械、造船、石炭という伝統的輸出産業が国際的な競争力を失い、衰退のみちをたどっていた。こうした産業に依存してきた地域は軒並みに高い失業率を示し、「不況地帯」と呼ばれた。「不況地帯」の窮状は、世界恐慌の到来によってさらに増し、一九二一年に創設されていた全国失業労働者運動という組織の指導のもとで、救済策を政府に求めるため、これらの地域からロンドンへと向か

飢餓行進　激しい不況にみまわれていたジャロウからロンドンまでの300マイルにおよぶ行進の情景。

う「飢餓行進」が組織された。「飢餓行進」はたしかに世間の耳目を集め、「不況地帯」の状態を広く他の人々に知らせる役割を演じた。しかしそれは政府の失業対策にとってはほとんど何の影響もおよぼさなかった。

　第一次世界大戦後のイギリスでは、伝統的輸出産業の後退ときびすを接するかたちで、自動車、電機、化学など国内市場指向型の新しい産業の発展がみられた。このような産業がイギリス経済全体のなかで占めた割合は、両大戦間期にはまだそれほど大きなものではなかったものの、その活力は目覚しく、イギリスの恐慌からの脱出を助けた。伝統的輸出産業と違い、これらの新産業はロンドンを中心とする地域を主要拠点としており、そういった地域では「不況地帯」とは対照的に、人々がそれまでにない豊かな生活を楽しむことができた。一九三八年における実質賃金は、第一次世界大戦前の一三年に比べて三〇％以上上昇していたが、三〇年代だけをとってみても、実質賃金の伸びは約一五％に達したのである。

新産業の発展　1927年に開かれたモーター・ショーの情景。自動車産業は，第一次世界大戦後に展開しはじめた新産業を代表した。

消費生活の向上をもっとも満喫していたのは、下層中流階級（ファシズムの社会的温床になる可能性を濃くもった階級である）の人々であり、たとえば、自動車も普通の教師の年収の約三分の一で購入することができるようになった。

一九三〇年代には、ジョージ・オーウェルの『ウィガン波止場への道』でなまなましく描写された失業と貧困の光景と、短縮された労働時間と賃金を背景とする豊かな生活の光景とが、共存していたのである。この二つの側面のうち、どちらか一方のみに着目することは、誤りであろう。深刻な貧困をかかえた地域の広がりはたしかに限られていたが、ふたたびそのような状況を生み出さないようにとの思いが少なからぬ人々のあいだでいだかれたことが、第二次世界大戦をへて戦後に福祉国家体制が発足する背景となったのである。

## 帝国の動揺と「宥和政策」

イギリスで一九三五年の総選挙がおこなわれたのは、イタリアがエチオピアにたいする侵略を本格的に開始した直後のことであった。世界恐慌の最中の一九三一年における日本による中国東北部の侵略(満州事変)や、三三年にドイツで政権を握ったヒトラーのヴェルサイユ体制打破の姿勢によって不安定さを増してきていた国際情勢は、イタリアのこの行動によって動揺の度合を強めたのである。さらに三六年になると、三月にドイツ軍が第一次世界大戦後非武装地帯とされていたラインラントに進駐し、七月にはスペインで内戦が勃発した。三五年選挙後誕生した保守党のボールドウィン内閣にとっては、このような国際情勢の危機に対応することが主要課題となった。

すでに満州事変に際して、イギリスは主要列強のなかで日本にもっとも宥和《ゆうわ》的な姿勢を示していたが、再軍備の断行やラインラント進駐というナチス・ドイツのヴェルサイユ体制への挑戦にたいしても、エチオピアにおけるイタリアの行動にたいしても、イギリスは同じような姿勢をとった。エチオピア戦争の場合、イギリス政府はイタリアへの経済制裁に踏み切ったものの、それを徹底化することには消極的な態度を貫き、外相サミュエル・ホーアはフランス首相ピエール・ラヴァルとともに、イタリアのエチオピア占領を認める内容の案(ホーア - ラヴァル案)までも作成したのである。また、スペイン内戦に際しては、ドイツ、イタリアがフランス将軍に率いられた反乱勢力を公然と支援していることを知りつつ、フランスとともに「不干渉政策」をとってスペイン共和国の正統な政府への援助を拒み、客観的には反乱勢力に有利な状況の創出を助けた。

日本やドイツ、イタリアといった国々が、自らを「持たざる国」と位置づけて、領土や勢力範囲拡大のために第一次世界大戦後の国際秩序を破壊する行動にでたのにたいし、世界に広大な帝国領土・勢力圏をもつイギリスは、「持たざる国」の挑戦の対象となる「持てる国」の代表であった。しかし、帝国の状況はイギリスにとって安心できるものではなかった。大戦期に強まっていた自治領の遠心化傾向は戦後も変わらず、インドではガンディーの率いる国民会議派の運動のなかから完全独立を求める声が強まっていた。自治領との関係では、イギリスは一九二六年に開かれた帝国会議にだされたバルフォア報告書によってイギリスと自治領を建て前のうえで平等の地位におく英連邦の構想を打ち出し、三一年につくられたウェストミンスタ憲章で英連邦を正式に発足させた。またインドにたいしては、三五年にあらたなインド統治法を制定して、地方における責任政治導入の方向をさらに推し進めた。イギリス政府は、ある程度の譲歩によって、自国から離反しようとする勢力の増大をおさえ、イギリスの指導力や支配の継続をはかろうとしたのである。そのようなイギリスにとって、国際的危機の深化があらたな大戦争に発展することは、帝国の解体につながる恐れがあり、ぜひとも避けなければならなかった。そのため、「持たざる国」の挑戦が自国の権益を直接脅かすものでないかぎり、イギリスはそれらの諸国の侵略行動に宥和的な政策をとったのである。

「宥和政策」は、一九三七年五月にボールドウィンから首相の座をゆずり受けたネヴィル・チェンバレンのもとで、さらに積極的に推進された。その項点となったのが、三八年秋、ヒトラーがチェコスロヴァキアのズデーテン地方の割譲を求めた際、ヒトラーの要求を承認することを決めた九月末のミュンヘン会談であった。ミュンヘンからイギリスに戻ってきたとき、チェンバレンは「われらの時代の平和」を確保しえたと誇らしげに語ったが、「宥和政策」による平和の確保はごく一時的なものにすぎず、「持たざる国」による対外拡張はとどまることなく進行していった。三九年にはいり、ドイツが三月にチェコスロヴァキアを解体したことで「宥和政策」の破綻は明らかになった。ドイツはさらに対外拡張を進め、九月一日にポーランドへの侵攻を開始した。すでにイギリスがポーランドにたいして安全保障宣言をおこなっていたにもかかわらず、ドイツにたいするイギリスの宣戦布告が九月三日にずれこんだことは、その時点でもまだ侵略国への対決に腰がすわっていなかったチェンバレンの姿勢の反映であった。宥和志向はこのときにいたってもまだ完全には払拭されていなかったのである。

## 3　第二次世界大戦と戦後変革

### 「奇妙な戦争」から「バトル・オヴ・ブリテン」へ

一九三九年九月の開戦時から四〇年四月上旬までは、ドイツと英仏のあいだで本格的な戦闘が展開されない奇妙な状態が続いたことから、「奇妙な戦争」と呼ばれる。戦争到来の可能性はチェコスロヴァキアの解体以降かなり濃くなっていたため、それに向けての準備は開戦前にある程度おこなわれていたが、戦争体制構築はこの「奇妙な戦争」の時期に速やかに進んだ。開戦前の主要な措置としては、三九年五月にイギリス史上はじめて平時において徴兵制が施行されたこと、七月に戦時に向けての供給省が創設されたこと、八月に国土防衛や公共の治安維持に必要な統制力を政府に与える非常指揮権(防衛)法が制定されたことがあげられる。戦争が始まると、国内治安、経済戦、情報、食糧、海上輸送のための省がつくられ、ガソリンやバター、砂糖などの配給制がしかれていった。第一次世界大戦における総力戦の経験は、このあらたな戦争で幅広くいかされたのである。

しかし政治体制をとってみると、「奇妙な戦争」の時期には、チェンバレン首相のもとでむしろ戦争前からの継続性のほうが強かった。戦争前、「宥和政策」を保守党内で批判し、ドイツへの対決の必要を説いていたチャーチルは海軍大臣として入閣したものの、挙国一致の戦争指導体制をつくるた

チャーチル内閣の成立　代表的な風刺漫画家デイヴィッド・ロウが描いた漫画。チャーチルを先頭に，労働党指導者で副首相となったアトリーとベヴィンが続き，首相の座を追われたチェンバレンは少し孤立した雰囲気で描かれている。

めチェンバレンが入閣を呼びかけた労働党と自由党の指導者たちは、それをはっきりと拒絶した。野党の側のチェンバレンにたいする不信感はきわめて強かったのである。

その状況が変化したのは、一九四〇年四月、ドイツがノルウェー、デンマークへの攻撃を開始し、「奇妙な戦争」に終止符が打たれてからであった。このドイツの動きにたいし、英仏の遠征軍がノルウェー南部で試みた反撃が失敗に終わる状況のなかで、イギリス国内では戦争指導者としてのチェンバレン批判が高まり、彼は辞任せざるをえなくなった。後継首相としては、外相ハリファックスがもっとも有力と目されていたが、彼が固辞したために結局チャーチルが首相の座に就くことになった。五月十日に成立したチャーチル内閣には労働党と自由党も参加し、ここに総力戦体制は政治指導面でも完成した。第一次世界大戦時の連立体制と比べ、両大戦間期におけるイギリスの政治構造の変化を反映して、この連立政権では労働党の比重の大きさが目立った。とくに労働運動家出身のアーネスト・ベヴィンが労働大臣に就任し、総力戦の鍵となる労働者の戦争協力に力を発揮した点は重要である。

チャーチル内閣の成立と時を同じくして始まったドイツによる対仏攻撃は、ヨーロッパ大陸の戦況をさらに大きく変えた。ドイツ軍の攻勢に直面して五月末から六月初めにかけてイギリスの大陸遠征軍はフランス軍とともにダンケルクから海峡をこえてイギリスに撤退した。これは負け戦さにほかならなかったが、撤退作戦の成功はイギリス国民を鼓舞した。フランスの敗勢が明らかになってくると、チャーチルはフランスのドイツへの屈服を防ぐため、英仏両国が連邦をつくるという案を提示した。しかしフランス政府はこれに応じず、ドイツと休戦協定を結ぶにいたった。こうしてイギリスは孤立した状態でドイツと戦わなければならない状況におちいった。フランス敗北のすぐあとには、チャネル諸島(イギリスの一部だが、フランスのブルターニュ半島の北方に位置する島々)がドイツ軍に占領された。さらに七月からはイギリスの要地へのドイツ空軍による空襲が開始された。

イギリスへの空襲は、空からの攻撃で人々の志気をくじいておいてから、イギリスへの上陸作戦をおこなおうとするドイツ側の思惑に基づいていた。空襲による被害はたしかに大きく、ロンドンのセント・ポール寺院やコヴェントリ(工業都市として空襲の標的となった)の聖堂の破壊、炎上はその被害の象徴となった。しかし、ドイツの狙いははずれ、この「バトル・オヴ・ブリテン」(空襲下でのイギ

ドイツ空軍によるイギリス本土への空襲　空襲で家を失った人々や，難を逃れようとした人々は，地下鉄の駅を臨時の住まいとした。

リスの人々の戦いはこう呼ばれた）の時期を通じて、人々の志気は衰えなかった。あらたに開発されたレーダーが来襲するドイツ機の位置捕捉に力を発揮するなど、発達した科学技術の戦争への応用にも助けられ、イギリスはドイツ軍の攻撃をたえぬいたのである。

ただし、孤立しての独伊（イタリアも一九四〇年六月にドイツ側に立って参戦していた）との戦いは、イギリスにとってきわめて大きな負担であった。そのような状況下でイギリスが支援をもっとも期待したのはアメリカ合衆国である。「バトル・オヴ・ブリテン」が激しさを増していた四〇年九月にアメリカがイギリス帝国内のいくつかの島にある基地借用への見返りとして五〇隻の駆逐艦をイギリスに与え、さらに四一年三月に武器貸与(レンドリース)法を成立させて軍需品、武器、食糧の供給を始めたことは、イギリスにとって貴重な援助となった。また、四一年八月、チャーチルとアメリカのローズヴェルト大統領が会談して発表した「大西洋憲章」は、まだアメリカが戦争の局外に立っていたにもかかわらず、この戦争におけるイギリスなど連合国側の戦争目的表明としての意味をもつことになった。四一年十二月、イギリス帝国内のマレー半島とハワイの真珠湾にたいする日本軍の奇襲攻撃によって、それまでヨーロッパとアジアでそれぞれ展開していた戦争が結びつき、戦争が真の意味での世界大戦の様相を呈するとともに、アメリカが参戦したとき、チャーチルは「これで結局われわれの勝利が決まった」と、安堵の念をもらした。すでにドイツとの戦争にはいってしぶとく戦いを続けていたソ連との協力に加え、豊かな物量を誇るアメリカ合衆国と結ぶことで、イギリスの孤立した戦いは終わりを告げたのである。戦争の帰趨はもちろんそれですぐに決まりはしなかったものの、四三年のイタリア降伏、さらに四五年のドイツ、日本の降伏へとつながる勝利への道を、イギリスは歩み始めることになった。

## 「反ファシズム戦争」と社会改革構想

この戦争も、すべての国民をなんらかのかたちでその遂行に巻き込んでいった。すでに開戦前にしかれていた徴兵制のもとで、徴兵年齢の国民(当初十八歳から四十一歳までの男性であったが、上限年齢はのちに五十歳に引き上げられた)は軍隊に動員された。またこの大戦では一九四一年末から女性も徴兵の対象となり、二十歳から三十歳までの女性が女性補助部隊や重要な工場などに送り込まれた。徴兵にあたっては前大戦の経験から、総力戦の完遂に必要な熟練労働者などの兵役猶予が重視された。

徴兵制はやはり良心的兵役拒否の制度をともなっていた。それを利用して兵役拒否申請をおこなった人々の数は約五万九〇〇〇人で、第一次世界大戦時の約四倍に達した(そのうち、良心的兵役拒否に該当すると認められなかった人数は約一万二〇〇〇人)。この数字からは人々の戦争協力の度合が前大戦よりも弱かったようにみえるが、戦争初期の国民の戦争熱が後半になるとさめていった前大戦と対照的に、当時の世論調査が示すところでは、戦いが長期化したのちも戦争遂行への国民の支持は一貫して高かった。軍隊からの逃走率も、前大戦期には年平均一・二六%であったのにたいし、この大戦での数字は〇・七%と半減したのである。

これは戦争の性格と深くかかわっていた。第一次世界大戦が「国王と国のための戦い」としてもっぱら国民の愛国心に訴えかける戦争であったのにたいし、第二次世界大戦はドイツ、イタリア、日本という、国内で民主主義を圧殺し対外的にはあからさまな侵略行動にはしるファシズム諸国にたいする「反ファシズム戦争」としての性格をもっていたのであり、その大義が人々の戦争協力姿勢を支えることになった。

ファシズムに反対し、民主主義を守る戦争への参加は、イギリス国内での社会改革を要求する声と結びついた。新聞やラジオでの論調のなかで、民主主義のための戦争はそれを戦う国の内部での困窮の克服につながるべきであるとの主張がさまざまなかたちでなされた。また政府内での戦争目的の検討に際しても、たとえば歴史家アーノルド・トインビーは、必要とするものすべてにたいして社会サーヴィスが普及する社会の創出をめざすべきであるとの意見を提示している。「反ファシズム戦争」の遂行が生み出した社会改革増進の声のひとつの帰結が、一九四二年十二月に政府が発表した社会保険と関連サーヴィスについての報告書であった。この報告書は、それを作成した委員会の長ウィリアム・ベヴァリッジの名をとって「ベヴァリッジ報告書」と呼ばれる。「ベヴァリッジ報告書」は、それまで別々に存在し、国民の半分以下しか受益していなかった健康保険、失業保険、年金などを、統一した制度のもとにおいて、均一拠出・均一給付の原則のもとで国民のすべてに適用することを提言し、「ゆりかごから墓場まで」の社会福祉制度、福祉国家制度の方向を示していた。

イギリスにおける福祉制度の発展は、第一次世界大戦前の自由党内閣で大きな歩みを始め、両大戦間期にもゆるやかながら前進してきていた。大戦間期とりわけ一九三〇年代におけるイギリス社会の貧困な部分についての記憶を背景に、「反ファシズム戦争」の雰囲気のなかで生み出されたこの「ベヴァリッジ報告書」は、その歩みを飛躍的に進めようとする試みであった。イギリスの人々はそれに積極的に反応し、労働党、自由党、労働組合会議は報告書の内容の早期実施を主張した。しかし、チャーチルをはじめとする保守党や、大蔵省、資本家団体などは戦争遂行を第一義にすることを理由として早期実施に消極的姿勢を示し、報告書の実施は棚上げにされた。

民衆がこのように社会改革を望みつつ「反ファシズム戦争」を支えていった様相から、イギリスにおける第二次世界大戦は「民衆の戦争」としばしば呼ばれる。この「民衆の戦争」については、そこでのイギリス国民のあいだのコンセンサスを強調することへの疑問が近年だされている。たしかに、総力戦の邪魔になる労働者のストライキによって失われた労働日数も、第一次世界大戦時に比べると少なかったものの戦争の後半期には増していったし、産業における戦時動員体制も、さまざまな競合と対立を生み出してはいた。とはいえ、こうした修正によっても「民衆の戦争」イメージそのものを消し去ることは不可能であろう。

このようにして戦われた戦争は、前大戦と同じくイギリス社会に不可逆的な変化をもたらした。戦時利得に重税が課せられたことなどもあって、所得の平準化はさらに進んだし、女性や非熟練労働者の賃金上昇率は男性や熟練労働者よりも高くなった。かつては中流階級以上の家庭の印であった家事奉公人がこの戦争によってほぼなくなった点も注目に値する。

ただし、戦争によっても変化しなかった面もまた多かった。イギリスにおける資産保有の構造はこの戦争ではあまり変わらなかったし（全人口の一％の富裕な人々の保有資産が全資産に占める割合は第一次世界大戦を挟む一〇年間では一〇％近く減少したが、この大戦を挟む一〇年間では五％の減少にとどまった）、前大戦期と同じく女性が戦争中にさまざまな職場に進出したといっても、戦争が終わると女性が家庭に戻っていくというパターンに変わりはなかったのである。

## アトリー内閣と福祉国家体制

第二次世界大戦期に育まれたイギリス国民の改革志向は、一九四五年七月におこなわれた庶民院選挙にはっきりと表現された。このとき日本はまだ降伏しておらず、第二次世界大戦は終結していなかった。しかし、イギリスにとって大戦の中心となっていた対独戦は四五年五月に終わっていた。

選挙戦に際して、労働党と自由党は「民衆の戦争」後の社会改革実現を強調した。とりわけ労働党は「将来に眼を向けよう」という選挙プログラムで、社会保障制度や国民医療制度の実現、完全雇用の維持とともに、イングランド銀行、燃料・動力産業、鉄鋼業などの国有化をうたう、意欲的な方針を掲げた。他方、保守党の側は選挙プログラムでは社会保障の充実をうたったものの、実際の選挙戦ではチャーチルを中心に労働党攻撃、社会主義攻撃に力点をおいた。チャーチルは、大戦でイギリスを勝利に導いた指導者としての自分に選挙民の信頼がよせられるものと期待していたのである。しかし、保守党のその期待は裏切られ、労働党が圧勝した（労働党三九三議席にたいし、保守党二一三議席、自由党一二議席)。注目すべきは、一九三五年の前回選挙以降新しく選挙権をえた人々の約六割が労働党に投票したとみられることである。

選挙で勝利した労働党は、それまで戦中のチャーチル連立内閣で副首相の位置を占めていた党首クレメント・アトリーを首相とする内閣を組織した。アトリーはおりから開催中のポツダム会談にチャーチルと入れかわって出席することを手始めに、内政・外交の両面において積極的な活動を開始した。

アトリー内閣は、一九五〇年二月の庶民院選挙でも勝利し(ただし保守党との議席差は一七議席に縮まった)、五一年十月の選挙で保守党に敗れるまで六年余りにわたって政権を担当した。この六年間、とりわけその前半期にアトリー内閣が実行に移した内政上の改革の規模は、近現代イギリス史上類例をみないほどのものであったといってよい。それらの改革のうち、教育体制の改革(四七年、義務教育年齢上限を十五歳に引き上げ)は、戦争中の四四年に保守党の教育相バトラーのもとで制定されていた教育法(バトラー教育法と呼ばれる)の実施にほかならなかったが、それ以外は労働党内閣のイニシアティヴで発議、断行された。この義務教育年齢引き上げも、のちにふれるような当時の経済状況のなかでは、保守党内閣であれば実現を先延ばしにしたであろうといわれている。

労働党内閣の内政改革は、国有化政策と社会福祉政策の二つの柱をもっていた。国有化政策は、一九四六年から四八年にかけて、イングランド銀行、石炭、航空、電気、鉄道、ガスと、矢継ぎ早に実

産業の国有化　1947年１月に石炭業国有化を祝うエマニュエル・シンウェル燃料動力担当大臣(左側)。

施された。これらの産業の国有化に際しては、強い反対がみられなかったが、四九年に国有化法案が上程された鉄鋼業の場合は資本家の側に加えて保守党がきわめて激しい抵抗を繰り広げ、労働党政府内部でも慎重論が生じた。しかし、この国有化も五一年二月には実現することになった。労働党内閣の国有化政策が鉄鋼業を除いてスムーズに進んだ大きな理由は、対象となった産業の収益率が落ちており、国有化によるてこ入れが自然であるとみられた点に求められる。国有化政策は、社会主義政策というよりも非能率な企業の国家による救済という面のほうが強かったのである。また国有化された企業の経営方法についても、労働者による経営参加といった産業民主主義の側面はみられなかった。国有化がもつ急進的な改革としての性格はあくまでも限られたものだったのである。とはいえ、労働党が政権から去るころに、イギリスの労働者の約一割が労働党内閣下で国有化された企業で働き、イギリス経済に占める公共部門の割合がこうした企業を含めて約二割に達するという状況が生まれていたことは、イギリス史のなかで特筆すべき展開であったといってよい。そしてその後しばらくのあいだについてみれば、国有化は当該産業に大きな改善をもたらしたのである。

一方、社会福祉政策は、以下のような領域で著しい進展をみた。まず一九四六年には国民保険法が成立し、国民を包括的にカバーする均一拠出・均一給付の原則による社会保険制度が整備された。これによって扱われる対象は、失業保険のほか、老齢年金、寡婦給付金、死亡給付金であった。この保険制度でも対象からはずれることになるような人々のためには、その後四八年に国民扶助法が制定された。またやはり四六年に成立した国民医療制度法によって、医療にかかわるサーヴィスを政府の統括のもとにおき、経費を税金でまかなうことで、すべての人々が無料で医療を受けられるようにする仕組みがつくりあげられた。それまでは、医療に費用がかかるため医者にかかりたくてもかかれない人々も多かったが、この制度の導入によって、貧しい人々も安心して治療を受けられるようになったのである。したがって、この制度はイギリス国民の圧倒的多数によって強く支持された。当初この改革に強く反対していたイギリス医師会が、その反対を貫けなかったのは、この制度の導入を推進した保健相ベヴァンの強いリーダーシップによるところが大きかったが、その背後には幅広い国民の支持姿勢が存在していたのである。

ベヴァンはまた、住宅建設にも力を発揮した。戦争による家屋の破壊、戦後の結婚・出産ブームで国民の住宅への要求は非常に強かった。労働党政府はその要求を十分に満たしたとはいえないにせよ、政権担当期間に約一〇〇万戸の公共住宅建設をおこなった。

ここで忘れてならない点は、労働党政府によるこのような内政が、きわめて厳しい経済環境下で取り組まれたということである。武器貸与法によるアメリカ合衆国からの援助が戦争終結によって打ち切られると、イギリス経済はアメリカからのあらたな援助を懇請しなければ立ちゆかない状況に直面していた。政府はアメリカやカナダから借款をえるかたわら、国民に耐乏生活の必要性を説いて経済の破綻を防ごうとした。そのような状況のもとで福祉国家体制の整備は進んだのである。困難な状態のなかでのこの福祉国家化については、それがイギリス経済のよりダイナミックな近代化という道をふさいでしまった選択であったとして、強く批判する評価もだされてきている。しかし福祉国家体制がのちに活力を失ったにしても、第二次世界大戦の性格と戦後の政府を取り巻いていた状況を考えてみたとき、アトリー政権が取り組んだ内政改革の歴史的意味は、積極的に評価されなければならない。

## 大国幻想の持続

アトリー内閣は、対外的には第二次世界大戦によって揺らいだ世界大国としての地位を取り戻そうとした。

第一次世界大戦の場合と同じく、第二次世界大戦に際してもイギリスは帝国＝英連邦内諸地域から人員と物資を大量に動員した。しかし、自治領や植民地のイギリスとの関係の変化を反映して、前大戦と異なる様相もこの戦争では目立った。たとえば、第一次世界大戦勃発時には自治領は自動的にイギリスの戦争に巻き込まれたが、英連邦体制のもとで自治領の自立性がさらに強まったことにより、戦争参加の是非は自治領側の決定に委ねられた。その結果カナダの場合、対独宣戦布告はイギリスの開戦に一週間遅れた一九三九年の九月十日になったのである。また、三七年に新しい憲法を制定してイギリス国王への忠誠宣言を廃止していたアイルランドは、イギリス政府のたび重なる要請にもかかわらず、中立を貫きとおした。いまだにイギリスに従属していたインドの場合は、前大戦を上回る二五〇万にのぼる人々が動員されたが、最大の民族運動組織である国民会議派は、独立の実現を求めて戦争協力を拒否した。イギリスに比較的忠実であったオーストラリアやニュージーランドも、四四年一月、イギリスとはまったく独自に対日戦終結の決定への参画などを求める宣言をだしている。帝国の絆のゆるみはさまざまなところでみられたのである。

一九四一年末から四二年初めにかけて日本軍がマレー半島、シンガポールをイギリスの手から奪ったことは、イギリスの威信を根底から揺るがした。そのすぐあと、イギリスはインドにクリップス使節団を派遣し、それまで拒んできていた独立に向けての約束をインド側にたいしておこなった。これはイギリスがおちいっていた苦境をよく反映する出来事であったといってよい。しかし、インドの地位の変化を戦後に延ばそうとするイギリスの姿勢に、戦争中であっても独立の実現を求める国民会議派は反発し、インド民族運動とイギリスの溝は埋まらなかった。

とはいえ戦争終結後インドが独立することは不可避となった。独立付与をめぐるイギリスとインド側の交渉が独立インドのかたちなどをめぐって曲折するあいだに、ヒンドゥー教徒を主体とする国民会議派とイスラーム教徒の全インド・ムスリム連盟（この組織は大戦中にイスラーム教徒が多い地域のパキスタンとしての独立を求め始めていた）のあいだの対立が激化し、大量の死者がでる衝突事件なども起こった。混乱の拡大を恐れたイギリス政府は、一九四七年二月に翌四八年六月までにインドに権限を委譲すると発表して、独立付与の期限を設定し、大戦中に東南アジア軍司令部を率いて対日戦にかかわっていたマウントバッテン卿を最後のインド総督にすえた。マウントバッテンは独立付与の日程を早め、インドとパキスタンに分離しての独立が、四七年八月十五日に実現した。ついでビルマも四八年一月に独立した。

このように戦後約二年でインドやビルマに独立を許したことも、イギリスが植民地の独立、帝国の解体を必然とみていたことをけっして意味しなかった。大戦中もイギリスは帝国の再建、維持に力点をおいて戦争を遂行しており、戦争が終わると速やかに植民地支配の復興にとりかかったのである。大戦によってイギリスの経済が疲弊するなかで、植民地がもつ経済的価値はむしろそれまで以上に強調されるようになり、アフリカやマラヤを中心とする東南アジアをめぐっては「あらたな帝国主義」と呼ばれる帝国再編政策がとられた。イギリスは、帝国の資源を利用しつつ、広大な帝国支配国としての威信を保持して、米ソという二つの超大国とともに世界強国としての地位を守ろうとした。一九四七年にはギリシア、トルコへの援助をアメリカ合衆国に肩代わりしてもらうなど、対外的な関与範囲のある程度の縮小をはかりながらも、大国志向はいっこうに衰えをみせなかったのである。冷戦の開始によって、それまでイギリスの植民地支配に批判的な姿勢をみせてきていたアメリカ合衆国が、ソ連に対抗する力としてそれを容認する方向に転じたことは、イギリスにとって都合のよい事態となった。植民地での民族運動のうち、急進的な反英勢力を共産主義勢力として抑圧することを、冷戦の論理によって正当化しうるようになったのである。強い反ソ姿勢をとるとともに、とりわけ中東でのイギリス帝国支配の維持に固執した外相ベヴィンは、そのようなイギリスの態勢を体現していたといってよいであろう。

イギリスも中心的役割をはたして北大西洋条約機構（NATO）が成立した一九四九年ころ、イギリス政府内では、アメリカを軸とする赤裸々な資本主義勢力とソ連を中心とする共産主義勢力のあいだにあって、世界に米ソの体制とは異なる第三のモデルを指し示す存在となる「第三勢力」を、英帝国＝連邦を基盤としてつくりあげようとする構想もみられた。この議論そのものは長続きしなかったが、イギリスの大国幻想をよく示す構想であった。アトリー内閣の終盤、五一年に起こったイランでのアングロ・イラニアン石油会社国有化は、こうしたイギリスの姿勢に打撃を与えた。民族運動の底力と、イギリスの強硬姿勢へのアメリカの消極性が明確になるなかで、イギリスは後退を強いられた。しかし、それによってもイギリスは大国幻想を振り払うことなく、保守党チャーチル内閣の誕生をむかえることになる。

# 第十章　コンセンサスの政治・サッチャー主義から二十一世紀へ

## 1　保守党政権と「コンセンサスの政治」

### 保守党の政権復帰と経済政策

一九五一年の総選挙は「国民に自由を」を掲げた保守党が勝利した。戦中から戦後の統制経済や住宅不足にうんざりしていた国民感情を、保守党がうまく掌握したのである。七十七歳のチャーチルを首相に、古い顔ぶれが戻ってきた。五二年二月に国王ジョージ六世が急逝し、新女王エリザベス二世が即位した(在位一九五二〜)。保守的な人々は「新エリザベス時代」の到来を期待し、多くの国民も、翌年六月におこなわれた若い女王の華やかな戴冠式のテレビ中継に接して、新しいイギリスの夢をふくらませた。

政権に復帰した保守党を待っていたのは、七億ポンドに近い国際収支赤字をはじめ不安定な経済情勢であった。政府は、物資の配給制廃止など規制緩和を進めながら、他方で信用の制限、輸入削減、金利引き上げによって需要の抑制を進めた。また、閣僚の給与や公務員の人員削減などによる財政支出抑制を断行した。朝鮮戦争にともなう景気が新政権の追い風となった。国際収支は黒字に転じ、五四年には完全雇用と高賃金をともなった繁栄が頂点をむかえた。この間の政府の最大の業績は、住宅相マクミランによる年間三〇万戸の住宅供給であった。しかし、教育改革、労組対策、移民対策、医療政策など大きな課題も残された。

保守党政府は、鉄鋼業や遠距離自動車運送業の国有化を解除するなど象徴的なかたちで国有化に留保の姿勢を示したが、他の公益事業やサーヴィスの公的所有は継続し、社会保険給付額の増額や農業への助成など、多くの点で前労働党内閣の政策を継承した。労働組合との関係にも協調的姿勢を維持した。この両党の政策にみられるコンセンサスは、前・現両内閣の蔵相ゲイツケルとバトラーの名にちなんで「バツケリズム」と呼ばれた。以後一九七〇年代にいたるまで、二つの党の政策のあいだには、具体的目標や手法の相違は別にして、広いコンセンサス(合意)が存在したとみることができる。それは、公的所有を含めた政府の経済管理と市場原理の「混合経済」、ケインズ主義的財政政策による需要の創出と完全雇用の実現、経済にたいする統制をともなった社会福祉政策、重要な社会団体とくに労働組合との協議に基づく政治、という諸点である。このような合意は、第二次世界大戦中における国民的協働の産物であったが、政策の連続性を支える行政組織の存在と、コンセンサスといわれ

チャーチル(左)から政権を継承したイーデン(1955年4月，首相官邸前)　保守党のリーダーシップは，イーデン，マクミラン，バトラーなど，ヴィクトリア時代末期に生まれた新世代の手に移った。

る政策目標を支持する有権者や世論の存在によって存続したのである。

一九五五年四月、老齢のチャーチル首相が退陣しアンソニー・イーデンがそのあとを襲った。イーデンは野党との庶民院議席数の接近をきらい、首相就任の翌月に総選挙に打って出た。外相として手腕を発揮したイーデンの人気と前政権の政策実績が重なり、選挙戦は保守党有利に展開した。労働党の党内対立も保守党を助けた。労働党党首ゲイツケルと党内右派は、産業国有化推進をうたった党綱領を改訂して、経済成長と経営の効率化に基づく福祉国家拡大をめざそうとしていた。しかしアナリン・ベヴァンを中心とする左派は、現綱領の死守と国有化の一層の推進を主張してゆずらなかった。また党指導部は核兵器時代の到来を認め、庶民院において水爆製造方針を支持したが、左派はこれに反対を唱えて院外の反核大衆運動に荷担していった。このような対立が労働党の政策作成能力を制約し、保守党にたいする明確な代案の提示を妨げた。労働党にとって長い冬の時代の最初の兆候であった。

選挙は保守党の圧勝に終わった。政権政党が議席を増加させたのは九〇年ぶりであった。しかし新内閣は、安定勢力を背景に発足したのも束の間、一九五五年夏に経済危機・ポンド危機にみまわれた。イーデンは選挙公約どおりの経済拡大を期待し、デフレ政策の採用に抵抗したが、政府は付加価値税の引き上げ、住宅助成金の削減を含む緊急なインフレ対策を迫られた。景気刺激政策と急速な冷却政策とを繰り返す「ストップ・アンド・ゴー」の始まりであった。イーデンの人気も、中東政策の不手際や移民政策の不決断などが重なって急落した。五五年末に蔵相に就任したマクミランは、インフレ抑制を緊急課題とし、公定歩合を三〇年ぶりの高利に引き上げ、食糧助成費や公共投資を削減した。また、所得税減税をおこないながら収益税やタバコ税の引き上げを実施した。

一九五六年春の経済白書は、政府、産業界、労組の関係正常化と合意に基づいた賃金・物価の抑制をうたった。この当時から、イギリスを襲う経済危機の原因は構造的なものであるという認識があらわれ始めていた。保守党の一部からは、イギリス経済の歪みは過剰な公共支出、所得にたいする累進課税、完全雇用のもとでの過大な高賃金、過剰な輸入にあるという指摘がなされた。四八年から五八年の年平均経済成長率は、西ドイツや日本が八％台、フランスやイタリアが五％台であったのにたいし、イギリスは二・四％にすぎなかった。その原因はいろいろあったが、国内への生産的投資が他国に比べて極端に少なかったこと、完全雇用の実現と強力な労組の存在が労働力市場の弾力性を奪い、労働生産性の向上を阻んでいたこと、などが重要な要因であった。生産性の上昇率を遥かに上回る賃金の上昇率がインフレの原因となり、インフレと対外収支危機に対処する政府の投資抑制政策が国内投資低調の原因をつくった。さらに「大国イギリスの威信」を維持するための軍事支出や海外投資が、イギリス経済に大きな負担を課した。国内では、資本や労働力が民需部門をあと回しにして原子力や航空機など戦略的部門に向けられ、軍隊の海外駐屯費や在外軍事基地の維持費が国際収支赤字の大きな要素となった。イギリス経済再生のための構造的な改革と帝国の負担の削減が、歴代政府の課題となっていった。

### スエズ戦争と帝国の終焉

インド、パキスタン、セイロン、ビルマの独立ののち、イギリスはアジアにおいてマラヤ、シンガポールの植民地支配維持をめざし、解放を求める武装蜂起勢力にたいして軍事的弾圧を続けた。しか

**スエズ戦争**　ポートサイドを攻撃したイギリス海軍。民間人を含む死者は1000人をこえた。

し独立を求める勢力の伸張には抗しがたく、一九五七年にマラヤ連邦の独立を認めた。インドを失ったイギリスに「世界の大国」の地位を保証するのは、中東の支配であると認識されていた。しかし、イギリスの力が衰退する一方でアラブ諸国にナショナリズムが強まり、イギリスはイランの民族主義政権の前に石油権益を失い、またエジプト政府の要求の前にスエズ軍事基地からの全面撤退をよぎなくされた。スエズ基地の代替地と目されていたキプロスでも、ギリシアとの統合を求めるギリシア系住民の激しい反英運動に直面した。このような困難の最中に、スエズ運河をめぐる紛争が始まった。

かつてのように経済的あるいは軍事的な「帝国の恩恵」による中東支配が不可能であることを自覚したイギリス政府は、「共産主義の脅威」にたいする中東の共同防衛を建前としてエジプト、イラク、ヨルダンなどとの軍事同盟締結を計画し、もってこの地域への軍事的プレゼンスを維持しようと試みた。しかしナセル大統領のエジプト政府は「共産主義の脅威」を口実としたイギリスの軍事駐留が植民地支配の継続にほかならないことを見抜いた。おりからイスラエルの軍事行動に危機感をいだいたナセル大統領は、自国の軍事力強化の道をチェコスロヴァキアからの武器購入に求めた。アメリカとイギリスはエジプトの反欧米的態度にたいする制裁として、アスワン・ハイ・ダム建設にたいする援助の約束を一方的に撤回した。ナセルはこれに対抗して、それまで英仏両政府が支配してきたスエズ運河会社の国有化を宣言した。こうしてスエズ危機が始まった。

アメリカ政府のイニシアティヴで問題解決のための国際会議が開かれたが、イギリスとフランスは初めから武力によるスエズ運河地帯占領とナセル政権打倒を方針としていた。一九五六年十月末、英仏両国はイスラエルと共謀してスエズ侵攻作戦を開始した。しかし、国連総会における非難決議や国内外の世論の激しい批判の前に英仏軍は一週間で戦闘を停止し、野望を放棄せざるをえなかった。イギリス政府にとっての誤算は、少なくとも道義的支援を期待したアメリカや英連邦内の友邦カナダ、インドによるイギリス非難であった。英米関係は戦後最悪の状態におちいり、英連邦の政治的結束も崩壊した。無謀な侵略と惨めな失敗によって、イギリスは中東における地位と権威をすっかり失い、英帝国終焉の足音を聞くことになった。

この間に、ヨーロッパで新しい情勢が展開していた。ヨーロッパ石炭鉄鋼共同体(ECSC)を形成して経済統合へ一歩を踏み出した大陸六カ国は、相互協力を原子力分野に拡大すると同時に、ヨーロッパ共同市場の形成に向けて動き出した。大陸諸国は、イギリスが共同市場形成に初めからかかわることを期待した。しかし、アメリカとのあいだに大陸諸国とは異なった「特別の関係」を維持し、また英連邦との経済的・政治的紐帯《ちゅうたい》を優先させたいというイギリス政府は、ヨーロッパ統合に非協力的であった。当時は英連邦諸国がイギリスの輸出入の約半分を占めていたので、イギリスには自らの将来がヨーロッパにあるとはみえなかった。かつてチャーチルが論じたように、「ヨーロッパとともにあるが、その一部であってはならない」、というのがイギリスの態度であった。一九五五年から五六年のイギリス政府は、自国を除外した共同市場の形成を警戒しながら、いざとなればその実現を阻止できると楽観していた。しかし、イギリスが態度を保留したままスエズ紛争に没入していったあいだに、ヨーロッパ統合はイギリス抜きで前進した。五七年にローマ条約が調印され、翌年、大陸六カ国の共同市場(ヨーロッパ経済共同体EEC)が発足した。イギリスは五九年に北欧諸国とともにヨーロッパ自由貿易連合(EFTA)を結成したが、これは乗り遅れたヨーロッパのバスの代替にはならなかった。スエズの失敗をへて帝国の終焉を認識させられたイギリスは、やがて依拠すべき場を帝国からヨーロッパへと移していかざるをえないのである。

### マクミランの「豊かな社会」

一九五七年一月、失意のイーデン首相は辞任し、ハロルド・マクミランがこれにかわった。スエズ戦争はイギリス経済に重い後遺症を残した。戦費の負担に加え急激なポンド流出が尾を引き、スエズからの無条件撤兵を条件にアメリカから与えられた借款によって、ようやく息つぎをえていた。五七年に、イギリスの国家資産八億五〇〇〇万ポンドにたいして、債務総額は四〇億ポンドに達していた。国内ではインフレが継続していた。新蔵相ソニークロフトは、思いきった公共支出の削減と通貨統制が必要であると考えた。しかし首相マクミランは、拡大する経済のもとで完全雇用を維持しながら同時に物価を安定させることが国民のたえざる関心であると論じ、経済引締め政策に反対した。彼は国家予算の増大を、混合経済と福祉国家の運営の必然的結果として受け入れるつもりであった。マクミランは労働組合とのあいだにも友好的な関係を維持しようとした。しかし、政府と労組の蜜月も終焉に近づいていた。五七年の争議による労働喪失日数は、一九二六年以来の記録となった。その背景には、労組全体としての左傾化と、その実質的権力の現場組織への移行があった。これは、労組指導部との協調に慣れ親しんできた政府にとって厄介な問題であった。

一九五八年から五九年にかけて、景気刺激策が功を奏したようにみえた。失業やストライキは増加していたが、洗濯機、掃除機、テレビなど耐久消費財が普及し、自動車や住宅の所有が増加するなど、一般的な生活水準が向上した。五九年に保守党は減税予算を提示したあと、イギリスの繁栄を訴えて総選挙に打って出た。これにたいして野党労働党は、総選挙に先立つ四つの補欠選挙で勝利をおさめるなど明るい材料をもちながら、党内の左右対立が尾を引いて、保守党の政策に明確な代案を示すことができなかった。党内左派は、イギリスの核兵器保有については譲歩したが、社会的所有の促進を定めた綱領を改訂しようとする党首ゲイツケルと左派の溝は埋まらなかった。またゲイツケルは、所得税増税を否定しながら年金給付の増額を約束し、かえってその矛盾を保守党に突かれた。十月の総選挙は保守党の圧勝に終わった。マクミランは「スーパー・マック」と呼ばれ、保守党は数年来最強にみえた。しかし、年ごとの賃金上昇、食糧を含む多くの必需品の輸入増加など、「豊かな社会」の底流に存在する問題が見すごされていた。まもなく問題が噴出し、政府は「ストップ・アンド・ゴー」の泥沼におちいっていった。六一年に失業者は八〇万人に達し「よき時代」は過去のものになった。

この時期に、新自動車道路の建設が進められる一方で、国鉄の再建合理化計画が着手された。イギリスの繁栄の偉大な象徴の削減は国民に不人気であったが、これは一九六〇年代から七〇年代にイギリス国民が直面せざるをえない不愉快な衝撃の最初のひとつであった。五〇年代の後半に死刑廃止問題が国民的論議になり、政府は特別な殺人罪について死刑を留保しつつ、廃止に踏み切った。またこの時期には移民規制も大論議になった。歴代政府は英連邦諸国からの移民規制はおこなわないという方針を維持してきたが、五〇年代中ごろから、西インド諸島などからイギリスの都市部への移民が急増した。これは失業の増大、社会サーヴィスへの圧迫、人種差別をめぐる紛争の頻発につながった。保守党右派から規制の声が高まり、問題の深刻化に直面した政府は、六二年、移民に条件を付す連邦移民法の試行を開始した。労働党はこれに反対したが、のちの労働党政府もこの問題に悩むことになる。

## 「変化の風」と脱植民地化

マクミラン政権の最初の外交課題は、アメリカとの関係修復であった。一九五七年のバーミューダにおける英米首脳会談ののち、アメリカのアイゼンハワー政権は、イギリスにポラリス・ミサイルを提供し核抑止力強化を援助する約束をした。六二年のナッソー協定につながるこの核協力は、英米の「特別な関係」の復活を象徴したが、同時にこれはイギリス核戦略のアメリカへの依存・従属を意味した。五四年以降、イギリスの国防政策は核抑止戦略へ本格的に移行したが、それは世界の大国イギリスの地位を誇示するためであり、また同時に防衛費削減を意図した結果であった。しかし核兵器の保有は、ミサイルの開発など運搬手段の経費等を含めると予算削減にはつながらないことが明らかになった。イギリスは独自のミサイル開発を断念し、アメリカのミサイル提供に依存することにしたのである。このような核武装の動きに対抗して、五七年に核兵器に反対するイギリスの大衆運動組織「核軍縮運動（ＣＮＤ）」が発足した。

スエズ戦争ののち、脱植民地化の動きはアフリカに広まった。一九六〇年の初めにアフリカを訪問したマクミランは、アフリカの民族意識に強烈な印象を受け、「この大陸に吹いている変化の風」を

「変化の風」 バッキンガム宮殿に参集したコモンウェルス諸国の首脳たち(1961年3月)。60年代に，イギリス植民地からの独立は24を数えた。

承認せざるをえないと声明した。植民地の維持が経済的にも政治的にも困難であることを自覚したイギリス政府は、植民地独立の促進を基本方針とした。ケニヤ、中央アフリカ、南ローデシアなどイギリス人入植者が少数者ながら支配層を形成していた地域や、キプロス、マルタなど戦略的重要地域と目された所では複雑で困難な経緯をたどったが、五七年のガーナ、マラヤに続いて、六〇年から六四年までにアフリカ、西インド、太平洋の一三の植民地があいついで独立した。

一九六一年七月、イギリス政府はEEC(のちにEC ヨーロッパ共同体)加盟申請を決定した。しかし農業政策や英連邦あるいはEFTAとイギリスとの関係をめぐって、加盟交渉は難航した。六三年、フランス大統領ド＝ゴールは英連邦特恵制度に固執するイギリスの加盟を拒否すると表明した。イギリスが帝国にかわる新しい場をみいだすまでに、さらに一〇年が必要であった。

一九六一年以降、マクミラン政府の人気は後退し、保守党は補欠選挙であいつぐ敗北を喫した。さらに、一官吏のスパイ事件や、陸相プロヒューモのスキャンダルと議会における偽証が保守党政府を揺さぶった。健康を害していたマクミラン首相は辞職し、六三年保守党大会はヒューム卿(貴族を辞してダグラス＝ヒュームと称した)を後継者に選出した。一方、どん底にあった労働党ではゲイツケルが現実的な政策への舵取りを進めていた。彼は、「公的所有がすべてであり、それによってすべてが完了するという極端な見解に反対する」と表明し、また左派が要求する一方的核軍縮路線も拒否した。六一年党大会ではゲイツケルの現実的方針が勝利したが、六三年にゲイツケルは急死し、ハロルド・ウィルソンが新党首に選ばれた。ウィルソンは分裂した党の結束を固めて、つぎの総選挙に備えた。

## 2 経済危機と政治不安の時代

### ウィルソンの経済政策と改革

一九六四年十月の総選挙では、四十八歳のウィルソンの人気とともに、政策の点でも労働党が勝《まさ》った。しかし、労働党の議席は半数を四議席上回っただけであった。中間層の支持をえた自由党の復活が、この選挙のひとつの特徴であった。新政権の課題は経済との苦闘であった。六三年のイギリス経済は五％をこえる成長率を示し、失業率も六四年には一・五％にまで減少した。しかし、生産性の向上や輸出増加をともなわない成長は大きな国際収支の赤字を生み、また労働党政権にたいする警戒感から生じたポンド売りによって、ポンド危機が深刻化した。このような情勢と僅差の多数党という政権基盤が、労働党の政策を制約した。新政府はポンド切り下げを拒否し、輸入課徴金の導入、公定歩合引き上げ、二〇億ポンドの対外借款によって当面の危機を乗りこえた。他方でウィルソンは、所得税や社会保障費負担の軽減、年金支給額引き上げを実施し、また物価所得庁など新省庁の設置、地方自治改革、労組改革、死刑廃止、メートル法と十進法の導入などに意欲をみせた。

一九六六年春に実施した総選挙で、労働党は四五年以来最高の得票率と三六三議席をえて勝利を飾った。第二次ウィルソン政権は、産業近代化と長期的な計画経済を掲げて出発した。しかし、計画はことごとく失敗した。新政権をむかえたのは経済危機と海員組合ストであった。インフレと労働争議はポンド危機を再燃させた。政府はデフレ政策をよぎなくされ、国民の生活は逼迫《ひっぱく》した。第三次中東戦争にともなうスエズ運河閉鎖と石油供給の減少に加え、海員組合ストが経済回復を妨げた。六七年十一月、政府はついに一四・三％のポンド切り下げを断行し、公定歩合を八％に引き上げるとともに、戦後もっとも厳しい増税と節約の予算を導入した。うち続く経済危機のなかで、イギリスが身分不相応な生活をしていることがわかってきた。政府の公的支出は着実に増加し、七〇年にはＧＤＰの三八％におよんだ。また、経済の病弊の底流に労組の役割が存在すると認識された。労使関係改善のために設置されたドノヴァン委員会の六八年報告書は、労組はあまりにも偏狭で非組織的になり、労働党政府のよきパートナーたりえないという認識に立った。六九年の報告書『闘争にかえて』は、「山猫スト」の規制をうたった。労使紛争における強制的な「冷却」期間の設定、ストライキに際する組合員投票の義務づけなどをめぐって、政府と労組のあいだで厳しい交渉と激しい論戦が交された。これは労働党内の分裂と対立を生み、改革は挫折した。

他方でウィルソンの政府は、鉄鋼業の再国有化と国営バスと航空会社の設立をおこない、公的所有がいぜんとして労働党の基本目標であることを示した。ただしその先行きはけっして明るいものではなかった。それでも一九六九年末までにイギリス経済はもち直し、国際収支は七〇年までに黒字を回復した。ウィルソンは勝利を確信して七〇年六月に総選挙に挑んだ。しかし選挙直前の五月に貿易は不調におちいり、物価上昇が始まった。ワールドカップ・サッカーでのイギリスの敗北も、労働党政権に不運な要素となった。

この間にウィルソン政権は、市民生活に直接かかわるさまざまな立法をおこなった。死刑廃止法、性犯罪法、妊娠中絶法、家族計画法、連邦移民法、人種差別禁止法、離婚法、幼少年法、男女賃銀均等法、十八歳の男女に選挙権を与える選挙法などである。この一連の政策の背景に、イギリス社会における「文化革命」が存在した。「寛容に満ちた時代」と表現される一九五〇年代末から六〇年代に、イギリス社会では古い権威への疑義や伝統的な価値観への挑戦が、さまざまな分野にあらわれた。文学界や演劇界には「怒れる若者たち」が登場し、階級社会や古い性道徳や人種問題に新しい道徳と価値観を対置した。また細いズボン、細い襟のジャケットやミニスカートで街に繰り出す若者たちは、プレスリーやビートルズの新しい音楽をとおして自己を表現しようとした。ウィルソンの諸立法にたいしてはさまざまな批判も投げかけられたが、諸法は新しい価値観をイギリス社会に定着させる役割を担った。

## ウィルソン外交と「スエズ以東」撤退

ウィルソン政権の対外政策は、保守党政権の政策と大差なかった。かつてウィルソンは核軍縮運動に共感をよせたが、政権が発足するとNATOとアメリカの多角的核戦力構想を支持し、中国にたいするインド防衛を根拠にイギリスの核抑止力維持を表明した。他方で政府は、一九六六年以後イギリスは単独で航空機やミサイルの開発をおこなわず、軍用機を含めてこれらを海外からの購入や共同プロジェクトに委ねると決定した。イギリスが世界的航空機生産国であった時代は終わった。

政権発足の直後にウィルソンは、「われわれは世界的役割を放棄するわけにはいかない」と表明した。アデンやシンガポールになお駐留するイギリス軍は、中東の石油やマラヤのゴムなどイギリス産業に不可欠な在外資源や在外資産の守りであり、同時にイギリスの世界的役割の象徴であると考えられていた。しかし「世界の大国」のみせかけは擦り切れていった。一九七〇年までにフランス、西ド

「新しい文化」　その象徴であったロックグループのビートルズ(上)とロンドンの型破りの若者たち“ヒッピー”。男性の長髪や大胆なファッション，ポップ音楽，あるいは「セックスの解放」といった価値観が，全世界に広まっていった。

イツ、日本の経済力がイギリスを追いこした。六七年のポンド切り下げは凋落《ちょうらく》を象徴した。ポンド切り下げによる海外軍事施設維持費の増大が、関与の大幅削減をうながした。六八年にイギリス政府は、アデンからの即時撤退に続いて七一年までにマレーシア、シンガポールから、すなわち「スエズ以東」から撤退すると表明した。アフリカについては、南ローデシア問題を残して残余の植民地を放棄した。南ローデシアにおいて多数者支配への円滑な移行と人種差別の停止を求めるイギリス政府と、黒人の存在を無視したまま白人による一方的独立を進めようとするスミス政権との交渉は難航した。これはイギリスの無力をさらけだすことにもなった。

ウィルソンはアメリカとの良好な関係を希望していたが、ヴェトナムをめぐって関係は緊張した。アメリカ政府はイギリスにヴェトナム政策にたいする「象徴的な」貢献を求めたが、ウィルソンは人員の提供を含めて物質的な支援を拒否した。東南アジアからの一方的な撤退声明も、英米の「特別な関係」に打撃を与えた。アメリカにとってイギリスの重要性はさらに低下した。ウィルソンは、イギリスにとってヨーロッパが一層重要になったと認識し、党内の反対論を意識しながら、慎重にＥＥＣ加盟の条件づくりを進めた。しかし一九六七年にド゠ゴール大統領は、イギリスを媒介にＥＥＣにアメリカの影響力がおよぶことをきらって、ふたたびイギリスの加盟を拒否したのである。

## ヒースの苦闘とUターン

一九七〇年の総選挙は、事前予測をくつがえして保守党の勝利に終わった。低い投票率にあらわれた労働党支持者の無関心が同党敗北の原因といわれた。保守党は六五年に、国民に人気のないダグラス＝ヒュームにかえて労働者階級出身のエドワード・ヒースを党首に選出し、そのもとで、将来の政権担当を予測して政策の抜本的検討を進めていた。ヒースの新政府は、選挙公約に従って中央・地方政府の再組織化、イギリス経済の病弊にたいする大胆な治療、労使関係の改革を方針として出発した。しかし経済危機が改革の前に立ちはだかった。七一年には、経済の再活性化を目標に掲げ、減税や最貧困層への助成を約束しながら、学校のミルク無料制の廃止と給食費値上げ、処方薬料や歯科医療費の負担引き上げをおこなった。翌年は一三億八〇〇〇万ポンドの減税と年金給付額の引き上げを打ち出したが、国際市場における商品価格の大幅上昇と国際収支の赤字増加、高率のインフレのもとで高賃金を要求する労組のストライキのために、公約実行は不可能となった。一方で政府は、経営困難におちいったロールスロイスを公的所有に移し、またアッパー・クライド造船にたいする補助金を復活した。これは本来保守党の政策にはない措置であったが、一〇〇万人に達しようとしていた失業抑制の意思表示と評価された。

ヒース政権は、低い生産性と高い賃銀上昇がイギリス経済の苦境脱出を妨げており、その責任の一部は労組にあると認識し、労組対策を重視した。すでにウィルソン政権時に雇用者側が「山猫スト」

の規制を含む対策を提案していたが、ヒースの政府は国家雇用関係裁判所を設置し、労組規約の登録を義務づけた。この提案は労組を刺激し、政府は激しいスト攻勢に出合うことになった。一九七二年の初めから、炭鉱労組、国鉄労組、海員組合があいついで長期ストにはいった。この年の労働喪失日数は、六〇年代の平均の四倍にものぼった。労働争議はポンド危機を呼び、また重要物資の国際市場価格の急騰がイギリス経済に打撃を与えた。秋には労使関係は最悪の状況を呈した。イギリス労働総同盟（TUC）は新雇用関係法に基づく労組の政府登録を拒否し、政府との和解や協調への姿勢を示さなかった。七二年末から政府は、物価や所得への不介入という公約に反して、所得政策による物価・賃銀の抑制実施に踏み切った。この政策によって経済に改善の兆しがあらわれ始めた七三年十月、ふたたび労組のスト攻勢とそして第四次中東戦争にともなう石油危機が政府を襲った。イギリスの経済は非常事態におちいり、産業の週三日操業など厳しいエネルギー節約政策がとられた。街からは投光照明や照明広告が消え、テレビの深夜放映もなくなった。政府は一二億ポンドの公共支出削減を断行した。

ところで、一九六〇年代の産業近代化政策の過程で石炭産業は削減され、炭鉱労働者数は一〇年間に半減した。また石炭産業の凋落とともに坑夫の賃銀も低落した。七三年秋の石油危機のなかで、炭鉱労組は四〇％の賃上げを要求して立ち上がり、翌年二月には高い支持率でストライキを批准した。ヒースは「政府か、労組か」の選択を国民に迫って総選挙を表明した。七四年二月の総選挙は、前例のない危機感のなかでおこなわれた。一般には保守党の勝利が予想されていた。ところが少数政党、とくに自由党の台頭が保守党に不利な作用をした。得票率では保守党が労働党をわずかにリードしたが、議席数では労働党が四議席上回った。しかし三四議席を数えた第三勢力の進出によって、労働党も過半数にはおよばなかった。ヒースは自由党との連立政府工作をおこなったが失敗に終わり、労働党のウィルソンが少数政府を率いることになった。

ヒースの政府は、戦後イギリスの経済的病弊の構造にメスをいれようとし、また労働組合の規制に真剣に取りかかった最初の政府であった。その政策は、経済・社会政策にかかわる国家の中心的な機能は維持しながら、福祉の恩恵を選択的に給付する方向へと態度を変更させることであった。それは、国家の経済からの離脱、競争力と効率の強調による経済活性化の試みへの最初の傾斜であった。しかし、石油危機と急激な物価上昇や労働攻勢に妨げられて、ヒースの政策は日の目をみず、その歴史的な意味も十分に認識されなかった。結局ヒース政権は、経済成長と産業の再生のために国家介入を強める方向に立ち戻らざるをえなかった。ヒースの「Uターン」といわれる。

ヒースの政府はイギリスの歴史にいまひとつの里程標を残した。ヒース政権のもとで議会はヨーロッパ共同体(EC)加盟を承認し、一九七二年にイギリスは加盟条約に調印したのである。当時のイギリス国民がEC加盟の経済的・政治的意味を十分理解していたとはいえない。しかしヒース政権にとって、これは経済回復への刺激とイギリス企業の生き残りの条件をつくる試みであり、EC加盟が

EC加盟条約に調印するヒース首相(1972年)　「ヨーロッパとともにある」イギリスは，翌73年1月から正式に「ヨーロッパの一員」となった。

イギリス経済再建の不可欠の条件であるということの承認を意味した。同時にこれは、帝国撤収という事態にたいする適応のつぎの段階でもあった。イギリスの将来はヨーロッパとの関係に託されることになった。

## 労働党政府の苦悩と「不満の冬」

ウィルソン政権が立ち向かう情勢は一九六四年以上に厳しかった。深刻な貿易赤字、一九%のインフレ、生産の落ち込みと労働争議、ウェールズやスコットランドのナショナリズムの高揚、アイルランド共和軍(IRA)のテロの増加をともなう北アイルランド問題の悪化、そしてECをめぐる国論の分裂と党内対立が、少数与党政権を取り巻いていた。政権復帰後のウィルソンは、炭鉱労働者のストを収拾するとともに、ヒース政権下の雇用関係法や所得政策を廃止した。高賃金と物価上昇が続くなかで、最初の予算は厳しい引き締め型にならざるをえなかったが、他方で薬代自己負担や有料ベッド制の廃止、社会の階級的差別を少なくすることを目的として選別教育を廃止するコンプリヘンシヴ・スクールの全面実施など、独自の政策にも着手した。七四年十月、少数与党脱却を意図して総選挙に臨んだが、労働党はかろうじて過半数を制するにとどまった。

政権にとって最優先課題は経済と労組対策であった。雇用の保障を目的としたフェラーリやロールスロイス、レイランドの救済政策は、保守党から「裏口からの国有化」という非難をあび、ケインズ主義的経済理念や信念に各方面から疑義が投げかけられた。しかしウィルソンの政府は、先端技術産業の国際競争力育成のための国家助成あるいは国営石油会社の設立など、経済への国家介入拡大を進めた。一九七五年春にも、政府は厳しい増税と支出削減をともなう予算を提示せざるをえなかった。イギリス産業凋落の要因を検討した七五年の経済白書は、政府が経済成長を優先し、重点的な産業戦略を策定すべきであると論じた。ただ、産業政策や賃銀抑制によるインフレ対策には労組との協力が不可欠であった。ウィルソンは政府と労組との「社会契約」を唱え、政府の賃銀抑制政策に労組を取り込もうとした。しかし多くの労組は政府の政策を拒否した。またウィルソン政府は、EC加盟再検討を問う国民投票を実施し、EC残留に六七・七%の賛成をえて問題を決着した。しかしECは労働党内の分裂の争点となって残った。

一九七五年十二月、ウィルソンは、労働党は若い血を必要としているという理由で退陣の意向を表明した。党内の分裂が深まり、また党と労働組合の対立が進行するなかでおこなわれた新党首選挙では、左派のフットをおさえたジェイムズ・キャラハンが勝利した。キャラハンは労組の指導部や党、議会での長い経験に加え、蔵相、内相、外相を歴任した経験豊かな政治家であった。彼の内閣がひどい情勢のもとで出発したのは不幸であった。新政府は賃銀抑制、国家支出削減、そして一定の失業増加の容認を基本政策とした。これを進めるには労組の協力が不可欠であった。一九七六年夏に、TUC指導部は政府の要請を受けて四・五%の賃上げに合意した。しかし、このころからまたしてもポンド危機が進行しはじめた。それまで一〇年間の経済政策の失敗が、国際金融市場の投資家や金融業者にポンドとイギリス政府に対する不信を植えつけてしまった。ニクソン・ショック後の変動相場制のもとで、ポンドの運命はイギリス政府の手の届かない国際市場のディーラーの手に握られていた。秋には一ポンドが一・六三七ドルにまで落ち込んだ。六週間に二六回の閣議を重ねた末に、政府は国際通貨基金(IMF)からの三九億ポンド借り入れを決定した。ただし政府支出三〇億ポンド削減が借り入れの条件であった。

　経済危機のあとから今度は政治危機が忍びよっていた。一九七七年一月に、議会における労働党の多数はわずかに一議席になった。キャラハンは自由党との政策協力によって、政権と立法能力を維持しようとした。この「自由《リブ》・労働《ラブ》協定」は七八年七月まで維持された。この時期に、自由党に加えてスコットランド国民党、ウェールズ国民党が議会で無視しえない勢力となり、スコットランド議会、ウェールズ議会への権力委譲問題が政府を悩ませた。労働党政府は、両地方の議会に権限の一部を委譲する法案を提案し、議会は両地方の国民投票によって四〇％以上の賛成がえられることを権限委譲法発動の条件とした。七九年におこなわれた国民投票では、両地方とも権限委譲の条件を満たしえなかった。この結果は法案を提出した政府に打撃を与えた。

この年、政府にとってさらに深刻な事態が進行していた。一九二六年以来最悪の労働争議であった。所得政策の第四段階をむかえた政府は、七八年に賃銀引き上げ限度を五％と表明した。すでに長い間抑圧されてきたという気分を鬱積させていた労働組合は、このガイドラインに反発してつぎつぎにストに突入した。七九年一月末から二月にかけて、一五〇万人の公共サーヴィス部門の労働者が長期ストに突入した。春までに政府の賃銀抑制政策は破綻した。そして、長期ストによって公園に山積みにされたゴミや、閉鎖が続く学校、あるいは埋葬を拒否された死体が、労組の度をこした争議行為とこれに対処できない労働党政府にたいする国民の不信感を増幅させた。七八年から七九年の冬は「不満の冬」として歴史に記されることになった。三月二十八日、庶民院は政府不信任案を一票差で可決した。五月におこなわれた総選挙では、マーガレット・サッチャーが率いる保守党が四三の議席多数を獲得して圧勝した。

## 3　サッチャー主義の時代

### 新自由主義の経済政策

イギリス史上最初の女性首相となったサッチャーは、中部イングランドの小さな町の食料雑貨店主の子として生まれ、敬虔《けいけん》なメソジスト派の信者だった両親のもとで、節約、努力、自助、貧者への責任などヴィクトリア時代の価値観を身につけて育った。オクスフォード大学で化学を専攻したのち、政治家を志し、一九五九年に庶民院議員に当選した。六一年に年金省政務次官をつとめたのち、影の内閣で燃料・電力相、運輸相などを歴任し、七〇年ヒース内閣の教育相として入閣した。このとき、学校のミルク無料制廃止を実施し、二人の子をもつ「ミルク・スナッチャー（かっぱらい）」と非難をあびて人々の記憶に残った。

一九七四年に二度の総選挙で敗北したあと、保守党内では党首ヒースにたいする批判が急速に強まった。選挙の敗北や連立工作の失敗はもとより、労働者の「不条理な」ストに対抗できなかった政治手法や国家介入主義への「Uターン」に非難が向けられた。キース・ジョゼフやサッチャーを中心に党の新しい研究機関に集まったエコノミストと党員たちは、戦後歴代政府の経済政策にたいする根本的批判を開始した。彼らは、インフレこそイギリス社会の最大の脅威であり、しかもそのインフレ

イギリス史上最初の女性首相となったサッチャー（1979年５月）　18年間の保守党長期政権が始まった。

は、経済成長と完全雇用と社会福祉のために際限もなく公共支出を拡大した歴代政府によって招かれたものであると論じた。彼らは、経済や社会にたいする国家の介入と「忍びよる社会主義」に反対し、「健全な保守党の原則」への復帰を主張した。彼らによれば、経済の活性化と富の拡大が弱者救済に先立たねばならず、イギリス経済の活性化と人間的自由の回復のためには、市場原理と個人の自由にたいするすべての干渉、すなわち国家や労働組合による干渉の排除が必要なのであった。

一九七五年初めに保守党党首選挙がおこなわれたとき、反ヒース派の有力候補者の立候補辞退によって、サッチャーにヒースとの闘いのお鉢がまわってきた。彼女はこのチャンスをものにして史上初の女性党首となった。しかし七九年に首相の座を獲得したとき、サッチャーは党を掌握していたわけではなかった。党の運営にも内閣の統括にも彼女の経験は乏しかった。党は分裂のさなかにあり、閣僚のほとんどは「コンセンサスの政治」を重視する、いわゆる「ウェット」派であった。しかしサッチャーは、経済関係閣僚ポストに自分と考えをともにする「ドライ」派を据え、経済委員会など小グループの委員会を設置してこれに政策の策定を担当させた。

第一次サッチャー内閣の最初の課題は、キャラハン時代の社会的混乱を脱して秩序を回復することであった。またサッチャーは、「通貨供給の増加率の厳格な規制」と「政府支出の厳格な管理」によるインフレ抑制を最優先課題とした。最初の予算では、所得税減税とともに直接税と間接税の大胆な見直しがおこなわれた。高額所得者の最高税率が八三％から六〇％に引き下げられ、減税による歳入減は付加価値税の大幅引き上げなど間接税で補われた。高金利政策と緊縮財政政策が三年間にわたって維持され、やがて一九八〇年代の末になってインフレは穏やかなレヴェルにおさまっていった。しかしこの政策の代償は大きかった。八〇年には著しい生産の低下があらわれ、企業倒産が続出し、毎月一〇万人をこえて増大を続けた失業者の数は三〇〇万人を突破した。その間に、公共部門を中心に合理化と賃銀紛争処理が進められた。三〇年代以来といわれた不況のもとで、解雇への恐れが労働者の賃銀要求をおさえた。ストライキの決定に労働者の秘密投票を義務づけ、支援ピケや同情ストを違法とするあらたな雇用関係法が制定された。

第一次サッチャー政権が着手した重要な政策のひとつに、地方自治体改革があった。地方自治体は全労働者の八分の一をかかえる最大の雇用者であったが、ロンドンやリヴァプールなど主要都市では労働党の影響力が拡大していた。保守党は「地方自治体社会主義」を警戒し、また地方自治体の支出増大を問題視した。政府は一九八〇年に、地方自治体の借入金と支出の規制措置を開始した。過剰支出団体には次年度の交付金の一部を留保し、またその場合に地方自治体が補足的地方税を徴収することを禁止した。こうして始まった中央と地方との抗争は政権第二期へもちこされた。新政府の政策の目玉のひとつが住宅取得政策であった。政府は八〇年の住宅法に基づき、公営住宅居住者による住宅買い取りを促進し、地方自治体には販売価格の割引や貸付金給付を含めて住宅販売促進を強制した。この政策は「財産所有民主主義」の象徴と宣伝され、持ち家率の増加は保守党の支持基盤を拡大する効果を発揮した。

しかし全体としてサッチャー政権第一期の政策は、戦後最悪の不況と急激な失業者の増加のために、労働組合や野党からだけではなく、保守党内部や産業界を含む多方面からの批判にさらされた。サッチャーの人気も八〇年を頂点に急落した。八一年末の世論調査では、保守党支持率二三％、サッチャーの政策に満足している有権者は二五％という惨憺たる評価であった。このようなサッチャー政府の危機的状況を救済したのがフォークランド戦争であった。

## フォークランド戦争と八三年総選挙

フォークランド諸島の領有をめぐるアルゼンチンとの争いは、一世紀以上におよんでいた。サッチャー政権発足時に、外務省はアルゼンチンの形式的主権を認めたうえでイギリスがこれを租借する方式で解決をはかる方針であった。ところが一九八二年四月二日、アルゼンチンの軍事政権はフォークランド諸島の軍事占領を開始した。緊急に召集されたイギリス議会では、保守党の強硬派がイギリスの権威と誇りにたいする挑戦に怒りを投げつけ、労働党左派の党首フットまでが「イギリスとともにあるフォークランド島民」の権利や生活にたいする侵略を激しく非難した。サッチャーは、イギリスの支配回復のために必要なあらゆる手段をとると言明した。大機動部隊を派遣するという声明は国民の歓呼でむかえられ、「国家的名誉」をかけた戦争が開始された。外交的勝利がサッチャー政府にとって重要だった。イギリスの国連大使は安全保障理事会で、アルゼンチンの即時撤退を求める決議をイギリス原案どおりに採択させた。サッチャーの断固たる姿勢はアメリカ政府にイギリス支持を表明させた。戦争は破壊と殺戮《さつりく》を重ねたうえ、六月十四日、アルゼンチン軍の降伏によって終結した。「正義の勝利」を手にしたサッチャーは、イギリスにふたたび「誇りという泉」が湧き出し「イギリスを過去幾世代にもわたって燃やしつづけた精神」がふたたび燃え上がったことに、この戦争の意義をみつけた。サッチャーはこの「フォークランド精神」を多くの有権者と共有することができた。一年後の総選挙における地滑り的勝利の一因はここにあった。

労働党内における左右両派の対立と分裂も、保守党に選挙勝利の展望を与えた。一九八〇年秋にキャラハンが退陣したのち、左派のマイケル・フットが党首に選ばれた。翌年の党大会は党首選出方

フォークランド戦争から帰還した空母“インヴィンシブル”をむかえる人々(1982年6月)　この戦争でイギリスは死者256人(アルゼンチンは645人)を出し，7隻の艦船，48機の航空機を失った。

法を改正し、戦闘的な労働組合や選挙区の地方労働党が党首選出に大きな影響力を与える仕組みをつくりだした。また同大会は、ＥＣ脱退や一方的核軍縮など左派の主張する政策を採択した。党の左傾化に反発したオーウェン、ジェンキンズら一三名の議員は労働党を離党し、同年三月、社会民主党を発足させた。

　一九八三年総選挙は、三九七議席を獲得した保守党の圧勝であった。またこの選挙で、自由党・社会民主党連合が二五・四％の得票と二三議席を獲得した。敗北は労働党にとって衝撃であった。フットは党首を辞任し、柔軟なリーダーシップを期待されてニール・キノックがこれにかわった。

## サッチャー主義の改革

顔ぶれを一新して「ドライ」派が多数を占めた第二次サッチャー内閣のもとで、改革は第二段階へ進められた。教育の分野では、ナショナル・カリキュラムや新しい試験・評価システムの導入、教員と学校の整理・統合が進められた。また親に子供の学校を選択する自由を拡大し、教育管理への親の参加や責任負担の拡大がはかられた。これは地方自治体や教師にたいする不信に基づく政策であり、教育の多様化と民営化が保守党の基本政策であった。地方自治体にかんしては、労働党が勢力を擁していた大ロンドン庁をはじめ六つの広域自治体の議会と行政組織を廃止し、権限を区へ下降させ、同時に中央の支配を強めた。

サッチャー主義の本領が発揮されたのは、公営事業の民営化と労働組合との対決であった。経済にたいする政府の関与をやめてこれを市場原理に委ねるという経済哲学に従って、国営企業の民営化がつぎつぎに進められた。電信、航空、造船、鉄鋼、電力、石油の株式が、「ポピュラー・キャピタリズム(大衆資本主義)」の実現というふれこみのもとに、あいついで売却された。大胆な国家資産の売却と民営化には保守党の内部からも批判が投げかけられたが、民営化はさらに促進された。

「不満の冬」以来の政府の厳しい経済政策と労組対策にさらされて、労働運動は低調であった。組織率は低下し、失業の圧力が組織の力と意志を削いでいた。支援ピケやクローズド・ショップの禁止など、法的規制が労組の団結力を奪った。これに追い打ちをかけるように、サッチャーの政府はイギリス経済社会の「害毒」の根絶を求めてあらたな攻勢を開始した。標的は一九七四年にヒース政権倒壊をうながした炭鉱労働組合であった。八二年に政府は石炭を非経済的産業とし、炭坑閉鎖の方針を確認した。炭鉱労組委員長スカーギルは、「答えはひとつ、立法に立ち向かってでもわれわれは闘う」とこれに対応した。政府は、ブリティッシュ・スティールの大合理化に辣腕をふるったマグレガーを石炭委員会の委員長に据え、長期ストに備えて石炭の大備蓄と石油エネルギー利用施設の増設を進めた。炭坑の閉鎖に反対する炭鉱労働者のストは八四年三月からほぼ一年におよんだが、敗北をよぎなくされた。坑夫の敗北は労働運動全体から力を奪った。政府は、労働組合を「飼い馴らし」て労使関係にも自由市場の機能を導入するという宿願を達した。

一九八四年十月、保守党大会が開かれていたブライトンのホテルがＩＲＡによって爆破され、四人の死者と多数の負傷者をだした。サッチャーは運よく命拾いをした。この事件は政府にたいする国民の同情を集め、また無差別テロを重ねるＩＲＡにたいするサッチャー政府の厳しい政策は、広く国民の支持をえた。テロや都市暴動にたいする力の政策がサッチャーの手法であった。

一九八七年に政府は、株式ブームや失業者の減少あるいは貿易収支の改善を背景に、所得税減税をおこなった。これによって有権者の支持を拡大し、またソ連訪問によって世界のリーダーとしての名声を獲得したと考えたサッチャーは、六月に総選挙を実施して三度目の勝利をおさめた。八九年に首相就任一〇周年をむかえたサッチャーには、さらに一〇年の政権が約束されているようにみえた。ジョン・メイジャーなど新しい顔ぶれが登場した第三次サッチャー内閣は、民営化、労組改革、地方自治体財政改革、教育改革にあらたな展開を付け加えるものとみられた。社会保険給付の見直しが政策の眼目のひとつであった。国家にたいする長期的な依存は人間の幸福を減じ自由を減じる、というのがその哲学であった。それまで「聖域」とされていた国家医療制度（ＮＨＳ）に、商業原理の導入がはかられた。老齢化社会の進行や新しい診療と薬の開発にともなう費用の増加が、政府財政を圧迫していたのは確かであった。しかし、ＮＨＳの破壊にたいする国民世論の抵抗は強く、政府の政策は部分的な実現にとどまった。水道と電力の民営化も、ともに国民生活に密接にかかわる部門であっただけに簡単には進まず、かえってなんでも民営化しようとする政策に批判も高まった。

地方自治体の財政改革と地方税制の改革は、サッチャーの懸案であった。ところが、地方の浪費と堕落の停止、個人主義原則に基づいた税制をうたったコミュニティ・チャージの導入が、サッチャー政権崩壊の種となった。一九八八年の地方自治体財政法に基づく新税制は、地方税課税の基準を住民の所有財産ではなく世帯の頭数に求めた。多くの人々はこれを人頭税と呼び、貧乏人が金持ちと同等に税を支払う社会的不公正を非難した。普通の人々がデモに参加し、「人頭税反対」を叫んだ。九〇年三月、人頭税導入前日のロンドンの大衆集会は、ふとしたきっかけで暴動に転じた。議会には人頭税に反対するロビーが形成され、ちまたでは不払い運動が広がった。サッチャーはＵターンを拒んだが、政府支持者のあいだでも人頭税は不人気であった。九一年三月、政府はついにその廃止を声明したが、そのときすでにサッチャーは権力の人ではなかった。

## 「鉄の女」の対外政策

サッチャーに「鉄の女」のあだ名を与えたのが、デタント政策攻撃、NATO大軍拡、共産主義とのイデオロギー闘争を力説した一九七六年ケンジントンでの演説であった。サッチャー政府の実際の外交は、大げさな表現のわりに歴代政府の政策と大きな違いはなかった。しかしつぎのような特徴をもっていた。第一に、政権第一期に注目を引いた反ソ、反共の高唱は、実際の対ソ強硬路線の遂行というより、労働党・労働組合の弱体化と資本主義のエネルギーの再建という内政を推進し、英米の「特別の関係」の復活という外交目標を実現するためのレトリックという性格が強かった。第二に、アメリカとの「特別な関係」を優先するか、それともヨーロッパ諸国との協力や統合を重視するかという選択は、歴代イギリス政府にとって難問のひとつであったが、ヒースの政府と対照的に、サッチャーの政府は前者を選択し、イギリスがヨーロッパの一部分におさまることに一貫して抵抗した。サッチャーはことあるごとに英米の「大変特別な関係」を強調し、またレーガン大統領との親密な関係を誇示した。そのためにはイギリス本土にアメリカの中距離ミサイルの配備を受け入れ、NATO諸国のなかでただひとつ自国の軍事基地から米軍によるリビア爆撃を許した。湾岸危機に際しては、ブッシュ大統領とともに大軍派遣のイニシアティヴをとった。サッチャーは「大西洋同盟」におけるアメリカとの「特別な関係」に、「世界の大国」イギリスの証明を求めようとしたのである。しかし、レーガンの後継者ブッシュ大統領は、「特別な関係」にレーガンほど意を用いなくなった。ソ連の崩壊と冷戦の終結により、英米同盟の価値は後退したからである。

サッチャーの最後の政府は、ヨーロッパ統合とこれにつながる経済政策をめぐる紛議に支配された。サッチャーは英連邦にかわってイギリスの経済的利益を実現する存在としてECを重視し、企業の活性化につながるかぎりにおいて統一市場を支持した。しかし彼女や保守党内の一群の人々は、ブリュッセルのEC委員会による「ヨーロッパ経済の集権的支配」と超国家的な「ヨーロッパ連邦主義」に反対であった。ECは「独立した主権国家間の積極的協力」の枠組みにとどまるべきであり、また「大西洋共同体とともにあるヨーロッパ」でなければならなかった。このような姿勢は、大陸諸国とのあいだにしばしば深刻な摩擦を生んだだけでなく、より現実的な立場からヨーロッパ統合にイギリスの将来を託すべきであると考える、閣内外の少なからぬ人々とのあいだにも不協和音を生んだ。ECとの貿易がイギリスの貿易総額の四〇%を上回っている現実を前に、経済界や官僚のあいだにもEC統合に背を向けるサッチャーの姿勢にたいする危惧が広がった。

第二次内閣の蔵相に任じられたナイジェル・ローソンは、経済政策においてサッチャーとの距離を拡大していった。彼はマネタリズムには懐疑的で、民営化や減税をとおして供給力を拡大することを重視しようとした。また為替相場の安定を重視するローソンは、一九八五年の異常なドル高によるポンドの下落以来、イギリス経済の先行きをドイツとの協力に求め、欧州通貨制度(EMS その中心は欧州為替相場安定制度ERM)への加入を進めようとした。サッチャーはこれに頑強に抵抗した。八六年に単一欧州議定書に調印したEC諸国は、統一市場の完成と通貨同盟に向けて動き出した。しかしサッチャーは、八八年九月ブルージュで演説し、「反ヨーロッパ連邦主義」の立場を表明した。ローソンと外相ジェフリ・ハウは、辞任をちらつかせながらサッチャーに単一欧州議定書調印とEMS加盟の態度表明を迫った。八九年夏にサッチャーは内閣を改造し、ハウを事実上更迭した。三カ月後にはローソンが辞任した。のちにハウが述べたように、サッチャーとその閣僚との対立や決別は、人頭税やヨーロッパなど政策をめぐる葛藤であると同時に、内閣の運営におけるサッチャー首相の「専制的スタイル」にたいする閣僚の反発でもあった。

サッチャー政権は第三期にいたって明らかにつまずきをみせていた。大衆レヴェルでは人頭税に批判が集まり、議会ではヨーロッパ政策に批判が高まっていた。通貨政策の失敗も明らかであった。産業界が労働力不足に悩む一方で、一六〇万人の失業者が存在するという異常事態が生じていた。それは経済構造の変化にもかかわらず失業者を放置し、産業訓練をおこたった結果であった。党内には、きたるべき総選挙においてサッチャーで勝てるのか、という疑念が広がった。このような情勢を背景に、一九九〇年秋の保守党大会で党首選挙がおこなわれた。第一回目の投票でサッチャーは第一位を占めたが、かつてサッチャーがヒースを破った不可解な選挙規定に従うと、第二回投票進出には四票不足であった。サッチャーはいったんは再選工作に意欲をみせたが、閣僚との面談をとおして自らにたいする党内の支持がえられないことを知り、退陣を決意した。保守党は新党首にジョン・メイジャーを選出した。

## 4 社会の変容と「ニュー・レイバー」の登場

### サッチャーの一〇年と経済・社会の変容

二十世紀終盤に、イギリスはこの世紀の政治史上、まれにみる二つの長期政権を経験した。「サッチャーの一〇年」と「ブレアの一〇年」である。この二つの長期政権をへて、イギリスの経済と社会は大きな変容をとげた。

一九九〇年の連合王国の人口は五千七二〇万人を数えた。十九世紀の一〇〇年間にイギリスの人口は四倍になったといわれるが、二十世紀の一〇〇年間の増加率は五〇%に届かなかった。人口構成は大きく変わり、一九〇一年には八%にすぎなかった六十歳以上の人口が二〇%を占めるようになった。また第二次世界大戦後の四〇年間に、英連邦諸国から移住した人々の割合が一〇倍以上に膨れ上がり、都市部は多民族国家イギリスの様相を強めた。

イギリスの経済や社会も変貌した。世界経済のなかでのイギリスの凋落は覆うべくもないが、二十世紀後半の五〇年間にイギリス人の生活はたしかに豊かになった。国民一人当たりGDPは、一九五〇年から八七年までに倍増をとげた。八五年の自動車所有所帯数は六四％、九〇年には九九％の所帯がテレビを所有するようになった。耐久消費財の購買力を見るかぎり二十世紀を通じて富の分配の均等化が進んだように映る。しかし、八〇年代に、いぜんとして人口の一〇％の富裕層が七〇％以上の富を所有していた。富の分配の不平等は健康や教育の不平等につながり、福祉国家政策も最下層の非熟練労働者の救済には届かなかった。また、造船、石炭、鉄鋼、自動車産業などの凋落とともに製造業人口が激減し、八〇年代の製造業人口は全就業人口の二〇％程にすぎなくなった。これにたいして、サーヴィス産業就業人口は八四年に一千三〇〇万人を数え、二十世紀後半のイギリスは「セールス・アシスタント国家」になったとささやかれた。一九八〇年代以降のあらたな特徴のひとつは、地域格差の増大である。イングランド北部工業地帯やウェールズ炭鉱地帯の衰退が著しく、その地域での高失業率が常態化した反面、ＥＵ加盟国の経済発展や北海油田の開発にともなって、イングランド南部および東部やスコットランドの北海沿岸部に顕著な経済発展がみられた。

顧みると、アメリカを中心に世界資本主義が急速な発展をとげ、各国経済の相互依存が深まっていった第二次世界大戦後の世界にあって、イギリスの五〇年間は経済的衰退・政治的後退とのたえざる闘いであった。一九七九年に登場したサッチャーの政府は、それまでに少なからぬ人々がイギリスを凋落に導いた要因であると認識するようになったいくつかの長期的傾向を、逆転させようと試みた。それは、肥大化する国家機能とその財政を正常な姿に引き戻し、「不満の冬」を生んだ労働組合の力を制御することであった。「経済的自由主義」と「健全な保守主義」がその哲学であり、経済における市場原理と自由競争の復活、国家の権威の回復と強力な国家の実現がその目標であった。

サッチャー改革のもとで政府予算の構造が変わった。財源は累進課税をともなった直接税への依存から、付加価値税など間接税への依存へとシフトした。それは、富の再配分の逆転を意味し、富める者を利したが、その結果が全体として経済を活性化させたかどうかは疑わしかった。また、八〇年代から九〇年代にかけて、イギリス国民の実質所得は平均四〇％上昇した。しかし、貧富の格差が広がった。上位一〇％の富裕層の所得は六五％も増大したが、逆に下層一〇％の人々の所得は一三％減少したからである。国営事業の民営化は、経済への国家介入を著しく後退させた。また行政の効率化を理由に、国家公務員数は七九年から九七年までに三四％削減された。しかし、サッチャー主義が「小さな政府」の実現に成功したかどうか、これにも疑問の余地が残った。九五年までに政府支出の対GDP比は七九年のレベルにまで上昇したからである。

メイジャーの「思いやりのある保守主義」

「サッチャーの一〇年」は、サッチャーの思いがけないかたちでの退陣によって終結し、かわって、当時としては二十世紀最年少で、もっとも閣僚経験の乏しい首相が誕生した。ジョン・メイジャーの登場であった。

ジョン・メイジャー

貧しい家に生まれたメイジャーは、銀行員や電力会社の事務員などを経験しながら、地方政治家をへて、一九七九年の総選挙で庶民院(下院)議員に当選した。その後は、堅実な事務処理と調整能力をかわれてサッチャー政権の外相、蔵相をつとめるなど目を見張る昇進を重ね、下院議員に当選して一一年あまり、閣僚となって三年で首相に就任することになったのである。

サッチャーは、在任中にすでに「サッチャー主義」という概念が語られたように「信条の政治家」であったが、メイジャーは、プラグマティックな政治家であった。彼に課せられたのは、サッチャーが残した数々の重要案件の後始末と、そして「思いやりのある保守主義」を掲げてサッチャー路線の部分的軌道修正をはかることであった。新政府は、人頭税廃止を宣言したあと、九三年に資産評価を基準にした新地方税制を施行した。イギリス経済は八五年から八八年の好景気ののち、長期的な不況におちいっていた。九一年の経済成長率はマイナス二・五%を記録し、失業の増加と倒産が続いた。しかし新政府は、財政赤字の増大を恐れて積極的な景気拡大策を回避し、中期的な経済安定策を優先するがまんの政策を続けた。

メイジャー政権発足時の国際情勢は、冷戦終結や湾岸戦争のあおりできわめて流動的であったが、メイジャー政権にとってもっともやっかいな外交課題は、ヨーロッパとの関係であった。

### メイジャー政権とヨーロッパ

EU諸国は、一九九一年一二月にマーストリヒト条約に調印し、通貨統合と政治統合をともなうヨーロッパ連合(EU)への第一歩を踏み出していた。メイジャーが首相に就任した時期に、保守党内ではヨーロッパ統合をめぐる内部対立が深刻化していた。党内には、ヨーロッパ統合に積極的な親欧州派も少なくはなかったが、ヨーロッパ統合は国家主権を空洞化させるという懸念を抱く欧州懐疑派が無視できない存在であった。したがって、メイジャーの第一の課題は、ヨーロッパ諸国との関係改善を通じてイギリスの主権や国益を守ることであったが、同時に、この問題をめぐる党内の対立を克服し、議会による条約批准を実現することをめざさなければならなかった。したがって、メイジャーには調整型のリーダーシップが求められた。

メイジャー政権は、まずEMS(欧州通貨制度)への全面的コミットというかたちでヨーロッパ統合にたいするサッチャー政権の消極的態度を少しずつ転換していった。また、メイジャーは一九九一年にドイツでおこなった演説で、イギリスは「ヨーロッパのまさに中心」に位置することを望むと表明し、ヨーロッパ統合への積極的姿勢を誇示した。しかし、メイジャー政権にはゆずれない点が三つあった。第一に、EUの組織構造にかんして、超国家的な統合につながる「連邦」志向を避け、あくまでも「政府間協力」の枠組を基本とするという点であった。第二に、イギリスが単一通貨導入を強制されないようにオプト・アウト（選択的離脱）の権利を獲得すること、第三に、イギリスの産業への不当な規制強化と考えられていた域内市場における共通社会政策からのオプト・アウトを獲得することであった。いずれのオプト・アウトもヨーロッパ統合の進化の足並みを乱す行為に等しく、これを求める外交交渉は厳しいものであった。しかし、その後のマーストリヒト条約をめぐるヨーロッパ諸国との政府間交渉において、メイジャー政権は「求めていたものをすべて手に入れた」（『タイムズ紙』）と評価された。だが、オプト・アウトを含んだ合意であってもマーストリヒト条約に反対する国内の勢力は強く、条約批准への賛否をめぐる対立は深まっていった。

一九九二年四月、メイジャーははじめての総選挙に臨み、四一％の得票によって信任を獲得した。保守党は議席を減らしながらも過半数を維持したのである。この選挙では、キノックが率いる労働党が「信頼できる野党」として復活し、イギリス政治に二大政党制が復活したかのようなかたちがみえた。翌九三年五月にデンマークでやり直しの国民投票がおこなわれ、デンマーク国民はマーストリヒト条約を受け入れた。これがメイジャー政権への追い風となり、条約は五月二〇日にイギリス下院第三読会（法案審議の最終段階）を通過した。メイジャーにとっては、保守党内の融和とヨーロッパ諸国との関係改善という二つの課題が達成されたようにもみえた。しかし、マーストリヒト条約に懸念を抱く保守党員は相当数に上り、五月の第三読会でも四六人の保守党議員が造反し、メイジャー政権の基盤の脆弱性を露呈した。

一九九二年九月、ポンド相場の下落、投機筋によるポンド売りが続いた。九月一六日、巨額のポンド売りが生じ、ポンドのERM(為替相場メカニズム)離脱が発表された。イギリス国内では、これはメイジャー政権の明らかな失政とみられた。くわえて、この通貨危機の原因と責任をめぐってEU加盟国首脳間、特にイギリスとドイツとのあいだに軋轢が強まった。

イギリスは一九九三年八月に、マーストリヒト会議からほぼ二〇カ月をへて、ようやく条約の批准を完了した。しかし、一九九五年になると保守党内でメイジャー退陣を求める動きが本格化し、九七年総選挙のキャンペーンではヨーロッパ統合をめぐる保守党内の対立が外部にもあらわになった。この年の総選挙で一八年にわたる保守党支配に終止符が打たれた。この選挙で保守党が獲得した得票率三〇・七%は、一八三二年選挙以来、同党の最低の記録であった。

## 低迷する労働党から「ニュー・レイバー」へ

労働党は一九七九年以来、四回連続して総選挙で敗北を喫した。また、サッチャーの時代をへてもっとも重要な変化を被ったひとつが、労働組合であった。一九七〇年代に一千三〇〇万人を数えた

トニー・ブレア

労働組合の組織人員は、九〇年代には八〇〇万人にまで減少した。それがサッチャー政府の労働組合にたいする一連の強攻策によるものなのか、ケインズ主義的な「大きな政府」に依存してきた労働党と労働運動の構造的凋落なのか、判断は難しかった。八〇年代にはスウェーデンのような国も含めて、世界各国で「大きな政府」による福祉政策が危機にさらされたからである。サッチャーと結びつけられた多くの政策は、全世界的な経済の変化が先進諸国におよぼした影響の結果なのであった。サッチャーはこの変化に対応するひとつの典型的政策と、そのレトリックを提供したのである。

いずれにしても、労働党は労働組合を基盤とした社会主義路線にこだわり続けることができなくなった。また、ニール・キノックやジョン・スミスにかわる強力なリーダーが求められていた。スミスの急死にともなって急遽登場したのがトニー・ブレアであった。ブレアは一九九四年の党首選挙で勝利し、労働組合に依拠したそれまでの路線を捨てて、社会主義の政党から現実主義の労働党への変身を大胆に進めた。

まずブレアは、サッチャー主義の「粗雑な個人主義」と一九三〇年代、四〇年代の「集産主義を乗りこえる」と主張し、産業国有化推進条項を含む党綱領の全面的改定をおこなった。元労働党党首ウィルソンによれば、この綱領改定は「聖書から創世記を取り除くようなもの」であった。一九九七年五月の総選挙で、ブレアは「財界の理解と協力」を求め、他方、前回総選挙までは激しい労働党攻撃をおこなった保守的大衆紙『ザ・サン』が、大見出しでブレア支持を打ち出した。ブレアは、かつてメイジャーの標語であった「人間の顔をしたサッチャリズム」あるいは「社会主義にかわる第三の道」の模索を標榜した。

ブレア政権の政策は社会主義との決別という点では紛れもない現実主義の選択であったが、メイジャーの現実主義への対抗を意識して、理念先行的スタイルをとった。ブレアは首相就任演説のなかで、「この政府は強い価値―正義と進歩と連帯―に基づくものでなければならない」と表明した。また、外相に就任したロビン・クックは、その就任演説で「倫理的外交政策」を打ち上げた。「正義と進歩と連帯」あるいは「倫理的外交政策」が「ニュー・レイバー」のキャッチフレーズになった。

### ブレア政権の内外政策

一九九七年総選挙で、労働党は第二次世界大戦後初めて四〇〇をこえる議席を獲得し、記録的大勝利をおさめた。西欧の左翼政党のなかでもっとも長期にわたって政権外にあったイギリス労働党は、その社会主義路線と決別することによって権力を奪回し、二十世紀最年少（四三歳）のブレア首相を誕生させたのである。

前述のように、この選挙戦においてヨーロッパ統合をめぐる保守党内の混迷が露呈した。労働党内に同様の混迷が存在しなかった訳ではなかったが、労働党内の対立は選挙戦のなかではあまり目立たなかった。雑誌『エコノミスト』によれば、労働党の勝利は「選挙民が保守党に飽きがきた」結果なのであった。ただし、ヨーロッパ統合問題をめぐる党内の分裂状況が、保守党を敗北に導いた重要な要因であることは否めなかった。

ブレア政権は、強力な首相の指導力に基づく「大統領型」の政治スタイルによって、所得税や法人税の軽減など保守党の政策を継承するとともに、社会の下層に配慮して、公正をめざす就労支援、公立学校改革、家族形成や就労を含めて社会参加の意思を持つ者への支援（自立型福祉）の政策を展開した。一九九九年にはイギリスで初めて最低賃金法を導入した。さらに、サッチャーのイングランド中心の集権主義にかえて、地方分権化を推進し、スコットランド、ウェールズへの地方議会設置を進めた。また、北アイルランド紛争の解決に尽力し、一九九八年にはアイルランド共和国軍（ＩＲＡ）との和平協定、二〇〇三年にはＩＲＡの武装解除宣言にまで漕ぎ着けた。

ヨーロッパとの関係においては、「労働党のイギリスはヨーロッパの中心になる」と宣言して、明確に親EU路線を選択した。ブレアはEUの「社会憲章」に参加し、また、ボスニアやコソヴォなど周辺の紛争にたいするヨーロッパ独自の対応をめざすために、EUの安全保障体制の強化に力を注いだ。しかし、一九九九年から使われ始めていた単一通貨ユーロへの参加については、ブレア政権も、イギリス世論も消極的であった。ブラウン蔵相は、一九九七年十月に下院において、イギリスがユーロに参加する五条件を明らかにし、その消極性を内外に宣明した。一九九〇年代から二十一世紀初めにかけてのさまざまな世論調査の結果は、ユーロ参加反対が六〇%前後、賛成が三〇%前後という数字を一貫して示していた。ユーロの使用が開始されるなかで、この問題をめぐるイギリス国内の論争が激化していった。

### イラク戦争とブレアの蹉跌

ブレア政権は、ヨーロッパ統合支持の姿勢を固め、対外政策の軸足のひとつをヨーロッパに置いたが、同時に、もうひとつの軸足をアメリカとの「特別な関係」に求めようとした。内外政策において順調にみえたブレア政権を蹉跌に導いたのは、大西洋をはさんだこのアメリカとの「特別な関係」であった。

サッチャーとレーガンの時代にもっとも親密な関係を内外に誇示した英米関係は、その後、ボスニア紛争をめぐって齟齬を露呈した。イギリスはアメリカの極端な反セルビア路線に同調しなかったからである。しかし、一九九三年六月に米軍がイラク空爆をおこなった際、イギリスはこれを支持した。以来、イラクにかんして英米の協力関係が継続した。九七年十一月にアメリカとイラクの対立が激化したとき、ブレアはアメリカ支持の姿勢を鮮明にした。そして九八年十二月には、アメリカと共同する唯一の国としてイラク攻撃（「砂漠の狐作戦」）に参加した。翌九九年には、コソヴォをめぐる紛争でもアメリカと協力した。同年三月、ＮＡＴＯ軍によるユーゴ空爆が開始されたが、英軍も米軍と共にそれに参加した。このコソボ紛争を機に、ブレアは軍事行動重視という方向に著しく傾き、それは、九・一一テロ事件以降のブレアの政策につながっていった。

二〇〇一年九月十一日のニューヨークとワシントンにおける同時多発テロにたいして、アメリカのブッシュ政権は、テロリストはアフガニスタンのタリバーン政権に庇護されたグループであると断定するとともに、テロにたいする報復と称してアフガニスタンにたいする一方的な武力攻撃に踏み切った。ブレア政権は、二日後に緊急閣議を開いてアメリカへの軍事協力を決定した。十月七日のアフガニスタンへの攻撃開始に先駆けて、ブレアはロシア、パキスタン、インドを訪問し、アフガニスタンにタリバーン政権にかわる新政権を樹立する方針への支持を取り付ける行動をとった。

ブッシュ政権は、九・一一の直後から、イラクが大量破壊兵器を所持していると喧伝しながらイラクにたいする戦争準備を進めた。ブレア政権は、アフガニスタン、イラクのいずれの場合にもアメリカ政府と「特別な関係」にある忠実な同志として行動をともにしたのである。とりわけイラク戦争において、ブレアはイラクの大量破壊兵器所有は疑いないと主張し、議会にはかることなく参戦を強行した。イギリス政府のアメリカ支持の姿勢は積極的で一貫していた。しかし、ブレアの政策は世論の全面的支持をえたものとはいえなかった。やがて戦争の実態や大量破壊兵器をめぐる政府の虚偽報告の事実が明らかになるにつれて、アメリカの戦争とイギリスの参戦にたいする世論の批判が高まった。

イラク戦争自体は二カ月ほどで終結したが、英軍は米軍に従ってその後もイラクやアフガニスタンに駐留を続けた。英国内では反戦集会があいついで開かれ、二〇〇三年二月十五日には、イギリス史上未曾有の規模の反戦デモが繰り広げられた。デモ参加者は一〇〇万人をこえたといわれる。その間、議会が独自の調査委員会を設けて精査した結果、イラクに大量破壊兵器など存在せず、ブレア政権の首脳もその事実を知っていたようだという疑惑も生じた。

アフガニスタン、イラクへの武力行使を通じてイギリスの外交政策はその軸足を大西洋同盟に移したかにみえた。あるいは、ヨーロッパでのリーダーシップと英米の「特別な関係」の双方を通じて世界におけるイギリスの影響力を回復しようというヴィジョンがあったのかもしれない。しかしこの夢は破綻し、一貫してアメリカに同調しなかったドイツやフランスとの齟齬や軋轢が拡大した結果、イギリスはヨーロッパにおけるリーダーシップから遠ざかることとなった。

国内におけるブレア人気にも明らかに陰りが生じた。労働党内でも、ブレアと外相クックとの対立をはじめ、結束の揺らぎが露呈してきた。二〇〇七年、ブレアは労働党党首の座をゴードン・ブラウンにゆずった。労働党は、結局一三年間にわたって政権を維持したが、二〇〇九年の地方選挙では惨敗を喫し、自民党につぐ第三党に転落した。

ところで、「サッチャーの一〇年、ブレアの一〇年」をへて、「実業界の代表である保守党、労働組合の代表である労働党」という二大政党制の構図は大きな変化を遂げた。『フィナンシャル・タイムズ』の表現を借りれば、民営化や税制を含めて「主要二大政党の政策面での収斂」が顕著になった。二つの政党員、政党支持者の同質化も進み、いずれも戸建ての家を所有する中産階級が多数を占めることとなったのである。

### 大英帝国の残影

一九九七年七月一日、香港が中国に返還された。アヘン戦争からじつに一五五年ぶりに、最後のイギリス人総督がユニオン・ジャックとともにこの島を去ったのである。同年九月には、スコットランドとウェールズにそれぞれ独自の議会を設置することの是非を問う住民投票がおこなわれ、両地方ともに議会設置賛成が多数を占めた。二〇〇〇年に、スコットランドでは三〇〇年ぶり、ウェールズでは六〇〇年ぶりに、限定的ながら独自の立法・行政機能を有する議会が復活した。

この年の夏、前年に皇太子と離婚したダイアナ元妃の突然の事故死がイギリス社会と王室を揺るがした。あいつぐ王室のスキャンダルが王室存続の是非を世論の俎上にのせていたさなかの出来事であった。しかし、九〇年代に、二十一世紀には共和制へ移行するという議論がさかんになされたオーストラリアも、結局、エリザベス二世を国王とし、国王の代理として「連邦総督」を置くという特殊な国制のもとで、立憲君主制にとどまった。

ヴィクトリア女王のダイヤモンド・ジュビリー(即位六〇周年)の祝賀行進が大英帝国のクライマックスを演出してから一〇〇年を迎えた。ジブラルタルの帰属をめぐるスペインとの軋轢、紛争が完全に終結しないシエラレオネへの対処など、帝国支配の残滓の後始末のいくつかは二十一世紀に持ちこされた。しかし、二十一世紀を迎えたイギリスをもっとも悩ませているのは、ヨーロッパ諸国・EUとの関係の軋みである。

## 5　二十一世紀のイギリスとヨーロッパ

### 試練のなかのEUとユーロ

一九九九年一月にヨーロッパの経済通貨同盟は、統一通貨ユーロを導入する新しい段階へ移行し、二〇〇二年一月にはユーロ紙幣とコインが一二カ国で流通を開始した。しかし、ユーロは流通開始当初から大きな問題を抱えていた。そもそも諸国のあいだには共通通貨導入に必要な政治的・経済的一体性が十分に確立されていなかった。くわえて、放漫財政政策がもたらした不健全な財政状況ゆえにユーロ参加が危ぶまれていたギリシアが、加盟条件を満たすための財政報告の改竄を含む紆余曲折をへて、二〇〇一年段階でユーロに参加すると決定された。のちに、ジスカールデスタン元フランス大統領は、「正直にいえば、ギリシアを受け入れたことが間違いだった」と語った。二〇〇〇年代のヨーロッパ経済は、アメリカのITバブルの崩壊や二〇〇八年のリーマン・ショックの打撃を受けて浮き沈みを繰り返したが、ギリシアをめぐる問題がもっとも深刻で、その後数年間にわたりEUに大きな負担を課した。その試練を背負いながら二十一世紀を迎えたEUは、なお「深化」と「拡大」をめざした。

## EUの「深化」と「拡大」

ヨーロッパ統合の発展には「深化」と「拡大」の二つの側面がある。さらに、「深化」には共通政策の発展と、それを担う共同体の制度・組織の発展という二側面がある。一九五七年三月に仏、独、伊およびベネルクス三国が調印し、一九五八年に発効したローマ条約は、共同市場形成という包括的統合を指し示し、共通通商政策、共通農業政策などを進めた。一九九三年に発効したマーストリヒト条約は単一市場を形成し、ヒト、モノ、資本、サーヴィスの四つの自由移動を実現させた。一九九八年には欧州中央銀行が発足し、翌年に単一通貨ユーロの導入を開始したのである。また、この間に、共通外交・安全保障政策、司法・内務協力など非経済領域でも制度の構築を進め、共通政策を実施してきた。政策の決定や実施にあたっては、加盟国首脳で構成する閣僚理事会と一九七九年以後直接選挙で議員が選ばれる欧州議会が権限を発揮した。

ヨーロッパ統合の今ひとつの発展は、加盟国の「拡大」である。もともと六カ国で出発した共同体には、一九七三年にイギリス、デンマーク、アイルランドが、八〇年代にはギリシア、スペイン、ポルトガルが加わり、加盟国は一二カ国になった。冷戦が終結した九〇年代に、共同体はまず北方へ、ついで東方へと拡大し、二〇一三年のクロアチアの加入をもって加盟国は二八カ国を数えた。こうして、東方においてロシア、ベラルーシ、ウクライナ、グルジアなど旧ソ連圏およびトルコと境界を接することとなったEUは、あらたな問題に直面した。

一九九三年にEU閣僚理事会は、東方への拡大の可能性を見越して、新規加盟の基準を打ち出した。それは民主主義、人権の保障、法の支配の確立、市場経済の確立などで、これはEUのアイデンティティの表明でもあった。中・東欧からの新規加盟国のなかには、痛みをともなう改革をへてこれらの基準を満たそうとした国もあったが、政情が安定しない国々すべてにこの基準の実現を求めるのは困難であった。地域による経済格差の拡大も問題であった。くわえて、これらの国々に隣接する地域には、旧ソ連邦構成国への大国主義的な介入を窺うロシアの存在をはじめ、紛争の勃発や再燃の火種が多々横たわっていた。

EU の東方への拡大(2004年～2013年)

## 東方への拡大と移民・難民問題

二〇一〇年代にEUは難民の急増という試練に襲われた。共同市場の設立以来、「人」の自由移動は共同体の中核的な原則のひとつであった。当初、この「人」とは「域内の労働者」を意味し、「人の自由移動」とは加盟国国民がおもに他の加盟国で働く際に差別されないことを意味した。また、その時点では国々の入国管理がなくなったわけではなく、加盟国の国民が域内を移動する際にも、国境におけるパスポート・チェックは必要とされていた。ところが、一九八五年に調印されたシェンゲン協定は、入国管理を撤廃し、「人の自由移動」をさらに進めて「国境のないヨーロッパ」へ近づけた。この協定は一九九五年に発効し、協定締結国の入国管理が撤廃される「シェンゲン体制」がスタートした。EU加盟国であるイギリスやアイルランドはこの協定に参加していないが、EU非加盟国であるノルウェーやアイスランドはこれに参加しており、二六カ国によって入国審査なしで域内を移動できる「シェンゲン圏」がつくられ、シェンゲン域内と域外というあらたな境界が生まれたのである。

一九九〇年代に入って、EUは難民問題に取り組まざるをえなくなった。その背景のひとつは、シェンゲン協定によって入国管理が撤廃されたことに伴い域外からの難民に共同で対応する必要が生まれたことであり、いまひとつは、一九八九年の東欧革命やベルリンの壁の崩壊を遠因とし、一九九一年のユーゴスラヴィア紛争が直接の要因となって、西欧諸国に難民が殺到した現実であった。

二〇一〇年代になると難民問題は「危機」といわれるようになった。ユーゴ紛争に加え、イラクや

シェンゲン圏

アフガニスタンが戦争状態にあり、さらにアフリカのエリトリアやソマリランド、あるいは紛争の絶えないシリアをはじめ中東諸国からＥＵへの難民が急増したからであった。これらの諸国との最前線にあるイタリア、ギリシア、ハンガリー、ポーランド、チェコ、スロヴァキアに難民受け入れにたいする強い反対気運が生まれ、これはＥＵの結束を揺るがす事態につながった。

「難民危機」は、国境をこえて移動するテロリストにたいする脅威ともあいまって、ヨーロッパ各国で国境にたいする意識を高め、「国境のないヨーロッパ」という理念を脅かした。そして、このような事情と、リーマン・ショックとユーロ危機に伴う逼塞感を背景に各国内で「反ＥＵ」を掲げる勢力を勢いづかせ、あるいは移民排斥を主張する右翼的な政党・政治団体の台頭を招いた。その典型がフランスの「国民戦線」である。また、ドイツの新しい極右政党名「ドイツのための選択肢」が示しているように、「自国民最優先」という立場が強調されるようになり、人の自由移動を原則とするＥＵへの反対が広がっていった。二〇一四年の欧州議会選挙では、「国民戦線」が二五％近くの得票率を獲得し、比例代表制の利に助けられてフランスで第一党に躍進した。

イギリスでも、反移民・反イスラームとＥＵ脱退を真正面に掲げた「イギリス独立党（ＵＫＩＰ）」が急成長し、同じ二〇一四年の欧州議会選挙においてイギリスで第一党の座を獲得した。翌年の総選挙では、小選挙区制ゆえにＵＫＩＰの獲得議席は一にとどまったものの、得票率では第三党に躍り出た。

このような状況が、保守党党首で首相のデイヴィッド・キャメロンを驚かせた。二〇一三年一月、キャメロン首相は、二年後に予定されている総選挙で保守党が勝利した場合には、EUからの離脱を問う国民投票を実施する、と演説した。これが「ブレグジット」問題の発端であった。本来「離脱」には反対であったキャメロンの、この演説の意図はどこにあったのか。

## 「ブレグジット」への政治過程

イギリスのEU離脱は「ブリテン」と「イグジット(退出)」をつないで「ブレグジット」と呼ばれるようになる。この問題が浮上した当時、イギリスは、リーマン・ショックの影響で不況におちいり、また、ユーロ危機のためにEU諸国への輸出も落ち込んでいた。そして、二〇〇四年のEUの東方への拡大とブレアの積極的な移民受け入れ政策以来、イギリスには年間五〇万人の移民が流入するようになっていた。移民はイギリスの社会福祉を求めて流入してきているという根拠の薄い世論が広まり、保守党内の反EU勢力がUKIP支持に鞍替えする動きが懸念された。そこで、キャメロンは、自らEU離脱の是非を問う国民投票のイニシアティブをとることによって党内の反EU勢力を保守党内につなぎ止めようという、いささか手の込んだ対策を打ったのである。

ところが、二〇一六年六月二十三日に実施されたその国民投票では、EU離脱支持が五二%という結果が示され、僅差ではあったがEU離脱が意思表示された。イギリス内外の多くの人々が、結局のところイギリス人は残留を選ぶだろうと予測していただけに、この結果はEU諸国のみならず世界に衝撃を与えた。投票結果の分析によると、イングランドではロンドン以外のほとんどの地域で離脱派が優勢であった。世代間の違いをみると、若年層では圧倒的多数の七三％が残留支持であったのにたいして、六五歳以上の高齢者層では六〇％が離脱を支持した。若年層にとっては、生まれた時からイギリスはEUの一員であり、自分たちも域内の自由移動のメリットを享受する立場であった。他方、高齢者層は「ヨーロッパの一員ではないイギリス」の記憶を有し、移民への反発もあってEUにたいする懐疑意識が強かった。若年層（一八歳から二四歳まで）の投票率が三六％だったのにたいして、六五歳以上の投票率は八三％におよんだ。

一九五〇〜六〇年代にヨーロッパ諸国が「共同体」をめざした時代に、イギリスには、参加を拒否するにあたって、衰退の途上にあったとはいえ「帝国・コモンウェルスとの紐帯」という歴史的・具体的なオルタナティブが存在した。しかし、二十一世紀のイギリスに「ヨーロッパ」にかわる具体的な選択肢はみえていない。いったい「ブレグジット」への誘因は何であったのか。もともとイギリスにはヨーロッパとの統合を支持する主要な政党は存在しなかった。保守党と労働党という二大政党は、いずれもEUにかんしては内部に意見の対立をかかえており、二十一世紀に入ってその対立は激化した。このような政治状況のもとで、高齢者層に比較的強く共有されていた「イギリスはヨーロッパではない」という歴史的心性が、停滞する景気や「仕事を奪う」移民への反発などと重なって「ブレグジット」の誘因となったといえるかもしれない。

国民投票の結果を受けてキャメロン首相は辞任し、テリーザ・メイが保守党党首・首相の座を継承した。二〇一七年三月、イギリス政府は、EUにたいして離脱通知をおこない、EU条約第五〇条に基づく離脱プロセスを開始した。四〇年以上にわたるイギリスとEUの関係を清算し、さらにこの先の新しい関係を結ぶための離脱協議の課題は多岐にわたった。まず、第一段階として「カネ、ヒト、カベ」の問題についての合意が必要であった。「カネ」の問題とは、離脱にあたってイギリスが支払う清算金の問題、「ヒト」の問題とは、イギリス在住のEU市民およびEU圏在住のイギリス国民の権利保障の問題、「カベ」の問題とは、連合王国(イギリス・北アイルランド)とアイルランドの国境問題である。

「カネ」の問題がまず深刻な対立点になった。EUの財政計画やさまざまな政策、基金、プログラムは複数年度で予算が組まれ、各国の分担金が決められていた。そこで、EU側はイギリスが離脱通告前に合意していた七年間の予算の支払いを請求した。交渉は難航したが、結局イギリスが譲歩し、三九〇億ポンドの「手切れ金」で合意した。「ヒト」の問題でもイギリスは妥協を強いられた。二〇一八年の時点でイギリスに暮らすEU市民は三二〇万人とされていたが、EU市民の権利保障については欧州司法裁判所の判例に基づいて判断することとされた。

もっとも困難な争点となったのが「カベ」の問題であった。イギリス(連合王国)領である北アイルランドは、EU加盟国であるアイルランド共和国と五〇〇キロにわたって国境を接している。一九九八年に北アイルランド紛争の和平合意が達成されたあと、この国境では検問は廃止されて人や物の自由な往来が認められ、経済面でも社会面でも一体化が進んでいた。北と南の国境線である小川の両岸にまたがって羊や牛の放牧もおこなわれてきた。ここに、EU加盟国のアイルランドと非加盟国の連合王国(イギリス・北アイルランド)の「カベ」が持ち込まれるわけである。この「カベ」によって北に閉じ込められた「ナショナリスト」(共和国への併合を求める人々)の過激派は、ふたたび武力闘争をも辞さない構えであった。

## 二十一世紀のイギリスは何処へ

二〇一八年十一月、実質一七カ月にわたる交渉の結果、イギリスとEUは五八〇頁をこえる離脱協定にようやく合意した。ただし「カベ」の問題は棚上げにされた。しかも、この離脱協定案にたいしてイギリスの議会内外で厳しい批判が巻き起こり、二〇一九年一月、イギリス議会はこの協定案を歴史的大差で否決し、政府の再提案にたいしても同年三月、二度にわたってこれを否決したのである。しかし、議会や与野党に代案があったわけではなかった。

七月にメイ首相にかわったボリス・ジョンソンの保守党新政府は、十月三十一日に離脱を実現すると明言した。また、イギリスとEUは十月十七日にあらたな離脱協定案をとりまとめ、EU首脳会議はこれを承認した。しかし、離脱の期限といわれていた二〇一九年十月末にも離脱は実現せず、議会審議は離脱審議を停止したまま膠着状態におちいった。北アイルランドの関税にかかわる処遇に地域政党である北アイルランド民主統一党が反発したからであった。

ＥＵ側の了解のもとで二〇二〇年一月末までの離脱再延期が語られるなかで、ジョンソン政権は、下院を刷新して離脱に道をつけたいという考えと、「ブレグジット」を再度直接国民に問いたいという思惑のもとに、総選挙に打って出ることにした。総選挙を求める政府提案は議会で三度否決された後、十月二十九日、労働党の半数が賛成に回った結果、ようやく可決され、二〇一九年十二月十二日に総選挙が実施された。

完全な六五〇の小選挙区制でおこなわれるイギリスの総選挙では、第三党以下の政党が議席を獲得するのはきわめてまれである。そこでこの総選挙では、カンタベリー選挙区をはじめいくつかの選挙区で、第三勢力の自由民主党とその支持者が、保守党の勝利と「離脱」を阻止するために、あえて自分の支持政党とは違う労働党に投票する「戦略投票」に取り組んだ。前回二〇一七年の選挙では有権者の二割が「戦略投票」を実行し、その結果、保守党は過半数割れを喫した経験もあった。また、スコットランドの地域政党であるスコットランド国民党（ＳＮＰ）は、「独立してＥＵに残留する」、すなわち「イングランドとともにＥＵを去るか、独立して残るか」という選択を提示し、二〇一四年の独立をめぐる住民投票の逆転を訴えた。

この総選挙の結果は、「離脱」を前面に打ち出した保守党の圧勝に終わり、「離脱」にかんする姿勢を明確にしなかった労働党は惨敗した。これは、先行きがみえない「離脱論議」にうんざりした国民感情の表現であったと論評された。保守党は歴史的な単独過半数の議席（三六五）を獲得し、議会において「離脱」の議決を容易におこない、予定通り二〇二〇年一月末にＥＵと袂を分かつ道筋をつけることに成功した。一月二十二日、離脱実現に必要な関連法案が議会を通過し、翌日、女王の裁可を得た。二〇一六年六月の国民投票以来、約三年半の混乱の末にイギリスとＥＵの関係は歴史的転換点を迎えた。しかし、ＥＵ離脱の法的手続は決着したが、その後のイギリスには難問がいくつも控えていた。第一に、ＥＵとの交渉で棚上げにされた「カベ」の問題、すなわち「北アイルランド問題」である。「カベ」が立ちはだかる事態が持ち込まれたことによって、アイルランド共和国との統合を求める「ナショナリスト」による武力テロなどが、既に深刻な影を落とし始めていた。

さらにイギリス政府には、ＥＵとのあいだにあらたな貿易協定など関係再構築の交渉が必要なばかりか、ＥＵ域外の諸国や地域・組織との目がくらむような交渉が待っていた。すなわち、ＥＵ加盟国であったイギリスは、四〇年以上にわたってＥＵを通じて域外の国々や地域・組織との関係を形成してきた。したがって、ＥＵを離脱したあとに、改めて独自に域外諸国との関係を交渉によって形成し直さなければならないのであった。もはや現在のイギリスには、このような外交交渉を担いうる行政スタッフすら存在しないではないかというつぶやきも聞かれた。

二十一世紀を迎えたイギリスの政治的・経済的選択とその行方は依然として混迷を伴っていた。

第十一章　イギリス史におけるアイルランド

## 1　中世末までのアイルランド

### 分断されたアイルランド

グレイト・ブリテン島の西方に浮かぶ、面積にして北海道程度の緑の島アイルランドは、現在、政治的には、二つの部分に分断されている。すなわち、島の面積の八〇％強を占めるアイルランド共和国と、島の東北隅に位置して、イギリス(連合王国)の一部を構成する北アイルランドとである。この北アイルランドの帰属をめぐる住民間の対立・抗争が、一九六〇年代末から三十年にわたって三〇〇〇名以上の人命を奪ってきたことは周知のところであろう。この北アイルランド問題、そして南北アイルランドの分断こそは、アイルランドのイギリスとの歴史的なかかわりの現在における帰結である。もっとも、それは時代によって、あるいは視点によって、一様にはとらえられない。

北アイルランド問題について、イギリスの八〇〇年におよぶアイルランド植民地支配に根差す問題云々とよくいわれる。これがまちがっているとはいわないが、およそ正確さには欠けたいい方であろう。そもそも、植民地支配とは何か。八〇〇年にわたって、一貫して植民地でありつづけたのか。だが、アイルランドは連合王国の一翼を構成していた時代があり、現在の北アイルランドは連合王国の一部である。たしかに、今なお、北アイルランドをイギリスの植民地とみなす人々も存在する。自らをアイルランド人と認識し、北アイルランドとアイルランド共和国の統一を希求するナショナリストやリパブリカンと称する人々の立場がそうである。しかし、現在の北アイルランドには、一方で自らをイギリス人と認識し、北アイルランドをイギリス(連合王国)の不可分の一部とする、ユニオニストやロイヤリストと称する人々もいる。北アイルランドだけをとれば、そうした立場の住民のほうが多数派である。彼らにとっての北アイルランド史、あるいはアイルランド史は、当然ながら、ナショナリストやリパブリカンのそれとは違っている。

当事者たちは、たがいに自らの歴史観を正しいとし、相手のそれは認めようとしないであろうが、どちらかが絶対的に正しい、ないしはまちがっているというわけではない。北アイルランド問題の解決に向けて、ときには衝突しながらも対等の協力関係を築いてきた現在のイギリス・アイルランド両政府が認めるように、この立場を異にする住民双方が、おのおの歴史的に正統性を有し、独自の文化と伝統を保持しながら北アイルランドにおける対等なコミュニティを構成しているのである。われわれとしても、こうした見方を十分考慮すべきであろう。もちろん、ナショナリストとユニオニストの歴史像を足して二で割れば、公平で客観的なアイルランド史が記述できるというものではない。どちらか一方の立場に偏ることなく、双方の歴史観の相異をそれとして、その意味を考えながらアイルランド史にアプローチする姿勢が必要だということをいいたいのである。もちろん、アイルランド史にたいするアプローチが、この二つに限られるものでもないことは、いうまでもない。

また、イギリスとアイルランドの歴史的関係は、そもそも「イギリス」が意味するところ——もっぱらイングランドをさすこともあれば、連合王国を形成する(した)ことのある地域全体をさすこともあるし、はたまた、七つの海を支配し、世界に君臨したかの海洋帝国をさすこともある——によって違ってくることにも留意すべきであろう。それぞれの視点やコンテクストによってアイルランドが占める位置も、変わってくるのである。

## イギリス王領化とアングロ=ノルマンの侵入

イギリス史のなかでのアイルランド史の展開は、教皇ハドリアヌス四世がイギリス王ヘンリ二世(在位一一五四〜八九)にアイルランド領有を許可し、そのヘンリ二世の封建臣下であるアングロ=ノルマン貴族がアイルランドに侵入した十二世紀をもって始まるとするのが妥当であろう。では、そのいきさつはいかなるものだったのか。まず、前者からみてみよう。

もともと、ドルイドと呼ばれる祭司をいただくケルト民族固有の信仰の世界であったアイルランドにキリスト教がもたらされるのは、五世紀のことである。今もアイルランドの守護聖人として敬われている聖パトリックらの修道士たちによる精力的な布教活動により、アイルランドは、殉教者の記録がないほど順調にキリスト教化された。以後、アイルランドは「聖者と学者の島」として知られ、七世紀ごろまでは、アングロ＝サクソンの侵入後のブリテン島やヨーロッパ大陸への布教活動に勤《いそ》しむ修道士を輩出するなど、西ヨーロッパのキリスト教の一大拠点でもあった。

しかし、ローマを中心とするカトリック教会が発展するにつれて、状況は変化する。アイルランドの教会＝ケルト教会は、ローマ教会からすると、逸脱した存在であった。後者が、教区制度を基底に独自の階層秩序を構成し、世俗権力からの自立性を確立していったのにたいし、アイルランドでは、修道院中心で、しかも教会は世俗の地域支配者たる部族の長に従属的だったのである。グレゴリウス改革や聖職叙任権闘争を通じて、西ヨーロッパ全域を一元的に組織するにいたったローマ教会は、ケル

ケルズの書　カラフルな装飾を施した文字や絵で描かれた９世紀初にさかのぼる福音書の手稿本。ケルズはミーズ州の地名。ダブリン大学図書館所蔵。

ト教会の「改革」＝ローマ教会化をはかろうとした。しかし、強力な世俗の政治権力が不在のアイルランドで、ローマ教会派の聖職者の力だけでは改革はうまく進まず、そこで教皇が白羽の矢を立てたのが、イギリス王ヘンリ二世であった。アイルランドの領有を認めるかわりに、ケルト教会の「改革」を推進させようというのが、教皇の意図だったのである。ただし、ヘンリ二世臣下のアングロ＝ノルマンのアイルランド侵入は、これとは別個の事情による。

アイルランドはローマ人の侵略もゲルマン民族移動期にその侵入も受けなかった西ヨーロッパではめずらしい地域である。だからこそ、ここにはキリスト教化後にも独自のケルト文化が発展したのであった。ただし、アングロ＝ノルマン侵入以前に、アイルランドが異民族の侵入を受けなかったわけではない。八世紀以降のノルマン人（ヴァイキング）の西ヨーロッパ侵略期には、アイルランドも彼らの活動の舞台となっている。ダブリンをはじめ、現在のアイルランドの、とくに沿岸都市の多くは、彼らが築いた交易拠点を起源とする。しかし、このノルマン人たちは、アイルランドで領域支配を確立することはなかった。これを達成するのは、アングロ＝ノルマンである。

アングロ＝ノルマン貴族がアイルランドに侵入した契機は、内紛に苦しんでいたアイルランド南東部レンスタ地方の王が、ヘンリ二世に援軍を求めたことにある。これに応じたのは、ウェールズ南部のアングロ＝ノルマン貴族であった。当時、一方で先住ウェールズ人の勢力巻き返し、他方でヘンリ二世の中央集権化政策の挟み撃ちによって苦境に立っていた彼らは、アイルランドで自らの将来を切り開こうとしたのである。

こうして、十二世紀の後半に始まったアングロ＝ノルマンの侵攻は、レンスタ地方のみならずアイルランド全域におよんでいく。戦闘技術でまさるアングロ＝ノルマンは先住のケルト系ゲール人勢力を沼沢地帯や山岳地帯に追いやっていった。肥沃な土地が多いアングロ＝ノルマン支配地域では、イングランド農民の植民がおこなわれ、マナー制度も発展した。

一方、ヘンリ二世もアイルランド領有を実効あるものにすべく、また、侵入したアングロ＝ノルマン貴族の独立化を防ぐためもあって、手兵を率いて一一七一年に自らアイルランドに巡幸した。アングロ＝ノルマン貴族は改めてヘンリ二世に臣従し、自らの手で獲得した土地を封土として所領安堵された。また、ゲール人の諸王(地域支配者)もヘンリ二世に恭順の意を表した。こうして、ヘンリ二世とその後継者は、アイルランド君主として、その宗主権者の地位を確立する。

ヘンリ二世とその子ジョンの時代には、政治・行政・司法面でのイギリス化が、アングロ＝ノルマン支配地域で進められもした。すなわち、中央ではダブリンに大法官府や財務府、国王裁判所などの中央官庁が設置され、地方レヴェルでは州制度の導入、勅許状による都市の法人化が進められる。また、中央と地方を結ぶ役割をはたす議会も設けられた。ただし、イギリス王たるアイルランド君主はアイルランドに在住するわけにはいかず、そこで通常は、総督がアイルランド統治にあたったのである。

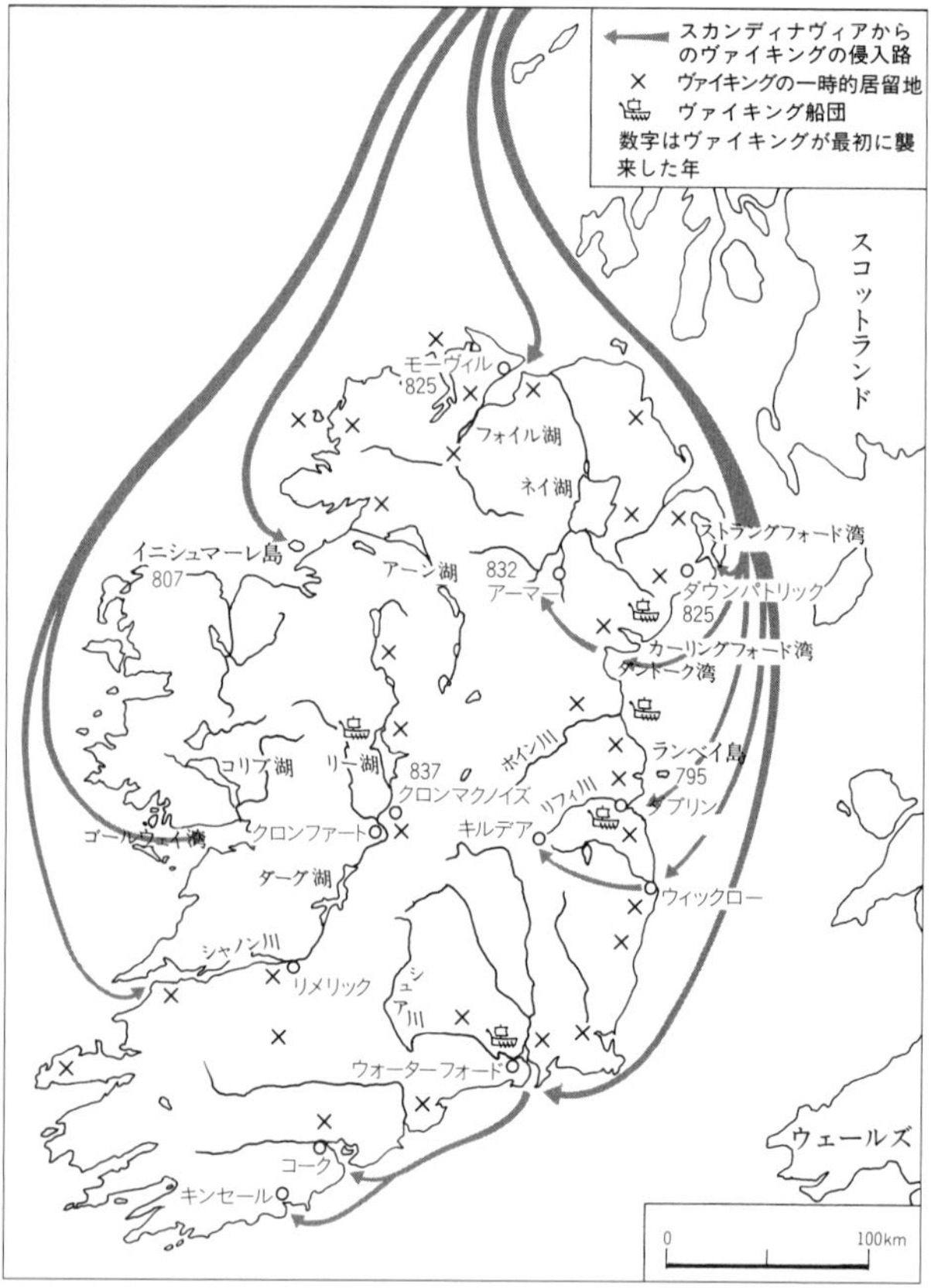
スカンディナヴィアからのヴァイキングの侵入路
ヴァイキングの一時的居留地
ヴァイキング船団
数字はヴァイキングが最初に襲来した年
スコットランド
モーヴィル
825
フォイル湖
ネイ湖
ストラングフォード湾
イニシュマーレ島
807
アーン湖
832
アーマー
ダウンパトリック
825
カーリングフォード湾
ダンドーク湾
ボイン川
ランベイ島
795
コリブ湖
リー湖
837
クロンマクノイズ
リフィ川
ダブリン
ゴールウェイ湾
クロンファート
キルデア
ダーグ湖
ウィックロー
シャノン川
リメリック
シュア川
ウォーターフォード
ウェールズ
コーク
キンセール
0
100km
ヴァイキングの到来

このように、イギリス王領化とアングロ＝ノルマンの侵入によって、アイルランドは、民族文化的に二つの部分に分かれることになった。アングロ＝ノルマン系が支配し、法的にはコモン・ローの世界にして英語世界である「アングロ＝アイルランド」と、ゲール系が支配し、コモン・ローとまったく異なるゲール固有の法体系＝ブレホン法の世界でゲール語（アイルランド語）の世界たる「ゲーリック＝アイルランド」である。社会・経済的にも、「アングロ＝アイルランド」が総じて農耕中心的社会だったのにたいして、「ゲーリック＝アイルランド」は牧畜中心の社会であった。なお、アイルランド君主としてのイギリス王は、「アングロ＝アイルランド」にたいしては封建的主従関係に基づく最高封主であったが、「ゲーリック＝アイルランド」にたいしては、名目的な宗主にすぎなかった。

### ゲール勢力の巻き返しとイギリス王権の弱体化

十二〜十三世紀は、アイルランドのイギリス化が進んだ時期であった。しかし、十四世紀以降になると、流れは逆転する。これをもたらしたのは、一方でゲール系勢力の巻き返しと、他方でイギリス王権の弱体化である。

一時は、島の四分の三ほどにまでおよんだこともある「アングロ＝アイルランド」も、ゲール系勢力の巻き返しによって縮小していった。当初は、その進んだ戦闘技術で圧倒的に優位に立っていたアングロ＝ノルマン系であったが、ゲール系勢力も戦いのなかで、その技術を身につけるようになり、彼我の差が縮まっていたからである。しかも、ゲール系との接触のなかで、その文化的影響に染まり、ゲール化していったアングロ＝ノルマンの子孫もでてきた。コナハト地方を支配したド＝バーゴ族がその代表的存在で、彼らはその一族の姓をゲール流にマクウィリアムとしたほどであった。

こうしたゲール側の巻き返しに対するイギリス王権側の姿勢は、基本的に防衛的なものであった。すなわち、イギリス系に通婚などによるゲール系との接触を禁じ、イギリス文化の維持を求めたのである。有名な一三六六年のキルケニ法がその典型である。それはまた、イギリス王がアイルランドに「アングロ＝アイルランド」と「ゲーリック＝アイルランド」という異なる世界の存在を認めていたことをも意味する。とまれ、こうした法律がゲール化の波をくいとめるのに効果があったわけではない。十五世紀ともなると、前者はおもにレンスタ地方とマンスタ地方に、後者はアルスタ地方とコナハト地方に広がり、両者の空間的範囲はほぼ均衡するといった状況であった。

中世末期には、「アングロ＝アイルランド」自体にも重大な変化があらわれる。少数のイギリス系大領主がイギリス王権から独立性を強め、私兵をかかえて軍閥化し、中小の領主層にたいする支配を強めて勢力圏を築き、かかる有力大領主同士が勢力争いを展開するようになったのである。イギリス的な州制度はかたちだけのものと化した。これは、フランス王家との百年戦争中、イギリス王権の注意がヨーロッパ大陸にもっぱら注がれたことや、百年戦争後にイギリスで生じた内紛＝バラ戦争で王権自体が衰弱したことにより、アイルランドに同王権の関心がまわらなくなったことの帰結である。

一方で、ゲール系勢力からの攻勢にさらされ、他方で臣下として本来受けるべき保護を主君たるイギリス王からえられないというのであれば、自前で防衛体制を築きうる実力ある領主が生き残り、独立的地域支配者となってゆくのは自然のなりゆきであった。中世末期に「アングロ＝アイルランド」の大部分に生じたかかる政治構造は、同時期の「ゲーリック＝アイルランド」のそれと同質のものであり、じっさい、相争うイギリス系の大領主は、敵対勢力との対抗上、民族の壁をこえてゲール系有力氏族と同盟関係を結んだのである。いわば、アイルランド全体にわたって、軍閥が割拠して合従《がっしょう》連衡《れんこう》するという状況が生じたのであった。

こうした状況のなか、総督を通じたアイルランド君主としてのイギリス王権の実効支配は、わずかに「ペイル（柵）」と呼ばれることになるダブリン周辺の四つの州のみを残して、アイルランドにはほとんどおよばなくなってしまった。いわば、アイルランドには、さらにもうひとつの、政治構造的意味での「二つのアイルランド」が出現したのである。「ペイル」（の内）と「ペイル」の外である。

しかも、中世末期、イギリス王権は総督にたいする統制の意志もほとんど放棄してしまった。すなわち、総じて総督には、イングランド系の大領主であるデズモンド伯やオーモンド伯、のちにはキルデア伯を任命し、アイルランド統治をいわば白紙委任するのが常態となったのである。こうした総督は、「ペイル」にたいしては王（君主）の代理として統治にあたり、「ペイル」の外では、アイルランドの権門としての自己の実力と民族の壁をこえた同盟関係のネットワークを利用して君臨したのであった。これが、三〇年におよぶ内紛＝バラ戦争のはてにテューダー朝が成立した一四八五年当時のアイルランドの政治状況であった。

## 2 テューダー朝のアイルランド「改革」＝イギリス化

### 初期テューダー朝とキルデア伯

テューダー朝の初代ヘンリ七世(在位一四八五～一五〇九)は、イギリスにおいては、封建貴族の勢力削減、王室財政の基盤強化などを通じて王権の充実につとめたが、アイルランドにたいしては、その権力構造の抜本的変革をはかることはなかった。なるほど、一四九〇年代には、一時、国王官僚のサー・エドワード・ポイニングズを総督として派遣し、有名な「ポイニングズ法」を制定させている。この法は十七世紀以降には、アイルランド議会の立法権抑圧の法として、アイルランド政治支配層の不満のもとになるが、当初の王権側の意図は、むしろ総督の権限の抑制にあった。その背景には、中世末期に総督職をほぼ独占し、バラ戦争ではヨーク派に属していたキルデア伯が、アイルランド議会を私物化して、ヨーク派に有利な法を制定したことがある。そこで、総督に、アイルランド議会への法案提出に先立って、その法案をロンドンに送付させて、王の事前の了解を受けさせるようにしたのである。このように総督の自立性に制度的に一定のチェックを加えたうえで、ヘンリ七世は、キルデア伯を総督に再任し、アイルランド統治を事実上白紙委任し、死ぬまで信任しつづけたのである。

これにたいし、キルデア伯家への信頼が父王ほど強くなかったヘンリ八世(在位一五〇九〜四七)は、一五二〇年代から三〇年代初頭にかけて、あるいはイギリスの大物貴族サリ伯(のちのノーフォーク公)を、あるいはキルデア伯のライヴァルであるオーモンド伯を、あるいは「ペイル」の中小貴族を、と、めまぐるしく総督の首をすげかえていった。しかし、いずれの総督も、キルデア伯のアイルランドにおけるその影響力にはかなわず、結局、一五三二年には、キルデア伯が総督に復帰する。しかし、こうしたヘンリ八世の総督人事の失敗は、キルデア伯を増長させるとともに、伯家のイギリス王への信頼をそこねることになった。そうしたところへ、宰相トマス・クロムウェルが登場する。「テューダー行政革命」で知られる彼は、アイルランドにたいしてもロンドンからの統制強化をはかろうとした。これを、自らの既得権益侵害とみたキルデア伯家は一五三四年、反乱にはしったが、軍事鎮圧されることになった。

こうして、中世末期から近世初期にかけてアイルランドに君臨したキルデア伯家は没落する。これは、見方をかえれば、同家を通じて間接統治してきたイギリス王権は、今や、直接アイルランドを統治しなければならなくなったことを意味した。しかも、テューダー朝としては、イギリスの王家として、在地のキルデア伯同様アイルランド既存の政治構造にどっぷり浸かった統治スタイルを踏襲する、というわけにはいかなかった。

## 「ゲーリック＝アイルランド」の「改革」

キルデア伯の反乱鎮圧後も、同盟関係にあるゲール系有力氏族と連携したジェラルディーン一族の抵抗がしばらくくすぶったが、ヘンリ八世が総督に任命したサー・アンソニ・セントレジャーはこれを懐柔するとともに、アイルランドの「改革」＝イギリス化に本格的に着手した。その第一弾が、アイルランドの王国昇格である。彼のイニシアティヴで、従来、アイルランド君主にすぎなかったイギリス王にアイルランド王位を与える法が一五四一年のアイルランド議会で成立したのである。

これは、従来、ヘンリ八世のイギリス宗教改革＝ローマとの絶縁との関連で解釈されてきた。もともとイギリス王は教皇からアイルランド領有を許されたのだから、教皇と離縁した今や、イギリス王はその領有の根拠を失った。そこで、改めてアイルランド議会制定法によって、ヘンリ八世のアイルランド領有の正統性を確立した、というわけである。アイルランド国王の称号確立には、上位者（＝教皇）から下賜された領地ではなく、ヘンリ八世固有の権利に基づく領土であることの表明を含意する。

もちろんこうした側面もあるが、王国昇格にはそれ以上に重要な目的があった。すなわち、中世以来のアイルランドの国制の抜本的な変革、いいかえれば、「アングロ＝アイルランド」と「ゲーリック＝アイルランド」という二つの世界を解消して、アイルランド全体が一人の王の統治する単一の政治体であることを法的に確立するという目的である。

もちろん、一片の法律で現状が変わるわけではない。その目的を実現するべく、セントレジャーが打ち出した具体的な政策が「譲渡と再授封」である。それまでゲールの有力氏族の長＝地域支配者たちとイギリス王とのあいだには法的な関係が不在であった。そこで、交渉によって、彼らに、今やアイルランド王となったヘンリ八世の封建臣下たる貴族となるよう説得することで、「ゲーリック＝アイルランド」の「改革」を実現しようとしたのである。ゲールの族長側はその領地をいったんヘンリ八世に譲渡し、これを改めて封として下付されることから、後世、「譲渡と再授封」と呼ばれるようになった。

ゲールの有力族長をイギリス王の封建臣下にすることには、ゲール固有のブレホン法を否定して、「ゲーリック＝アイルランド」社会全体、もしくは少なくともその支配層を、コモン・ローに統《す》べられたイギリス的性格のものに改造する狙いをともなった。それにはなによりも、氏族という男系血縁集団を財産所有の主体とするブレホン法体系に由来する氏族内部での慢性的な権力抗争＝秩序の不安定を、財産所有の主体を家長としての族長個人に転換することで解消するというイギリス王権側の意図があったのである。なお、有力族長には、その支配領域の全般的なイギリス化の促進も期待された。かかる氏族共有財産から族長の家産への転換と、その家産にたいする上級権力（イギリス王）の権利保証は、現職族長にとっては有利であり、「譲渡と再授封」に応じる利点は大きかった。しかし、他方で、氏族のほかの有力者にすれば、これは権利の剝奪を意味する。へたをすれば族長は身内からの抵抗で、その座あるいは命すらも失いかねなかった。「譲渡と再授封」はゲールの有力族長にとってまさに両刃の剣であった。したがって、「譲渡と再授封」政策は、氏族の事情によってその成否がまちまちであり、成功したところもあれば、氏族の内紛を引き起こして、本来の意図に反し、秩序の一層の悪化を引き起こすこともあったが、十六世紀末まで「ゲーリック＝アイルランド」の「改革」の基本政策として継続した。

## 「ペイル」の外の「改革」

テューダー朝には、政治構造的な「二つのアイルランド」の解消＝アイルランドにおける王権の一元的支配の樹立という課題もあった。そのためには、地域レヴェルの秩序維持に王権が責任をもち、地域支配者同士の勢力争いを私闘として禁じ、彼らの非軍閥化を進める必要がある。そのための制度として導入されたのが、テューダー王領周辺部のウェールズ辺境や北部イギリスで成果をあげていた地方長官・評議会である。国王の官僚としての地方長官に当該地方最大の兵力をもたせ、自らの管轄区域内の秩序維持にあたらせるとともに、地方内部の有力地域支配者には私兵維持を禁じ、かわりに長官を補佐する評議会のメンバーに加えて地方統治にあずからせるというものである。なお、長官の手兵の維持費は、当該地方住民から徴収する税を充用することになっていたが、これは住民の負担増を必ずしも意味しなかった。というのは、それまでも地域支配者は私兵維持のために、「コインとリヴァリ」といわれる恣意的な強制徴発を住民にたいしておこなっており、地方長官制度の導入は、地域支配者による「コインとリヴァリ」を禁止して、それを長官が徴収する定期的・定額的な税へと転換する「コンポジション」をともなっていたからである。

地方長官・評議会は一五五〇～六〇年代に総督をつとめたサセックス伯がすでに導入を考案していたが、実現したのは一五七〇年代末、サー・ヘンリ・シドニーの総督時代であり、コナハトとマンスタに設置されたが、アルスタ地方は見送られた。地方長官制度の導入は、地域支配者にとって、その自立性をそこなうものではあったが、いたずらな勢力争いとそのための過剰な軍事力の維持といった負担からの解放も意味し、得失あいなかばするものであった。だが、地域支配者が地方長官制度に協力するとしても、その場合にも大きな障害が立ち塞がった。存在理由そのものを否定されることになる寄生的な地域支配者の私兵団である。地域支配者が彼らをおさえられるかどうかに、地方長官制度の成否はかかっていた。

## 植民

このように、二つの位相でのアイルランド「改革」にたいする既存勢力の対応は一様ではなかった。

「改革」が比較的成果をあげたのは、マクウィリアム族のクランリカード伯とオブライエン族のソモンド伯の影響力が強いコナハト地方や、女王エリザベスと血縁関係の近いオーモンド伯の影響力が強いレンスタ地方南部からマンスタ地方東部にかけてである。しかし、「改革」にはまったく背を向ける、あるいは身内や配下からの抵抗で背を向けざるをえない地域支配者もいた。彼らにたいしてはイギリス王権は、軍事制圧そして植民で臨んだ。すなわち、力で地域支配層を排除したのち、その土地を収公して、イギリス人に下付し、当該新地主に自前で農民を中心とするテナント層をイギリスから導入させようとしたのである。「ペイル」の西部への襲撃を繰り返したオモア族、オコナ族の土地にたいしてダブリン総督府主体で実施された一五五〇年代の「リーシュ・オファリ植民」、一五七〇年代にイギリスの宮廷貴族や西部のジェントリが、イギリス王の認可のもと、私人として企てたアルスタ地方東部沿岸やマンスタ地方南部沿岸における植民、そして一五七〇年代末に、いとこで私兵集団の頭領である人物の行動をおさえられず、結局自らも反乱にはしったデズモンド伯の広大な領地において、イギリス枢密院主体で実施された一五八〇年代の「マンスタ植民」が代表的なものである。ちなみに、植民には、イギリス型社会をアイルランドに移植して、「改革」されるべき既存社会の模範例にするという狙いもこめられていた。

と同時に、十六世紀アイルランド植民には、同世紀なかばから本格化する、大英帝国形成につながるイギリス人の海外進出、とりわけ北米方面へのそれの一環という側面があることも見逃せない。アイルランド植民にたずさわったイギリス人、なかでも西部のジェントリのなかには、サー・ハンフリ・ギルバートやサー・ウォルター・ローリのように北米植民――十六世紀中にはことごとく失敗するが――に関与した者も多く、いわば、アイルランドは北米植民の実験場でもあったのである。

### 九年戦争(アルスタの抵抗)

「改革」の進展はアイルランドのどこをとってもけっして一様ではなかったが、なかでも進捗《しんちょく》状況の著しく悪かったのが、アルスタ地方であった。ここでは、最強勢力であるティローンのオニール族とそれにつぐティアコンネルのオドンネル族が、中世末期以来同地方の覇権争いを繰り返していた。このうち、オニール族は族長コンのときにいったんは「譲渡と再授封」に応じながら、後継族長がこれを反故《ほご》にして、王権と真っ向から対立したため、王権側はこれと軍事対決するしかなく、「改革」どころではなかったのである。

そのうえ、十六世紀には、アルスタの権力関係をさらに複雑にする要素が加わった。スコットランド西部の雄マクドナルド族の支族が、海を渡って、アルスタ東北部に定着し、第三の勢力となったのである。しかも、マクドナルド族は傭兵の供給源ともなり、アルスタの一層の軍事化にも寄与した。これにたいし王権は基本的には排除の姿勢を示し、一五七〇年代には私人として植民を企てたエセックス伯による同族の大虐殺事件も起こっている。ともあれ、かかる複雑なアルスタ地方の権力関係に

ヒュー・オニール　九年戦争(1595～1603)における アルスタ氏族連合の指導者。1607年にアイルランドを離れ，ローマ教皇やスペイン王に反英闘争の支援を訴えるが果たせず，1616年にローマで死去した。

たいして、王権側は一貫した政策を展開できず、そのことが同地方における王権の威信を決定的に傷つけることになった。

　こうして、一五九五年についに、それまで敵対関係にあったオニール族長とオドンネル族長が手を結んでイギリス王権にたいして軍事蜂起し、中小の地域支配勢力も一致してこれに従う状況になり、アルスタ地方全体がイギリス王に反旗をひるがえすことになったのである。しかも、反乱はアイルランド全土に飛び火するとともに、反乱の首謀者たちは、スペイン王への援軍も求めた。当初は反乱側が優勢であったが、スペイン軍との合流に失敗するなどして戦局は逆転し、結局、一六〇三年、最後まで抗戦したオニール族長ヒューは、王軍の最高指揮官マウントジョイ卿に投降する。女王エリザベスの死の直後のことであった。

## 3　プロテスタント優位体制の成立とイギリス重商主義帝国の植民地化

### 二つの宗教改革とアイルランドの政治・宗教勢力関係

最終的には軍事征服に帰着したが、テューダー朝のアイルランド「改革」の目的は、少なくとも支配層レヴェルでは成就した。既存の支配層や寄生的軍事集団で「改革」に対応できない者たちは、没落するか、大陸へ亡命するほかなかった。後者を選択したなかには、スペイン領ネーデルラントに渡り、傭兵となっていった者が多い。その一方で、やむをえず、あるいは進んでイギリス化していった既存の支配層も少なくなかったのである。

だが、テューダー朝期には、別にあらたな問題も生み出されていた。宗教問題がそれであり、十七世紀ステュアート朝時代になると、これが前面におどりでてくることになる。

ヘンリ八世が、自らの離婚問題を契機にローマ教皇と絶縁し、国教会を樹立したことに始まるイギリスの宗教改革は、エドワード六世、メアリ一世期の紆余《うよ》曲折をへて、エリザベス一世(在位一五五八〜一六〇三)による中道的な国教会体制の確立に落ち着き、臣民のほとんどが国教徒となった。これにたいして、アイルランドでは対照的な展開をみることになる。ヘンリ八世の行為は、大陸のカトリック諸国、とくに大国スペインを敵にまわすことになり、それゆえにイギリスの背後の守りを固めるためにもアイルランドの「改革」が重要となったのであるが、ここでは、エリザベス一世の治世に、既存住民の国教徒への改宗がほとんど決定的に挫折してしまったのである。これには、主として二つの理由があった。ひとつは、イギリス王権・国教会側の努力不足である。アイルランド「改革」に汲々としていた王権には、宗教面にまで力を注ぐ余裕はなかった。国教会にも問題があった。既存の聖職者には期待できなかったので、イギリスから優秀な聖職者を引きつけて布教させる必要があったのだが、混乱の続くアイルランドの貧弱な聖職禄――豊かな聖職禄の多くは俗人の手に渡っていた――では、それもかなわなかったのである。他方で、カトリック側の努力も目覚ましいものがあった。ルターに始まる宗教改革に危機感を覚えたカトリック教会側も、トリエントの公会議を開いて自己改革＝対抗宗教改革に着手するとともに、失地回復・勢力拡大にも乗り出し、アイルランドでも積極的な布教活動を展開するようになったのである。

ちなみに、アイルランドで対抗宗教改革のカトリシズムに応じた人々は、大きく二つのグループに分かれる。ひとつは、テューダー朝による「改革」に応じず、イギリス王権への抵抗とカトリシズムを同一視した人々である。他のひとつは、対抗宗教改革後のカトリシズムに帰依していきながら、イギリス王にも忠誠を示した人々である。このグループは、「ペイル」の支配層を中核とし、「ペイル」の外の「改革」順応派の多くも含んでいた。

このように、一方で既存住民の国教徒への改宗に失敗し、他方で大陸からのカトリック勢力の攻勢に直面したイギリス王権側は、プロテスタント勢力の外からの導入によってこれに対抗しようとした。従来、地元の「ペイル」支配層で占められていたダブリン総督府官僚をイギリス出身のプロテスタントですげかえていったり、植民で土地の下付を受ける者をやはりイギリス出身(ステュアート朝期になるとスコットランド人も対象になる)プロテスタントに限定することによってである。もちろん、既存住民にもプロテスタントに改宗した者は少数ながらいる。こうして、アイルランドには、大きく三つの政治・宗教勢力が出現することになった。反英・カトリック勢力と、親英・カトリック勢力、そして親英・プロテスタント勢力である。それぞれを同時代人は、おのおのの中核をなす民族構成から、「ミア・アイリッシュ」「オールド・イングリッシュ」「ニュー・イングリッシュ」と呼んだ。なお、前二者はともに大陸のカトリック勢力と関係が深かったが、とりわけ前者は、九年戦争終結の数年後にアイルランドを脱出し、反英闘争の支援をスペイン王や教皇に強く求めたオニール族長ヒューやその一族を指導層とするなど、大陸に拠点があった。

### 「イギリス革命」とプロテスタント優位体制の成立

こうして、十七世紀のアイルランド政治史は、「ミア・アイリッシュ」と「オールド・イングリッシュ」とが反目しながらもカトリック勢力をなし、これにプロテスタントの「ニュー・イングリッシュ」が対峙して、支持層の座をかけた権力闘争が繰り広げられるという基本構図で展開することになる。もちろん、これにはイギリスの政治展開も絡んでくるし、もっと広くみれば、西ヨーロッパを貫く宗教対立のなかでこれが展開するのである。

こうしたさまざまな位相が重なり合って複雑な展開を示すことになるのが、一六四〇年代のアイルランド反乱である。もともと、イギリス議会のピューリタン的傾向にたいするアイルランドのカトリック勢力の危機意識の深化を好機に失地回復をねらったアルスタの民族的にはゲール系だが政治的には「オールド・イングリッシュ」の一部が画策した武装蜂起は、全島規模でのカトリック勢力の反乱に進展する。当初これになす術もなかった「ニュー・イングリッシュ」は、イギリス議会に救いを求めた。同議会は反徒の土地を担保に反乱鎮圧派遣軍の資金を調達すべく「募金法」を制定するが、ほどなく議会派と国王派の内戦におちいり、反乱鎮圧どころではなくなる。「ニュー・イングリッシュ」もこの二派に分裂した。ところが、反乱側も、国王チャールズ一世との交渉を通じてカトリック教徒の自由と権利を確立しようとする「オールド・イングリッシュ」と、大陸からの傭兵軍および戦闘的聖職者の帰還ならびにイタリア人の教皇特使リヌチーニの到来で勢いづき、独自のカトリック国家樹立をめざした「ミア・アイリッシュ」とが権力抗争におちいり、消耗してしまった。

結局、アイルランドのカトリック反乱は、イギリスにおける内乱を制して権力を掌握したオリヴァ・クロムウェルによって徹底的に鎮圧されて終わる。徹底した反カトリックのクロムウェルは反徒の土地のほとんどを没収し、「募金法」に応じた「投機者」やクロムウェル軍兵士へ分配したが、その多くは既存の「ニュー・イングリッシュ」の手に渡っていった。こうして、当時の権力の源泉である土地の大半を手にした「ニュー・イングリッシュ」は、一六六〇年までにアイルランドの支配層の座をほぼ確立する。

カトリック勢力が期待したチャールズ二世の王政復古も、この既成事実をくつがえすことはなかった。土地の一部がカトリックの旧地主に戻ったにすぎない。カトリックにふたたび大きなチャンスが到来したのは、チャールズ二世の死後である。カトリックたることを公言してはばからない新王ジェイムズ二世(在位一六八五~八八)は、アイルランド総督に「オールド・イングリッシュ」のリチャード・トールボットを任命した。この総督のもとでアイルランド政界からのプロテスタント排除、そして、クロムウェルの土地再配分の無効化がはかられる。しかし、ジェイムズ二世は「名誉革命」によってイギリスの王位から追放されてしまった。

いったんフランスに亡命したジェイムズは、再起の拠点とするべくアイルランドに到来し、カトリック勢力は彼のもとに結集した。これにたいし、イギリス王位にむかえられたオランダ出身のウィリアム三世(在位一六八九~一七〇二)も軍を率いてアイルランドに到着し、劣勢に立ったプロテスタント勢力の希望の星となった。この二人の王の戦争は、一六九〇年七月一日のボイン川の戦いで事実上、後者の勝利をみる。戦争はその後もしばらく継続したが、カトリック側はまたもや「ミア・アイリッシュ」と「オールド・イングリッシュ」が反目するなどして弱体化し、一六九一年のリメリック

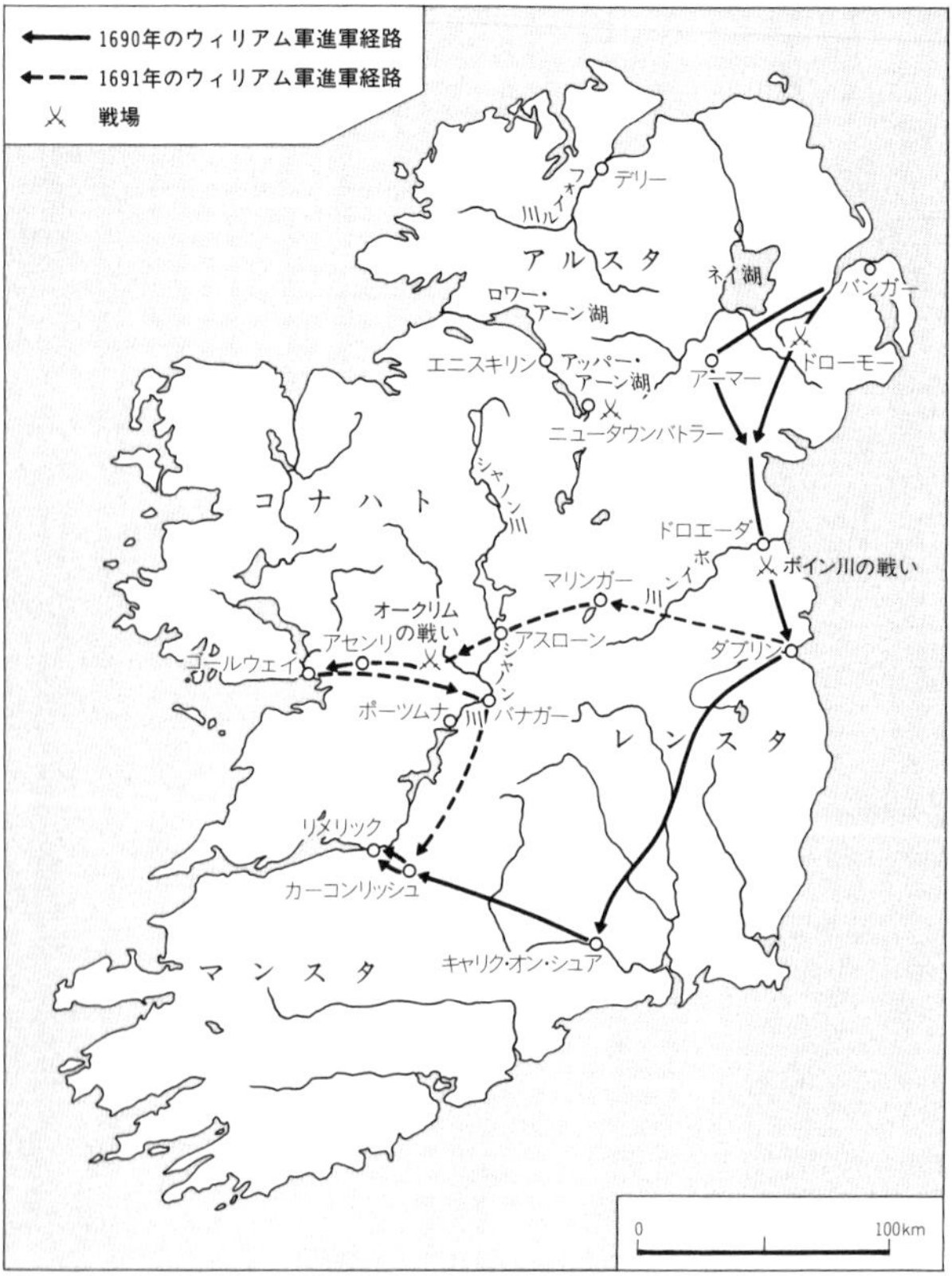

ウィリアム軍の進軍経路(1690〜91年)

条約締結で戦争は終結した。

こうして、プロテスタントの——といっても非国教徒は差別されたから、国教徒のというべきだが——アイルランド支配層の座は揺るぎないものとなる。カトリック地主はプロテスタントへの改宗か、借地人の地位への転落に甘んじるか、あるいはアイルランドを去るかの選択をよぎなくされた。議会を独占したプロテスタントは、カトリックの権利をさまざまな面で著しく制限する「刑罰法」と呼ばれる一連のカトリック差別法を成立させて、法的にプロテスタント支配体制を固めていく。ただし、「刑罰法」の実際の施行状況となると、近年では、当時の警察機構の不備に鑑みて、その効果を疑問視する向きもある。

## イギリス重商主義帝国とアイルランド

こうして、十七世紀末までに、比較的新しく入植したプロテスタントが、人口の圧倒的多数を占める先住カトリックを支配するという植民地的状況が成立したアイルランドは、ほぼ同時期に、別の次元でも植民地的状況を呈することになる。すなわち、王政復古以降のイギリス議会による一連の航海法や、アイルランドの特定産業を抑圧する法律によって、アイルランドは、重商主義体制のもと、帝国の中核たるイギリス本国にたいして従属的な地位におかれるのである。一七二〇年にはイギリス議会のアイルランド議会にたいする優位をうたった「宣言法」が成立し、アイルランド議会の立法権独立性は法的に否定されてしまった。

もっとも、密貿易や、他の産業への切りかえといったアイルランド側の柔軟な対応によって、その経済はかつていわれたほど打撃を受けたわけではなかった。また、イギリス側も、本国産業と競合しない分野——たとえば麻織物産業——を奨励するなど、アイルランドの経済に一定の配慮を示してい

ジョナサン・スウィフト　『ガリヴァー旅行記』の作者として著名なダブリン生まれの聖職者・風刺作家。ダブリンのトリニティ・カレッジ卒業後，ロンドン政界での出世を望むが，挫折してダブリンに帰郷し，聖パトリック大聖堂の首席牧師に収まった。アイルランドにたいするイギリスの植民地主義政策を激しく攻撃する「愛国者」の顔をもつ。

る。しかし、こうしたイギリス議会の重商主義立法は、アイルランドの実権を握ったプロテスタント支配層の一部に激しい反発を引き起こした。たとえば、一六六六年の「家畜法」は、クロムウェルのもとで成り上がった新地主で政治算術の祖とされるウィリアム・ペティの合邦論を、一六九九年の「毛織物法」はウィリアム・モリヌーのアイルランド議会独立論を生み出すのである。この二人の議論はまったく対照的にみえるが、アイルランドが海外の植民地と同列扱いされることにたいする不満が根底にある点で共通している。そうした主張は、アイルランドにおいて、彼らが反英勢力とみたカトリック勢力に対抗してプロテスタント国家イギリスの利害を代弁してきたのに、なぜ当のイギリスからこうした不当な扱いを受けねばならないのかというアイルランド・プロテスタント支配層の困惑や憤りをあらわしているといえよう。一七二〇年代には、ダブリン聖パトリック大聖堂の首席牧師ジョナサン・スウィフトが、匿名で『ドレイピア書簡』を公刊し、アイルランド民衆の貧窮の原因としてイギリスの対アイルランド通貨政策をとりあげ、それにたいする辛辣な批判を加えている。こうした現状批判は、十八世紀を通じて少数ながら「愛国者」と呼ばれる政治勢力に引き継がれてゆくのである。

### 重商主義帝国植民地・プロテスタント優位体制の動揺と「合同法」の成立

このように、十八世紀アイルランドには、イギリス重商主義帝国植民地で、対内的には一握りの国教徒・大地主層が権力を独占するという体制が成立したが、このことは、こうした体制にたいする以下の三つの対抗・改革勢力を生み出すことにもなる。第一に、ロンドンからの統制に反発する「愛国者」、第二に国教徒の権力独占に反発するカトリックおよびプレスビテリアンら非国教徒プロテスタント、第三に、大地主の権力独占に反発する農村の下層民や都市中流層であり、その活動は、世紀なかばすぎから活発化していった。ただし、これら三勢力の不満は位相を異にし、しかも、第二の勢力は、それ自体、宗派的に分かれており、一部はたがいに激しく対立していたため、改革諸勢力は一致して体制側に立ち向かえたわけではなく、ためにアイルランドの政治はきわめて錯綜したものになる。

こうしたアイルランド内部の政治的対抗関係にたいして、ロンドンの政府はどのような姿勢を示したであろうか。国内にあっては地主王政、対外的にはフランスとの競争を通じて重商主義帝国を構築していった同政府にとって、最優先課題はかかる帝国の体制維持であり、アイルランドにたいする姿勢も基本的にこれに規定されていた。すなわち、体制側と改革勢力とのバランスをとりつつ、アイルランドの国内秩序を維持しようというものである。

帝国の秩序に大きな危機をもたらしたのは、十八世紀後半のアメリカ独立戦争であった。北米独立派の帝国にたいする不満には、アイルランドの「愛国者」のそれと通じる点がおおいにあった。そこで北米独立後の帝国維持のためにも、ロンドンの政府は、ヘンリ・グラタン率いる「愛国者」の要求に応じて、一七八二年に、「ポイニングズ法」とイギリス議会の一七二〇年「宣言法」を廃止して、アイルランドに内政自治権を与えたのである。

しかし、階層関係および宗派関係の問題は容易には解決されなかった。まず、前者については、農村部において、地主支配体制そのものの打倒ではなく、社会的公正と生活条件の向上を求めた下層農民の秘密結社運動が一七六〇年ころから展開する。しかし、これにたいしてはアイルランド地主支配層はもとより、ダブリンの総督府やロンドンの政府も弾圧という方向で一致していた。他方、後者では、国教徒支配層の大方が現状維持に固執したのにたいして、宗派対立の激化が秩序混乱に発展するのを恐れるダブリン総督府・ロンドン政府は、国教徒に配慮しつつも宗教的差別の解消を指向した。そのため、一七九〇年ころまでには、経済的・社会的分野では「刑罰法」はかなり緩和されることになったが、政治分野での差別解消——とくに参政権の賦与——はなお困難な問題であった。

一七九〇年代になると、アイルランドの政治情勢はにわかに緊迫の度を増すようになった。一方で宗派対立が激化していたが、他方では、フランス革命の影響を受けた、宗派間融和と民主化＝地主支配の打倒をめざす全国的な運動が生じたのである。寛容的プレスビテリアンで弁護士のウルフ・トーンに指導された、都市中産層を中心とし、農村の下層改革勢力もだき込んでいった「ユナイテッド・アイリッシュメン」がそれである。当初は議会改革を求める平和的な運動であったが、一七九〇年代なかば以降、とみに急進的となり、フランス政府とも連携して、革命勢力化し、帝国からのアイルランド独立をめざして一七九八年には各地で武装蜂起するにいたった。しかし、革命勢力としては組織化が不十分だったのと、当局が徹底弾圧で臨んだことにより、さしたる成果をあげることなく終わった。

しかし、こうした混乱は、ロンドンの政府にすれば、アイルランドの国教徒・大地主支配体制の限界の露呈にほかならなかった。こうして、ときの首相ピット(小)は、国制の大変革を決意する。連合王国とアイルランドとの合同である。ピットは、カトリックにたいしては解放への努力を約束してその支持を取りつけ、プレスビテリアンにたいしては国教会体制へのその反発を利用し、そして、議会合同による既得権益の喪失を恐れるアイルランド議会の国教徒議員にたいしては、カトリック解放がなった場合でも、プロテスタントは、連合王国のもとでならば多数派の地位が保証されるとの説得と、猛烈な買収行為によって、一八〇〇年に「合同法」を成立させたのであった。

## 4 連合王国下のアイルランド

### オコンネル時代

「合同法」制定にあたってピットが約束したカトリック解放への努力は、国王ジョージ三世やイギリス政治支配層の抵抗が強かったために、合同後も進展をみなかった。これは当然ながら、アイルランドのカトリックの強い反発を生んだが、そうした憤りを政治的力に高めたのが、ダニエル・オコンネルである。彼は、安い会費で加入できる「カトリック協会」を設立して、階層差をこえたカトリック住民の広範な組織化をはかった。公的生活でのカトリック差別撤廃という政治的目標をもっていたオコンネルら幹部にたいして、下層民はむしろ自分たちの生活環境の向上を期待していたようであり、そこにエリートと民衆レヴェルのギャップがあったが、ともかく、かかる大衆運動を背景に、オコンネルはカトリック解放を要求していったのである。こうしたアイルランド・カトリックの大同団結を前にイギリス政府も対応を迫られ、イギリス政界内でも自由主義的傾向が強まっていたことから、ついに一八二九年に「カトリック解放法」が成立するのである。

その後のオコンネルは、ウェストミンスタの議会でアイルランド選出議員を糾合して、イギリス政府の対アイルランド政策上の譲歩を引き出そうとしたが、議会におけるアイルランド選出議員の割合は低く——庶民院で六分の一未満——、効果はあまりなかった。そこで彼は、ふたたび大衆動員をかけてイギリス政府・議会に圧力をかけるべく一八四〇年に「合同法撤廃協会」を結成し、合同法の撤廃運動を始めた。

この運動に勢いを与えたのが、「青年アイルランド人」を称することになる若い活動家グループである。一八四三年秋には、オコンネルとこれら若い活動家は、「怪物集会」と呼ばれる大衆デモを数回にわたって組織した。しかし、ウェストミンスタの議会の大勢は合同法撤廃に冷淡で、また、とき

ダニエル・オコンネル　アイルランド西部ケリー州出身の弁護士で，アイルランド・カトリック解放運動の指導者。カトリック解放法成立後は，アイルランドとイギリスの合同法撤廃運動の指導者となるが，この運動は路線をめぐって分裂し，彼は失意のうちに1847年に死去した。

の保守党ピール政権は、帝国体制の維持のため合同法撤廃には断じて応じられないとの姿勢を示し、最終的にはダブリン郊外クロンターフで予定されていた集会に禁止命令をだした。ここにいたって、あくまで合法主義のオコンネルは集会中止の決断をくだし、よりラディカルな青年活動家たちは彼と袂をわかった。一八四七年、オコンネルは失意のうちに世を去ることになる。

こうして、運動の主役は「青年アイルランド人」に移った。「青年アイルランド人」は、宗派をこえたアイルランド民族の団結とイギリスからの独立をめざす、いわば、一七九〇年代の「ユナイテッド・アイリッシュメン」の衣鉢《いはつ》を継ぐグループである。合同法撤廃運動が挫折したのち、政府との対決をとおして、また、ヨーロッパの各地でラディカルな運動が高まるなかで、「青年アイルランド人」のなかでも過激派が主導権を握るようになり、ヨーロッパの革命の年一八四八年の七月末には武装蜂起にはしった。しかし、民衆の支持もなく始められた反乱はあっさりと鎮圧されて、首謀者はオーストラリアに流刑となった。

### ジャガイモ飢饉

じっさいのところ、一八四〇年代後半は、アイルランド住民にとって、政治的運動どころではなかった。ウィルス性のジャガイモの立ち枯れ病によって、生命そのものが危険にさらされていたからである。この病気は、最初アメリカで発生し、ヨーロッパ各地にも波及したが、アイルランドがこうむった災難は、とびぬけて深刻なものであった。というのは、アイルランドでは、とくに経済的に貧しい西部や南西部の農民の圧倒的多数が、食糧をジャガイモのみに頼って生活していたからである。

ジャガイモは十六世紀後半に南米からヨーロッパへもたらされたが、イギリスなどでは観賞植物として上流層に珍重されこそすれ、十九世紀に労働者階級の主食になるまでは、食用としてはなかなか普及しなかった。これにたいし、アイルランドでは、十八世紀には食糧として広く普及する。生産性自らの小屋住農といわれた零細な農民にとって、ジャガイモは、栄養的にも申し分のない高く、が高く、栄養的にも申し分のないジャガイモは、小屋住農といわれた零細な農民にとって、自らの小屋のまわりのわずかな空間で栽培できる唯一あてにできる食糧だったのである。もっとも、アイルランドの、とりわけ地味《ちみ》の貧しい西・南西部の人口の大半が零細農になったのは、ジャガイモの普及による栄養状態の向上がもたらした人口増の結果ということもいえる。ともあれ、アイルランドの人口は十八世紀後半から十九世紀前半にかけて、一〇年当たり一五％強の増加をみ、一八四一年にはこの島の総人口は約八〇〇万人に達するのだが、その多くがジャガイモに依存していたのである。そのジャガイモが一八四五年から四七年にかけてほとんど収穫できなかったのである。

しかも、イギリスは自由主義の時代へ全面的に移ろうとしていた。アイルランドの事情に通じ、ジャガイモ飢饉に対応するため保守党党首ながら党を割ってまで穀物法廃止に踏み切ったピール首相と異なり、一八四六年秋にそのあとを襲った自由党のラッセル政権は、アイルランドの経済的な苦境に、レッセ・フェールの原則に抵触するような本格的な公的介入をおこなおうとはしなかったのである。こうして、飢饉と、これにともなう各種の疫病によって一八四〇年代末までに一〇〇万人以上が死亡し、さらに一〇〇万人以上がアイルランドを去って、イギリスやアメリカ合衆国に渡っていったのであった。その後もアイルランドから海外への移民はやまず、現在でも島の総人口が五〇〇万ほどにすぎないのにたいして、アメリカ合衆国には、三〇〇〇万とも五〇〇〇万ともいわれるアイルランド系市民が住んでいるのである。

アメリカ合衆国への移民と移民船　ジャガイモ飢饉後，多数のアイルランド人が故郷を捨て，イギリス，そしてアメリカ合衆国へと移民していった。

ジャガイモ飢饉は、アイルランドの農村社会を大きく変質させることにもなった。ジャガイモへの過度の依存がやみ、牧畜への転換が生じたことにより、土地の細分化に歯止めがかかり、農民のあいだでも長子相続が一般化するのである。これは、長男であれば、親が隠居して家督相続できるまで独立が遅れるようになったこと、次男以下にとっては、生涯独立できないか、家をでてまったくの自力で生活するかしかなくなったことを意味する。こうして、アイルランドでは男女とも平均結婚年齢が大きく上昇するとともに、農村の余剰人口を吸収すべき他の産業もあまりなかったから、海外移民がやまなかったのである。

## ヴィクトリア朝期のアイルランド問題

世界最強の経済力と海軍力を背景に覇権国家の座を誇っていた十九世紀後半のイギリスにとって、アイルランドは、いわば喉にささった小骨のような厄介な存在となっていた。合同によっても一握りの大地主＝国教徒に富と権力が偏在する植民地的状況に変化はなく、このことがイギリスに「アイルランド問題」を突きつけたからである。

異議申し立ての動きには、大きく二つの潮流があった。ひとつは、十九世紀前半の「青年アイルランド人」過激派の流れをくみ、一八五〇年代末に成立したアイルランド共和主義同盟（ＩＲＢ）で、アイルランドのイギリスからの独立と民主的共和制国家の樹立に向けて、暴力の行使も辞さなかった。一八六七年にはじっさいにダブリンで武装蜂起を決行するが、これは事前に当局に情報がもれていたためにあっさり鎮圧されてしまう。しかし、ＩＲＢは二十世紀になってＩＲＡに引き継がれていくのである。

もうひとつは、帝国の枠内で立憲主義によってイギリスからの譲歩を引き出そうとする動きであり、チャールズ・ステュアート・パーネルに代表される。自らはプロテスタント地主層出身であったが、彼は、土地同盟を結成して大地主制にたいし農民の土地権の安定のために戦うとともに、選挙法改正の恩恵を受けてアイルランド・カトリック中産階級の進出をみていたウェストミンスタの議会で、アイルランド議会党を率い、ときには議事妨害などの戦術を用いながら、保守・自由二大政党のはざまで、キャスティング・ヴォートを握って、アイルランド自治の実現に努力していった。

こうした動きにたいして、イギリス側で積極的に対応したのが、自由党のグラッドストンである。ＩＲＢの武装蜂起に危機感を覚えた彼は、一八六八年に政権に就くと、つぎつぎとアイルランド関係法案を議会で通過させていった。すなわち、一八六九年には、アイルランド国教会廃止法を、七〇年と八一年にはアイルランド小作農の地位強化のための土地法を成立させた(もっとも、アイルランド農民はこれに満足せず、結局保守党政権のもとで、アイルランドの秩序安定のために小作農の自作農転化促進がはかられていくことになる)。そして、一八八五年の総選挙で政権の座に復帰したグラッドストンは、この選挙でアイルランドでは議会党が圧倒的勝利をおさめたことに鑑みて、アイルランド自治法案を議会に提出する。しかし、これは、アイルランド大地主とも密接につながり、アイルランド自治を帝国秩序の破壊とするイギリス保守派の反対にあい、また自由党からもチェンバレンら有力者をはじめ数十名の離党を招き、挫折してしまった。その後も、グラッドストンは自治法成立に向けて努力するが、保守派の牙城であった貴族院の反対のために、彼の生前にこれが実現することはなかった。

## 自治法成立から自由国へ

一八九一年のパーネルの死後、アイルランド議会党が一時弱体化したことと、九八年のグラッドストンの死去によって、自治実現は遠のいていくかにみえた。その一方で十九世紀末には、アイルランドであらたな動きが生じる。テューダー朝のアイルランド「改革」以来のイギリス化の波に呑まれて、忘却されていたゲール文化の復興運動が、言語や文学、演劇、スポーツなど多方面において起こったのである。これらは、ロマン主義の影響を受けて、当時のヨーロッパの諸帝国＝多民族国家の周辺部——たとえばスペインのカタルーニャやバスク、ハプスブルク帝国領のボヘミアなど——でみられた民族文化復興運動などと軌を一にし、それ自身は純粋に文化的な運動であったが、これを通じてアイルランドの人々、とくに若い層にうえつけられたゲール人としての民族意識は、自然と政治的色彩をおびていった。そうしたなかで、IRBの復活や、これとは別個に、ゲール民族の独立国家樹立をめざす共和主義グループ、シン・フェイン党が生まれていくのである。

もっとも、二十世紀になって、アイルランドがふたたびイギリス政治の重要問題として浮上したとき、そのテーマは独立ではなく、またもや自治であった。保守党にたいして政権維持のためにアイルランド議会党の協力をふたたび必要とした自由党アスキス政権が、ふたたび自治法案を議会に導入し、これにあくまで反対する貴族院の拒否権を制限したことによって、ついに一九一四年九月、アイルランド自治法は成立するのである。ただし、おりから生じた第一次世界大戦によって、アイルランドへの自治付与は戦後まで延期されることになった。

ところが、戦後の自治の保証にほぼ満足していたアイルランドの人々が、独立希求へと大きく傾く事件が戦争中に生じる。一九一六年四月にIRBのメンバーがアイルランド共和国樹立に向けてダブリンで起こした「イースター蜂起」である。この蜂起自体は、一週間ほどで軍事鎮圧されてしまい、第一次世界大戦中で連合王国への愛国心が強まっていたアイルランドの人々も総じて冷淡であった。ところが、イギリスから派遣されたアイルランド軍最高司令官が事件の首謀者たちを軍法会議にかけてたて続けに処刑したことが、多くのアイルランド人の潜在的な反英感情に火をつけることになるのである。戦後一九一八年末の総選挙では議会党が大敗を喫し、かわりにシン・フェインがアイルランド第一党に躍進した。シン・フェインの当選議員はしかし、ウェストミンスタの議会には出席せず、ダブリンに独自のアイルランド議会を樹立し、イギリス政府に公然と反旗をひるがえす。ここに二年半におよぶアイルランド独立戦争となり、その末にアイルランドは、一九二一年十二月のイギリス-アイルランド条約によって、自由国として帝国内自治領の地位を獲得し、のちに独立国家への道を歩んでいくことになった。ただし、アイルランド三二州のうちアルスタの六州を除いて、である。

## 5　北アイルランドの特殊事情

### アルスタ植民と低地スコットランド農民の流入

アルスタ六州が、他の二六州と袂をわかって連合王国に残留したのは、近代アイルランド史の展開のひとつの重要な軸となった、カトリック対プロテスタントという、十六世紀の宗教改革に起因する歴史的に根深い宗派対立が、そこでは特別なかたちで発展をみたからである。すなわち、アイルランド島のなかで、共和国となる二六州ではカトリックが人口の九割以上を占めるのにたいし、アルスタの六州では、カトリック住民よりもプロテスタント住民が多数派——ほぼ一対二の割合——を形成したということである。アイルランド島全体のなかでは少数派の地位をよぎなくされるが、アルスタ六州においてだけなら、もしくは連合王国全体のなかでは多数派の地位を保証されることから、同地域のプロテスタント住民は少数派カトリックを無視した連合王国残留の道を選び、分離後にはカトリック差別にはしったのであった。かかる北アイルランドの独自性の起源は、十七世紀にさかのぼる。

テューダー朝による「改革」に最後まで抵抗して九年におよぶ反英戦争を戦い、一六〇三年に降伏したアルスタのゲール系諸氏族連合軍の首領ヒュー・オニールらが、講和にあたって寛大な扱いを受けながら、一六〇七年にスペイン王や教皇に反英闘争支援を求めるべくひそかに大陸に脱した。これにたいして、ステュアート朝のジェイムズ一世は、彼らの領地を収公し、プロテスタントのイギリス人とスコットランド人の廷臣、九年戦争に従軍した軍人、ダブリン総督府官僚などに当該土地を分配し、これにイギリス農民の植民をおこなわせて、アルスタにイギリス・プロテスタント社会の移植をはかろうとしたのである。これがいわゆるアルスタ植民であり、このとき対象となったのは、アルスタの六つの州であった。もっとも、この六州の範囲と、現在の北アイルランド六州の範囲とは一致しない。なお、東部のアントリム、ダウン州は公式の植民の対象とはならなかったが、ここでも既存の領主層でイギリス化、というよりも資本主義化の波に対応できず、債務がかさんで土地を売却する者が後をたたず、事実上の植民が展開していった。

ここでいう植民とは、テューダー朝期のものと基本的に同じで、とりわけ一五八〇年代のマンスタ植民を部分修正したものであった。そして、植民の結果も、それらと大差はなく、つまり政府の意図を裏切るものであった。すなわち、地主こそ新旧交替したが、新地主のなかには、ブリテン島から農民層を導入できないか、もしくはそうしようとせず、てっとり早く収益をあげるために既存の農民か没落した旧地主層を借地農として受容した者が多かったのである。そのまま推移していれば、アルスタでも、基本的には一握りのプロテスタント支配層が、人口の圧倒的多数のカトリックを支配するという社会構造が成立していったであろう。ところが、アルスタでは、アイルランドのなかでは特殊な過程が、十七世紀末から十八世紀初めにかけて進行する。スコットランドからの人口流入がそれである。

もともと、アルスタとスコットランドとは海で隔てられながらも、その両岸の距離はきわめて短く、十六世紀に、一方でテューダー朝イギリス王国によるアイルランド「改革」、他方でステュアート朝によるスコットランド王国の統合努力が進むまでは、スコットランド高地・島嶼地方とアルスタは、ゲール文化圏として文化的に一体だったのであり、人口の双方向の空間的移動も頻繁であった。しかし、十七世紀なかば以降のスコットランドからアルスタへの人口流動はそれまでのパターンと異なっていた。すなわち、スコットランドといっても低地地方からの流入だったのである。

アルスタがスコットランド低地地方からの人口を引きつけたのは、十七世紀なかばの戦乱によって地代が低下していたことがあるが、スコットランド側のプッシュ要因としても、王政復古期の国教信

ジェイムズ１世による植民の対象地域
私的植民が展開した地域
アルスタ植民の対象となった州の境界
ジェイムズ１世治下におこなわれた他の公式植民の対象地域の境界
ドニゴール
ロンドンデリー
アントリム
ティローン
ダウン
ファーマナ
アーマー
リートリム
キャヴァン
ロングフォード
ウェストミーズ
キングズ・カウンティ
クィーンズ・カウンティ
ウェクスフォード
0
100km

ジェイムズ１世の植民

奉拒否派プレスビテリアンにたいする弾圧や、とりわけ一六九〇年代の不作がある。ともあれ、スコットランド低地地方はアルスタよりも農業技術的に先進的であり、そこからの農民の流入はアルスタの地主のおおいに歓迎するところとなった。しかも、彼らは宗派的にはプレスビテリアンであった。アルスタに広汎なプロテスタント人口が定着するのはこのためである。ただし、この人口流動は、アルスタ北・東部沿岸から内陸方面へと展開していったから、アルスタのなかでも北・東部の州ほどプロテスタント人口が大きくなっていった。現在の北アイルランド六州の分布はそれを反映しているのである。

### 宗派対立の激化

十八世紀のプロテスタント優位体制のもとでは、カトリックほどではないが、プレスビテリアンも差別された。同世紀末に反体制運動としての「ユナイテッド・アイリッシュメン」が宗派の壁をこえた民族団結を唱えたのもそのためである。しかし、一方で、カトリック解放が進むなかで、アルスタでは、宗派対立がむしろ表面化することにもなる。特権的地位にある国教徒以上に、プレスビテリアンが、カトリックを脅威とみて敵意を燃やしたのである。というのは、アルスタの人口の多くを占めるプレスビテリアンとカトリックは社会的にはほぼ同じ階層——農民やリネン職工など——に属したため、カトリックの法的解放は、プレスビテリアンのより上位の地位を脅かすことになるからであった。

こうして、十八世紀末には、プロテスタント側は「ピープ・オ・デイ・ボーイズ」という秘密結社を組織して、カトリックの家を襲うようになった。これにたいして、カトリック側も「ディフェンダーズ」という対抗組織を結成したから、両派の対立は激化していった。やがて、一七九〇年代半ばには「ディフェンダーズ」側の攻勢にたいして、反カトリックのプロテスタントは、あらたな結社を樹立する。カトリックのジェイムズ二世を破ったウィリアム三世の家名にちなんだ「オレンジ団」である。当初、この組織の主導権は国教徒が握っていたが、やがてプレスビテリアンが主流となっていった。現在なおこの組織は健在で、北アイルランドのユニオニスト政治家の支持基盤であり、毎年七月十二日には、ウィリアム三世軍が最終的勝利を収めた一六九一年の「オーグリムの戦い」を記念して北アイルランドの各地でパレードをおこない、カトリック住民との軋轢《あつれき》を生んでいる。

### 自治への抵抗と北アイルランドの分離

十八世紀にもアルスタでは農村家内工業としてのリネン工業が盛んであったが、十九世紀になると、ここはアイルランドのなかで例外的に工業化が進行した。当初は綿工業が、やがて、ブリテン島の綿工業地帯との競争に遅れをとると、リネン工業への転換がはかられ、十九世紀後半にはベルファストを中心に造船業が栄えるのである。しかし、こうした工業化とそれにともなう都市化も、宗派対立の軟化をもたらしはせず、都市工業労働者のあいだでの宗派対立を生み出しただけであった。

十九世紀末から二十世紀初めにかけて、アイルランドの自治がイギリス政治を大きく揺るがす大問題となると、アルスタのプロテスタントは、工業化によってアイルランドのなかでは例外的に豊かで、イギリス市場ともつながりの深いこの地域の経済が落ち込むことと、プロテスタントがアイルランドという政治単位のなかで少数派に転落することを恐れて、「アルスタは戦う、アルスタは正しい」とか「自治《ホームルール》とはローマの支配のこと《イズ・ロームルール》だ」といったスローガンを掲げ自治反対の急先鋒となった。イギリスの保守政界側も「オレンジ団」を煽ってセクト的暴動にはしらせ、自治法案粉砕に利用した。いよいよ、一九一〇年代になって自由党政権のもと、アイルランド自治が避けられない状況になると、ユニオニストの指導者となったサー・エドワード・ヘンリ・カーソンは、アルスタの分離を画策する一方で、アルスタ義勇軍を組織して、ドイツから不法に武器を購入し、実力での自治法成立阻止も辞さずという姿勢を示した。こうしてアイルランド自治をめぐって連合王国に内乱の危機が

演説するカーソン　カーソンはダブリン生まれの法律家・政治家で，アイルランド自治に激しく反対し，ユニオニストの指導者となった。

迫ったのであるが、これが回避されたのは、ひとえに第一次世界大戦勃発によって国内の政治休戦をよぎなくされたからにほかならない。

大戦後、シン・フェイン党などカトリック・ナショナリストが対英独立戦争に突入したなかで、イギリスのロイド＝ジョージ首相がアイルランド問題解決のためにとった方策は、プロテスタント人口が過半数を占めるアルスタの六州とその他の二六州とを分離して、それぞれに自治を与えるというものであった（一九二〇年「アイルランド統治法」）。一九二一年のイギリス‐アイルランド条約では五年後の見直しを前提に南北の境界線が設定され、結局、一九二五年に、自由国側の外交上の不手際もあって、イギリス、アイルランド、北アイルランド三政府間の協定により、その境界線が固定されることになる。こうして、現在のアルスタ六州は連合王国に残留することになったのである。

## 6　現代のアイルランド

### 自由国から共和国へ

一九二一年のイギリス‐アイルランド条約で、アルスタの六州を除いて事実上独立をはたした二六州であったが、自由国としての出発はけっして順調なものとはいえなかった。条約を受け入れ、自由国政府を形成した勢力と、あくまでもアイルランド全体の完全独立の立場に固執して、この条約の批准を拒否する勢力とのあいだで、内戦が生じたのである。内戦自体はおよそ一年で収束したが、独立戦争の指導者の一人、マイケル・コリンズが暗殺されたり、また、ダブリンをはじめ各地で血なまぐさい戦闘や破壊行為が繰り広げられることになり、自由国は多大の損失をこうむることになったのである。

一九三〇年代になると、自由国の政権に交替が生じた。イースター蜂起にかかわりながら、アメリカ合衆国国籍を有したおかげで死刑をまぬがれ、内戦においては自由国政府側と戦うも、一九二六年には議会政治に復帰していたイーモン・デ＝ヴァレラが政権を握ったのである。デ＝ヴァレラは、一九三七年に国民投票にかけて新憲法を成立させ、アイルランドを独立国家に転換させた。イギリスも国際情勢が悪化するなかで、アイルランドと問題を起こすことを避け、アイルランドの独立を黙認した。第二次世界大戦が勃発すると、デ＝ヴァレラはアイルランドの中立を維持する。正式にアイルランドが完全な主権を有する共和制国家となり、コモンウェルス（イギリス連邦）から離脱するのは、第二次世界大戦後の一九四九年である。

ちなみに、一九三七年憲法では、ゲール語（アイルランド語）が第一公用語、英語が第二公用語とされ、政教分離を原則としながらもカトリック教会に特別な地位が認められた。また、国家の法律がおよぶ範囲は自由国の領域とするものの、国家の領土としては、北アイルランドを含むアイルランド全島であることもうたわれている。デ＝ヴァレラの立場を強く反映した、アイルランド・ナショナリズムの色彩の濃い憲法といえよう。この憲法は、何度かの改正をへつつ、アイルランド共和国の現行憲法として存続している。

## アイルランドの現代化

第二次世界大戦後のヨーロッパの、そして世界の変動のなかで、アイルランド共和国もまた変化をとげてきた。一九五六年には国際連合に加盟し、七三年にはＥＣに加盟を認められている。ただし、軍事的には第二次大戦においてもそうであったが、中立を国是とし、北大西洋条約機構（ＮＡＴＯ）にも参加していない。

一九八〇年代までのアイルランドは、ＥＣ（現ＥＵ）加盟国のなかでは、経済的に比較的貧しい農業中心の国であった。しかし、外資の導入や外国企業の工場誘致、あるいはＥＣ（現ＥＵ）からの援助金を受けつつ、アイルランドは経済基盤の強化にもつとめてきた。とくに、一九九四年以降はＥＵのなかでも「ケルトの虎《セルティック・タイガー》」と呼ばれるほど飛躍的な経済成長をとげたのである。もっとも、一方でダブリン首都圏への人口集中と、農村部、とりわけ西部諸州の過疎化が進んでいる。都市における暴力犯罪の増加や、麻薬取引も深刻な問題となっている。

こうした、現代化の波は、保守的なアイルランド社会の変化もうながしてきている。一九七二年には憲法改正により、カトリック教会の特別な地位が憲法から削除された。とくに近年は、ヨーロッパ統合の深化が要請してきたという面もあるが、自由主義的な、多元的価値観の尊重というスタンスがアイルランド社会でもかなり受け入れられるようになっている。それを示したのが、まずは人権派の法律家でしかも女性のメアリ・ロビンソンが一九九〇年の大統領選挙で当選したことであろう。ロビンソンが一九九七年の任期切れ前に国連人権高等弁務官に転出したのを受けて実施された選挙で次の大統領に選ばれたのも、やはり女性のメアリ・マカリースであった。

アイルランド社会・文化の大きな変容を象徴しているのが、なんといっても広い意味での性をめぐる問題への国家や国民の姿勢である。カトリック教会の性規制は厳しい。結婚制度は神聖なものとして離婚は許されない。妊娠中絶も絶対に認められない。かつてのアイルランドではカトリック教会のヘゲモニーのもと、いずれも不可能であった。しかし、この三十年ほどのあいだに大きく変わったのである。

まず離婚について。一九三七年憲法は離婚を全く認めないとの条項を設けた。しかし、国の制度として法的に離婚が認められないとどうなるか。それは破たんし、離別した夫婦間での財産分与ができないことを意味する。そして多くの場合、女性の方が不利な立場に置かれたのである。そこで、ガーレット・フィッツジェラルド首相率いるフィネ・ゲール＝労働党連立政権は一九八六年に一定の条件下での離婚を許容する憲法修正案を国民投票にかけたのであるが、このときは二七％の大差で国民は否を示している(賛成三六・五%に対して反対六三・五%)。

離婚の法的問題がふたたび国民的議題として再浮上するには一〇年近くの歳月が必要であった。フィネ・ゲールが政権に復帰した一九九四年、ジョン・ブルートン首相はふたたび憲法修正案の国民投票に踏み切る。このときにはまさしく国論は二分され、賛否両論が激しく飛び交わされた。カトリック教会は八六年の時もそうであったが、今回も反対を国民に呼びかけた。しかし、結果は賛成多数で憲法修正が実現し、離婚は法的に認められることになったのである。もっとも、賛否の差はわずか〇・五六%(賛成五〇・二八%、反対四九・七二%)であった。とはいえ、離婚が制度化されたことは、この間のアイルランド社会・文化の大きな変化を示すといえよう。

中絶についてのアイルランド社会の姿勢はもっと複雑である。カトリック教会が禁じる中絶については、一九八三年の憲法修正国民投票で未生出の子に母親と同等の生存権を認める条項が憲法に加わったことで一層厳しくなるという、先進国の流れに逆行する動きがアイルランドでは起こっていた。しかし、その後、中絶の是非についてもしばしば国民的議論の対象となっていく。とくに一九九二年のX事件に関する最高裁判決は物議を醸した。これは、隣人によるレイプで妊娠を余儀なくされ、自殺をほのめかす少女に家族がイギリスに渡って中絶手術を受けさせようとしたのに対して、当時の法務長官が憲法を盾に禁止命令を出したことをめぐる訴訟で、少女が特定されないようにX事件と呼ばれたものである。高裁判事は法務長官の禁止命令を是認する判決を下したが、少女側からの上告を受けた最高裁はこの判決を覆して、少女がイギリスへ渡って中絶手術を受ける権利を認めたのである。これに対し、保守勢力の圧力で当時のアルバート・レイノルズ首相率いるフィアンナ・フォイル政権は、自殺の意図は中絶の正当な理由とはなりえないとの条文を憲法に挿入する憲法修正案を同年一一月に国民投票にかけたのだが、これは大差（賛成三四・六五％、反対六五・三五％）で否決された。なお、同様の憲法修正案を一〇年後の二〇〇二年にも、バーティ・アハーン首相率いるフィアンナ・フォイル＝進歩自由党連立政権が国民投票にかけ、やはり否決されたのだが、このときはきわめて僅差（賛成四九・五八％、反対五〇・四二％）であった。もうひとつこの国民投票で目立ったのは、都市部と農村部での票の出方の違いである。ダブリン首都圏やコーク、ウォーターフォード、ゴールウェイなど都市部の選挙区では反対票が上回り、ダブリン近郊の港町ダン・レアリーでは反対票が六八％に達した。対して、農村部の選挙区では賛成票が上回り、ドニゴール県の北西ドニゴール選挙区では賛成票が七〇％を数えたのである。「ケルトの虎」が促進した地域的較差、すなわち「進歩的な」都会と「守旧的な」農村を浮き彫りにする国民投票であった。

さらに、二〇一二年に起こったインド出身の女性歯科医の悲劇的な死は中絶の是非をめぐる世論に大きな影響を与えることになる。この女性は妊娠一七週目にゴールウェイ大学病院に入院したが、流産が確実な状態になってしまった。女性は中絶を希望したが、病院側は胎児の心臓がまだ鼓動していることを理由に中絶措置を拒否。結局、彼女は胎児を死産するとともに、自身も亡くなってしまったのである。病院側が中絶を拒否したのは、X事件最高裁判決が出ていたとはいえ、立法措置がとられていなかったため、どのような場合なら中絶手術をおこなっても犯罪に問われないかについて医師が確信をもてなかったからであった。この出来事を受けて、X事件の最高裁判決を一般化するとともに、一定の条件のもとではあるがアイルランド国内での中絶手術を認めた議会制定法が、二〇一三年にエンダ・ケニー首相率いるフィネ・ゲール＝労働党連立政権のもとで成立する。

さらに二〇一六年にはケニー首相のフィネ・ゲール政権のもとで、最高裁判事を議長とし、九九名の一般市民から構成される「市民会議」が招集され、中絶の是非が検討されることになった。市民会議は、公衆からの意見徴収や、医師など各種専門家、中絶容認派と中絶反対派双方の活動グループとの話し合いを重ねていった結果、一九八三年の憲法修正を撤回し、中絶容認の立法化をおこなうことを国に勧告するという結論に達したのである。これを受けて国会でも審議がおこなわれたうえで、八三年憲法修正撤回の是非を問う国民投票が二〇一八年五月に実施された。国民投票にさいしては、中絶容認派と反対派の双方が激しい運動を展開したが、その結果は、賛成六六・四〇％　反対三三・六〇％の大差で憲法修正が撤回されることになる。同年末には国会で中絶を容認する法律が成立し、二〇一九年初からアイルランド共和国でも中絶が可能になったのである。

このように、アイルランド社会・文化は一九九〇年代以降、確実に男女平等志向で多様性を認めるより寛容な性格のものに変わってきた。二〇一一年には同性同士の夫婦関係に法的には正式の結婚と同等の地位を与えるシヴィル・パートナーシップ法も成立している。こうした社会・文化の変容と表裏一体の関係にあるのが、カトリック教会の権威の低下である。不義の子をもうけた女性を社会から隔離し、その子を母親の同意なくアメリカに里子に出していたとか、複数の神父が子どもを性的に虐待し、しかもその悪事を教会上層部が隠ぺいしていたといった、カトリック教会にかかわる過去の醜聞が次々と暴かれてきた。そうしたなか、カトリック教会に対する人々の目はかなり厳しいもの、冷めたものになっている。

北アイルランドの現代

プロテスタント人口が多数派を占めたがゆえに、二六州と決別して、連合王国内部での自治領北アイルランドとしての道を歩むことになったアルスタ六州では、プロテスタント＝ユニオニストがその数を頼みに権力を独占し、カトリックは種々の差別を加えられていく。各種の選挙では、地域によってはカトリック住民が多数を占めるところもあったが、それにたいして選挙区の露骨な線引き(ゲリマンダリング)など不平等な選挙制度によって、カトリックの代表が選出されるのを防いだり、公営住宅の割り当てでも、プロテスタントが優先的に割り当てを受け、カトリックは排除された。就職面でも、公共機関、民間企業を問わず、カトリックは不利な扱いを受けた。

こうした差別にたいして、一九六〇年後半になると、とくに若い世代のカトリック住民のあいだから、プロテスタントと同等の法的地位を求める公民権運動が生じてくる。この運動は、デモ行進や集会を通じての平和的で秩序だったものであったが、警察や過激なプロテスタント組織がこれを暴力的に妨害したことが、その後四半世紀におよぶ紛争を招くことになったのである。休眠状態にあったリパブリカンの軍事組織、アイルランド共和軍(ＩＲＡ)が息を吹き返して活動を再開し、プロテスタントの側でもアルスタ義勇軍(ＵＶＦ)やアルスタ防衛協会(ＵＤＡ)など、ロイヤリストの軍事組織の活動が始まった。こうした紛争状態に対処すべくイギリス軍も投入されたが、カトリックを弾圧するケースが多く、紛争を解決するよりは、こじらせる方向に作用したといってよい。

一九七〇年代になると、北アイルランドの自治は停止され、ロンドンによる直接統治が開始する。しかし、ロンドン政府にも北アイルランド問題を解決する能力はなく、武力によるイギリス勢力の駆逐とアイルランド統一をめざすＩＲＡなどリパブリカンと、同じく武力を通じてイギリスとの統合を絶対維持せんとするＵＤＡ、ＵＶＦなどロイヤリスト、そして公安機関のあいだで、一般住民も巻き込んだ血で血を洗う泥沼の紛争が続くことになるのである。

ようやく一九八〇年代になって、ＩＲＡやその政治部門であるシン・フェイン党の指導層に武力による問題解決には限界があるとの認識が生まれるようになり、一九九四年夏には政治的解決に期待をかけて、ＩＲＡが無期限停戦を宣言する。ロイヤリストもこれを受けて、秋には停戦を宣言した。イギリスの保守党メイジャー政権が、アルスタのユニオニスト政党の圧力を受けて、政治的問題解決への着手に先立っての軍事組織の武装解除にこだわったため、IRAは一九九六年二月にテロ活動を再開したが、九七年春の総選挙によって成立した労働党ブレア政権が北アイルランド問題の解決に意欲をみせ、IRAは同年夏にふたたび停戦を宣言した。

これを受けて、プロテスタント、カトリック双方の軍事組織の政治部門も含めた北アイルランドの諸政党、イギリス政府、アイルランド共和国政府を当事者とする政治交渉が開始し、紆余曲折をへて一九九八年四月十日に合意が成立した(ベルファスト合意)。おもな内容は、北アイルランドの国制上の地位変更は南北アイルランド住民の多数意思によってのみ決まること、北アイルランド内政における自治の復活とプロテスタント・カトリック両派の権力分有、南北アイルランド間のより一層の協力関係の構築、イギリス・アイルランド間の政治的交流の一層の強化、北アイルランドの脱軍事化などである。

ベルファスト合意に基づき、あらたに発足した北アイルランド民会で議席をえた政党のうち上位四党、すなわち第一党でユニオニスト穏健派のアルスター・ユニオニスト党、第二党でナショナリスト穏健派の社会民主労働党、第三党でナショナリスト強硬派(リパブリカン)のシン・フェイン、第四党でユニオニストもナショナリストも標榜しない同盟党で閣僚ポストを分けあう権力分有政府が成立した。首席大臣はアルスター統一党党首のデイヴィッド・トリンブル、副首席大臣は社会民主労働党副党首のシェイマス・マロンである。

しかし、この権力分有政府はしばしば機能停止に見舞われることになる。アルスター・ユニオニスト党がＩＲＡの武装解除の遅れにいらだち、トリンブルがそれを理由に首席大臣の辞職をちらつかす、あるいは実際に辞職を決行した（のちに復帰するが）ためである。

ベルファスト合意では、国際武装解除委員会の監督のもと、私的軍事組織の武装解除は二〇〇〇年五月までに完了することになっていた。しかし、ＩＲＡは予定通りの武装解除に応じなかった。たしかに性急な武装解除はＩＲＡのさらなる分裂の引き金となる恐れが大きく、国際委員会も武装解除には慎重かつ忍耐強い姿勢を保ち続けた。結局ＩＲＡの武装解除が完了したのは二〇〇五年である。他方、ロイヤリスト側の私的軍事組織の武装解除はＩＲＡの対応次第という姿勢で、開始したのは二〇〇九年になってからである。

ここで、北アイルランドの政党と軍事組織の関係構図にみられる不均衡に改めて目を向けておこう。ユニオニスト／ロイヤリスト側では大政党のアルスター・ユニオニスト党とベルファスト合意には背を向けたユニオニスト強硬派の民主ユニオニスト党がいずれも私的軍事組織との直接のつながりを有さず、つながりを持つのはアルスター民主党や進歩ユニオニスト党といったきわめて小規模な政党であった。対して、ナショナリスト／リパブリカンの側では、大政党のうち社会民主労働党は非暴力主義で私的軍事組織とはまったく無縁であるけれども、民会第三党のシン・フェインはＩＲＡと密接なつながりがあるということである。アルスター・ユニオニスト党にすれば、合意に反して武装解除になかなか応じようとしないＩＲＡとつながるシン・フェインといっしょにやっていくことに我慢がならなかった。シン・フェインが、ロイヤル・アルスター警察にかわってあらたに発足した北アイルランド警察の正当性を認めようとしなかったこともアルスター・ユニオニスト党のいらだちの要因にはあった。

二〇〇二年一〇月には権力分有政府のみならず、その母体の北アイルランド民会までもが瓦解した。民会議事堂内でシン・フェインの関係者がＩＲＡのために秘密裏の情報収集活動をしていたとして逮捕されるというスキャンダルの発生で、アルスター・ユニオニスト党の全閣僚が権力分有政府から撤退したためである。英政府は北アイルランド民会の停止に踏み切り、自治停止状態はじつに四年以上続くことになる。あらためて議員選挙をおこなって民会が再発足するのはＩＲＡの武装解除が完了し、さらにシン・フェインが二〇〇六年に北アイルランド警察を容認したのちの、二〇〇七年五月であった。

この四年のあいだに北アイルランドの政党勢力構図は大きく変貌していた。ともに穏健派・非暴力主義で北アイルランド和平の立役者だったはずの第一党のアルスター・ユニオニスト党と第二党の社会民主労働党が、自治停止中に北アイルランド有権者の支持を相当に失ってしまったのである。かわって第一党となったのは、ユニオニスト強硬派の民主ユニオニスト党、第二党となったのはナショナリスト強硬派（リパブリカン）のシン・フェインであった。前者は一九六〇年代末に公民権運動を妨害し、一九九八年のベルファスト合意にも背を向けたイアン・ペイズリ率いる政治勢力、後者は公民権運動弾圧で息を吹き返し、武装闘争を再開したＩＲＡの政治部門といってよい政治勢力である。和平進展の結果がこれだとはなんとも皮肉なことというしかない。

民会第二党のシン・フェインは副党首マーティン・マクギネスを副首席大臣に指名した。かつてＩＲＡのメンバーであったと公言してきた人物である。当初第一党の民主ユニオニスト党党首のペイズリはこれに難色を示したが、交渉の末、了承した。こうして不倶戴天の敵同士ともいえるペイズリとマクギネスをトップとする権力分有政府が成立したのである。この二人が対等な関係で協同してやっていけるのか危惧する声はけっして小さくなかった。しかし、いざ動き出すと、この二人はよほどうまがあったというのだろうか、「くすくす笑いの兄弟(chuckle brothers)」とあだ名されるほどうちとけて政府を運営していったのである。もっとも、ペイズリが二〇一〇年に政界を引退すると、党首そして首席大臣には四十年にわたってペイズリの腹心を務めてきたナンバー・ツーのピーター・ロビンソンが就く。熱血漢ともいうべきペイズリと異なって、ロビンソンは冷徹なタイプであり、副首席大臣マクギネスとの関係もビジネスライクなもので、ぎくしゃくすることも多々あった。そのロビンソンも二〇一五年末には引退し、現在の民主ユニオニスト党首・首席大臣は、二〇〇四年にアルスター・ユニオニスト党を離脱して移籍したアーリン・フォスターである。

二〇一六年五月に実施された民会選挙では、政党間の議席配分は選挙前とほとんど変わらなかったが、アルスター・ユニオニスト党、社会民主労働党、そして「ユニオニスト」でもなく「ナショナリスト」でもない中立の立場ゆえに法相ポストを割り当てられてきた同盟党の三党が、閣僚ポストを放棄して公式に野党の立場を採ることになった。法相を除く全閣僚ポストが民主ユニオニスト党とシン・フェインだけに割り当てられ、名実ともにこの二党が政府権力を分有することになった。ところが、フォスター首席大臣が企業・投資担当大臣であったときの環境政策上の失策が露見し、これをめぐって二〇一七年二月にマクギネス副首席大臣が抗議のためにその地位を辞したため、自治政府はふたたび瓦解する(マクギネスはその後まもなくして病死した)。

民主ユニオニスト党とシン・フェインのあいだでは、ロンドン政府やダブリン政府の介入もともないながら自治政府復活のための交渉がおこなわれていくが、北アイルランドにおけるアイルランド語(ゲール語)の法的地位をめぐる立場の相違などから、両者のあいだでは折り合いがつかないまま、いたずらに時間がすぎていった。

しかし、二〇二〇年一月十日についに交渉は妥結する。それにはつぎのような要因が挙げられよう。北アイルランドの経済界をはじめ各界で自治復活を求める声がますます強まっていたこと、それを受けてイギリスの北アイルランド担当相ジュリアン・スミスが同年一月十三日をもって交渉を打ち切り、北アイルランド民会の選挙を実施するとの断固たる姿勢を示したこと、そのうえで、スミスと共和国のサイモン・コヴニー副首相兼外相が共同で積極的に交渉をリードし、「新しい十年・新しいアプローチ」と称する問題解決・財政支援案を提示したこと、そして、後述するように二〇一九年十二月のイギリス総選挙でともに議席を減らした民主ユニオニスト党とシン・フェインの双方が、この流れのなかでの民会選挙を避けたかったこと、である。こうして、およそ三年ぶりに民会の再開ならびに、民主ユニオニスト党のフォスターを首席大臣、シンフェインのミシェル・オニールを副首席大臣とする自治政府が復活することになった。しかも、閣僚のポストを蹴って野党に回っていた社会民主労働党、アルスター・ユニオニスト党、同盟党権力分有政府に復帰することになったのである。

ここまでは、もっぱら大文字の政治レベルの話をしてきたが、社会的レベルでは、すなわち一般住民のあいだでは和平は進展してきたのだろうか。ベルファスト合意は、プロテスタントとカトリックが、あるいはブリテン人とアイルランドとがたがいの伝統・文化を尊重し、それ以外のアイデンティティや文化も包摂した多様で多元的な社会を築きあげていくことをめざしていた。しかしながら、地域や住民のレベルでは、北アイルランド社会はなお紛争の傷から癒えたとはいい難い状況にある。たしかに、武装闘争にともなう殺人や傷害事件はなくなったわけではないけれども、めっきり減った。和平の恩恵がおとずれたことは間違いない。しかし、ベルファストなど都市部でプロテスタント住民地区とカトリック住民地区の境界線上に、両者の衝突を回避すべく紛争中に築かれた「平和の壁(peace walls)」はまだまだ残されている。物理的な壁だけでなく、心理的・感情的な壁も取り払われたとはとてもいえないことは、最近の社会学的フィールドワークの研究からも明らかである。そうした見える／見えない壁が崩れて、真に多元多様性を受け入れる包摂的で寛容な社会が築かれるのはいつの日であろうか。

### イギリスのヨーロッパ連合離脱(ブレグジット)と北アイルランド

二〇一六年六月二三日にイギリス全土で実施された国民投票の結果、イギリスはヨーロッパ連合(EU)を離脱することになった。ロンドン首都圏、スコットランド、北アイルランドそれぞれでは残留支持票が離脱支持票を上回った一方で、首都圏を除くイングランドとウェールズでは離脱支持票が残留支持票を上回ったために、全体で離脱支持が多数派となったのであった。

イギリスのEU離脱はすなわち、EUとイギリスのあいだでの境界の出現を意味する。アイルランド共和国と北アイルランドとの境界は、自由国の成立以来、アイルランド島内にイギリスとアイルランドの国境が敷かれることになったが、両国は「共通往来圏(Common Travel Area)を設定して、国境の壁を最小限に低くする措置を講じた。北アイルランド紛争最盛期には、北アイルランドと共和国の境界では幹線道路上にチェックポイントが設置され、鉄道列車内ではパスポート検査がおこなわれていたが、ベルファスト合意とその後の和平プロセスの進展により、それも昔話となった。いまでは人々の南北間の移動は完全自由状態である。さらにEUのもとでの単一欧州市場の形成とベルファスト合意のおかげで、モノのレベルでも南北間の壁はなくなった。こうしてここ三十年ほどのあいだにアイルランドには全島経済圏が形成されてきていた。そこへきて、ブレグジットである。

イギリスのEU離脱の大きな理由のひとつに移民の流入の阻止が挙げられる。当初は、EUとは関係ない英愛二国間の「共通往来圏」制度によりアイルランド島内での実質上の移動の自由が保障されるならば、「EU域内の移動の自由」によって、大陸からアイルランド共和国に流入してくるEU市民(労働者)がさらに北アイルランドすなわちイギリスにも自由に入国できることになり、移民の阻止ができなくなることがイギリス側で危惧されていた。しかし、EU(欧州単一市場)を離脱すれば、イギリスは、EU域内からの流入民に対して労働ビザがなければ就職させないといった独自の措置をとることができる。こうして、南北アイルランド間での人の出入国管理の復活は問題にならなくなった。

むしろ重大な問題として浮上したのは、モノの移動の管理、すなわち関税・貿易管理の方である。ブレグジットは、経済的なレベルではイギリスが欧州単一市場あるいは欧州関税同盟、もしくはその両方から離脱することを意味する。そうなれば、当然イギリスとEUの間で関税・貿易管理をする必要が生じる。海上の境界にかんしていえば、たとえばイギリス海峡では、イギリス側ではドーバー港、大陸側ではカレー港で出入りする商品の入念なチェックがおこなわれることになろう。同じように、陸上の境界にかんしては、アイルランド南北境界での管理が必然化する。しかし、これではベルファスト合意とそのもとで進展した北アイルランド和平に逆行である。事実上消滅した南北境界をこえて実現していたサプライ・チェーンは寸断され、ひいてはせっかく形成されてきたアイルランド全島経済圏が破壊されてしまう。それだけではない。南北境界で関税・貿易管理をおこなうための施設が必要になるが、それが、ＩＲＡの武装解除と解散後もなお存在し、いまだに散発的ながらテロ活動をおこなっているリパブリカンの暴力集団に格好の攻撃目標を与えてしまうことになろう。下手をすれば北アイルランド紛争の再来である。

北アイルランド和平を保持するためには、アイルランド南北境界での関税・貿易管理は回避しないといけない。イギリス、アイルランド共和国とも、そしてＥＵもベルファスト合意の当事者であり、この三者は北アイルランド和平の保持という点では一致している。では、南北境界での管理を回避しながら、イギリスが欧州単一市場・関税同盟から離脱する道はありうるのか。この問題をめぐって、イギリス政府とＥＵとの離脱交渉の第一段階（離脱そのものを実現するための条件をめぐる交渉）は難航を極めるとともに、イギリス政界を大混乱に陥らせることになるのである。

国民投票の結果を受けて辞任したキャメロンにかわって首相になったのは、もともとは残留派の立場だったテリーザ・メイである。しかし、メイは首相になると早々に国民の意思は離脱だとして、どのようなブレグジットを目指すかを国内的に十分検討することなく、ＥＵとの離脱交渉を二〇一七年三月に開始する。しかも、メイは交渉にあたって国内の政治的基盤を固めるべく同年五月に総選挙に踏み切ったが、これは完全に裏目に出てしまった。保守党は第一党ながら単独過半数を割り込んでしまったのである。そこでメイ首相が政権維持のために踏み切ったのが、ウェストミンスター議会に十議席を有する北アイルランド地域政党の民主ユニオニスト党からの閣外協力の取り付けであった。しかし、これはEUとの離脱交渉にあたってメイ首相の手をさらに縛ることになる。

アイルランド南北境界での関税・貿易を回避しつつ、イギリスが欧州単一市場・関税同盟から離脱するとなれば、アイリッシュ海上に関税・貿易管理上の境界を設けることが考えられる。北アイルランドをブリテン島から切り離してEUに部分的に残留させるということだ。しかしながら、民主ユニオニスト党はなによりもイギリスの、すなわちブリテン島と北アイルランドの一体性を重視する政党である。しかも一方で、国民投票で北アイルランドの有権者全体が示した意向とは反対に、イギリスのEU離脱には大賛成の立場であり、国民投票のさいには離脱派を後押しする運動を強力に推し進めた。ブレグジットの実現は望むが、たとえ関税・貿易管理上のことだとしても、ブリテン島と北アイルランドが分断されることには絶対反対の立場を採るのである。

メイ首相側とEUのミシェル・バルニエ交渉官側との離脱交渉は難航したが、合意にいたった。その内容とは、無期限に(もはや必要ないとEUとイギリスの双方が合意するまで)、北アイルランドには欧州単一市場の規制(の一部)を適用するとともに、イギリス全体(ブリテン島と北アイルランド)が欧州関税同盟に留まるというものである。これによって、アイルランド南北間での関税・貿易管理は不要となるとともに、アイリッシュ海上での境界設置も必要なく、かつイギリスは少なくとも単一市場からは離脱することで、大陸ヨーロッパからの移民には制限を設けることができる。

しかしながら、この合意案は、イギリス政界（ウェストミンスター議会）をおおいに紛糾、混乱させることになる。もとより、自由民主党やスコットランド国民党のような残留派にはブレグジットそのものに反対なのだが、保守党の強硬離脱派にとってもこの合意案は受け入れられない。無期限にEUに拘束されるのであれば、いったいなんのためのブレグジットなのか、というわけである。党内が残留派と離脱派に割れる労働党もこの合意案には反対の姿勢を示した。政界が紛糾するなかで、二〇一九年三月末に迎えるはずだった離脱期限は、メイ首相のEUへのたびかさなる要請で、結局同年十月末まで延期されることになったのだが、ウェストミンスター議会は三度にわたってこの合意案を否決し、二〇一九年六月、刀折れ矢尽きたメイ首相は退陣を余儀なくされた。

かわって保守党党首に選ばれ、首相に就いたのが、強硬離脱派のボリス・ジョンソンである。ジョンソンはメイ内閣の外相を務めていたが、バルニエに押しこまれてゆくメイを見限って閣外に去っていた。首相になっても合意なき離脱も辞さずという姿勢を打ち出したが、離脱期限ぎりぎりの二〇一九年十月下旬になって、アイルランド共和国首相レオ・バラカーとの会談を機にEUと急転直下、あらたな合意案を成立させるとともに、二〇二〇年一月末までの離脱期限再延長もいやいやながら受け入れた。ブリテン島とともに欧州関税同盟を離脱するものの、北アイルランドには欧州単一市場の規制の一部を適用させるとともに、ブリテン島から北アイルランドに流入する商品には、EUの関税ルールと関税率を適用するというのが、あらたな合意案の骨子である。これにより、アイルランド南北間での通関業務は不要となるとともに、事実上の関税境界はアイリッシュ海上に設定されることになる。つまり、ジョンソンは、保守党とのあいだで閣外協力を維持してきた(ただし、メイ首相がEUと合意した離脱案には反対票を投じている)民主ユニオニスト党を切り捨てたのである。この合意案の是非を国民に問うべく、ジョンソンは議会の了承を何とか取り付けて、議会解散・総選挙実施に踏み切った。

二〇一九年十二月十二日投票の総選挙の結果は、総議席六五〇のうち、保守党が三六五議席(改選前三一七)と過半数の三二六議席をはるかに上回る歴史的な勝利を収めた。対するに離脱派と残留派で党内が分断された労働党は二〇三議席(同二六二)とこれまた歴史的な大敗を喫した。残留をはっきり打ち出したスコットランド国民党は四八議席(改選前三四)と大幅に議席を伸ばした一方、自由民主党は一一議席(同二一だが、前回選挙時は十二)で、しかも現党首が落選という痛手を負った。

こうして保守党が単独過半数を押さえたことにより、ジョンソン首相は、二〇二〇年一月九日、新たな離脱法案を下院で通過させた(上院の承認を経て、女王の裁可は二十三日)。二十九日にはEU議会も離脱協定案を承認したことにより、一月三十一日にイギリスのEU離脱はついに実現した。しかしながら、離脱が実現すれば終わりではない。むしろ、それに続く、今後のイギリスとEUとの貿易面など将来的関係構築のための交渉という、さらにハードルの高い壁が待っているのである。イギリスにEUの諸ルールが引き続き適用される移行期間(二〇二〇年十二月末まで)中にジョンソンは交渉をまとめると豪語するが、それをまともに信じる専門家はほとんどない。離脱後の関係構築交渉がどのように進展していくのだろうか。

と同時に、イギリス(連合王国)そのものが解体に向かっていく可能性も高まった。さらに勢力を増したスコットランド国民党がスコットランド独立の希求を一層強めていくのは火をみるより明らかである。では、全体的にはやはり残留派多数であった北アイルランドの選挙結果はどうだったか。ここでは、一八議席を民主ユニオニスト党が八(改選前一〇)——しかも副党首が落選——、シン・フェインが七(同七)、社会民主労働党が二(同〇)、同盟党が一(同〇)と分けた。北アイルランド史上初めて、ナショナリスト政党の議席(九)がユニオニスト政党のそれ(八)を上回ったのである。この結果が北アイルランドの自治復活の重要な要因となったことは先に述べたが、将来の北アイルランドの国制上の地位の行方——連合王国への帰属維持の継続か、それともアイルランド共和国との統合に向かうか——にはどのような影響をおよぼしていくのだろうか。目の離せないところである。

YAMAKAWA SELECTION

イギリス史《し》　下

2020年４月20日　第１版１刷　印刷
2020年４月30日　第１版１刷　発行

編者　川北 稔

発行者　野澤伸平

発行所　株式会社山川出版社
〒101-0047 東京都千代田区内神田1-13-13
電話03(3293)8131(営業)8134(編集)
https://www.yamakawa.co.jp/
振替 00120-9-43993

印刷所　株式会社加藤文明社

製本所　株式会社ブロケード
装幀　菊地信義＋水戸部功

 ISBN978-4-634-42386-2

『新版 世界各国史第十一 イギリス史』
一九九八年四月 山川出版社刊

執筆者紹介(執筆順)

## 川北 稔　かわきた みのる
1940年生まれ。京都大学大学院文学研究科博士課程中退
大阪大学名誉教授，文学博士
主要著書：『工業化の歴史的前提――帝国とジェントルマン』(岩波書店 1983)，『民衆の大英帝国――近世イギリス社会とアメリカ移民』(岩波書店 1990)，『砂糖の世界史』(岩波書店 1996)，『イギリス近代史講義』(講談社 2010)

## 山代 宏道　やましろ ひろみち
1946年生まれ。広島大学大学院文学研究科博士課程修了
広島大学名誉教授，博士(文学)
主要著書：『ノルマン征服と中世イングランド教会』(溪水社 1996)，『危機をめぐる歴史学――西洋史の事例研究』(編著，刀水書房 2002)，『中世ヨーロッパの時空間移動』(共著，溪水社 2004)

## 朝治 啓三　あさじ けいぞう
1948年生まれ。京都大学大学院文学研究科博士課程単位取得退学
現在，関西大学名誉教授，博士(文学)
主要著書：『シモン・ド・モンフォールの乱』(京都大学学術出版会 2003)，『西欧中世史』下(共編著，ミネルヴァ書房 1995)，『〈帝国〉で読みとく中世ヨーロッパ』(共編著，ミネルヴァ書房 2017)

## 指 昭博　さし あきひろ
1957年生まれ。大阪大学大学院文学研究科博士課程単位取得退学
現在，神戸市外国語大学学長
主要著書：『図説　イギリスの歴史』(河出書房新社 2002)，『〈イギリス〉であること――アイデンティティ探求の歴史』(編著，刀水書房 1999)，『周縁からのまなざし――もうひとつのイギリス近代』(共編著，山川出版社 2000)

## 岩井 淳　いわい じゅん
1956年生まれ。東京都立大学大学院人文科学研究科博士課程単位取得退学
現在，静岡大学人文社会科学部教授，博士(史学)
主要著書：『千年王国を夢みた革命――17世紀英米のピューリタン』(講談社 1995)，『ピューリタン革命と複合国家』(山川出版社 2010)，『ピューリタン革命の世界史――国際関係のなかの千年王国論』(ミネルヴァ書房 2015)

青木 康　あおき　やすし
1951年生まれ。東京大学大学院人文科学研究科修士課程修了
現在，立教大学特任教授
主要著書：『議員が選挙区を選ぶ――18世紀イギリスの議会政治』(山川出版社 1997)，『世界歴史大系　イギリス史2（近世）』(共著，山川出版社 1990)，『イギリス近世・近代史と議会制統治』(編著，吉田書店 2015)

秋田 茂　あきた　しげる
1958年生まれ。広島大学大学院文学研究科博士課程後期中退
現在，大阪大学大学院文学研究科教授，博士（文学）
主要著書：『イギリス帝国とアジア国際秩序――ヘゲモニー国家から帝国的な構造的権力へ』(名古屋大学出版会 2003)，『1930年代のアジア国際秩序』(共著，溪水社 2001)，Gentle-manly Capitalism, Imperialism and Global History,(編，Palgrave-Macmillan 2002)

木畑 洋一　きばた　よういち
1946年生まれ。東京大学大学院国際関係論専攻博士課程中退
現在，東京大学・成城大学名誉教授
主要著書：『支配の代償――英帝国の崩壊と「帝国意識」』(東京大学出版会 1987)，『帝国のたそがれ――冷戦下のイギリスとアジア』(東京大学出版会 1996)，『二〇世紀の歴史』(岩波書店 2014)

佐々木 雄太　ささき　ゆうた
1943年生まれ。京都大学大学院法学研究科政治学専攻博士課程中退
名古屋大学・愛知県立大学・名古屋経済大学名誉教授，法学博士
主要著書：『三〇年代イギリス外交戦略――帝国防衛と宥和の論理』(名古屋大学出版会 1987)，『イギリス帝国とスエズ戦争――植民地主義・ナショナリズム・冷戦』(名古屋大学出版会 1997)，『国際政治史――世界戦争の時代から21世紀へ』(名古屋大学出版会 2011)

山本 正　やまもと　ただし
1958年生まれ。大阪大学大学院文学研究科博士課程後期課程単位取得退学
現在，大阪経済大学経済学部教授
主要著書：『「王国」と「植民地」――近世イギリス帝国のなかのアイルランド』(思文閣出版 2002)，『図説 アイルランドの歴史』(河出書房新社 2017)，『コモンウェルスとは何か――ポスト帝国時代のソフトパワー』(共編著，ミネルヴァ書房 2014)

# ■索　　引

## 人名索引

●サーソ

●ナーノ

●ヤ—ヨ



●ラ—ロ

# 事項索引

●ア—オ

●カ―コ

●ター ト

●マ―モ

●ヤ―ヨ



●ラ―ロ

（指　珠恵）

## ■写真引用一覧

1……P. Hill, *Georgian London*, Macdonald, London, 1970.
2……P. F. Speed, *The Growth of the British Economy 1770-1850*, Wheaton Exeter, 1980.
3……H. T. Dickinson, *Caricatures and the Constitution 1760-1832*. Chadwyck-Healey, Combridge, 1986.
4……K. O. Morgan (ed.), *The Oxford Illustrated History of Britain*, Oxford Univ. Press, 1984.
5……J. Ehrman, *The Young Pitt: The Reluctant Transition*, Constable, London, 1983.
6……S. G. Checkland, *The Gladstones: A Family Biography 1764-1851*, Cambridge Univ. Press, 1971.
7……R. Blake, *The Conservative Party from Peel to Churchill*, Eyre & Spottiswoode, London, 1970.
8……T. McCarthy, *The Great Dock Strike 1889: The Srory of The Labour Movement's First Great Victory*, Weidenfeld & Nicolson, London, 1988.
9……W. D. Rubinstein, *Capitalism Culture & Decline in Britain 1750-1990*, Routeledge, London, 1993.
10……*First World War Posters*, Imperial War Museum, London, 1972.
11……A. Marwick, *Britain in Our Century: Image and Controversies*, Thames & Hudson, London, 1984.
12……Times Gone By: *A Photographic Record of Great Britain from 1856 to 1956*, Marshall Caverdish Books, London, 1977.
13……D. Low, *Europe at War: A History in Sixty Cartoon with a Narrative Text*, Allen Lane Penguin Books, Harmondsworth.
14……*Shelters: Living Underground in the London blitz*, Dirk Nishen Publishing, Berlin.
15……P. Addison, *Now the War is Over: A Social History of Britain 1945-51*, British Broadcasting Corporation, Frome, 1985.
16……S. Aster, *Anthony Eden*, Weidenfeld & Nicolson, London, 1976.
17……Merry & Serge Bromberger, *Secrets of Suez*, Pan Books, London, 1957.
18……D. Childs, *Britain since 1945: A Political History*, Ernest Benn, London 1979.
19……K. O. Morgan, *The People's Peace: British History 1945-1989*, Oxford Univ. Press, 1990.
20……J. Compbell, *Edward Heath: A Biography*, Pimlico, London, 1993.
21……H. Young, *One of Us: A Biography of Margaret Thatcher*, Macmillan, London, 1989.
22……M. Thatcher, *The Downing Street Years*, Harper Collins, London, 1993.
23……R. F. Foster, *The Oxford Illustrated History of Ireland*, Oxford Univ. Press, 1989.

24……R. Mahony, *Jonathan Swift: The Irish Identity*, Yale Univ. Press, New Haven & London, 1995.
25……T. Gray, *Ireland before the Treaty*, Blackie, London, 1989.

カバー――ユニフォトプレス提供

p.12――1, p.22
p.23――1, p.18
p.29――2, p.75
p.31――2, p.29
p.49――3, p.163
p.55――4, p.437
p.60――3, p.257
p.65――5, p.595
p.69――6, p.241
p.76――7, p.51
p.82――4, p.443
p.85――絵葉書
p.104――山川出版社所蔵
p.108――8, 表紙
p.124――9, 表紙
p.131――10, p.37
p.136――11, p.50
p.152――12, p.158
p.153――11, p.82
p.158――13, p.55
p.160――14, p.4
p.167――15, p.81
p.176――16, pp.86-87
p.179――17, pp.128-129
p.185――18, pp.148-149
p.190上――19, pp.186-187
p.190下――20, pp.186-187
p.195――20, pp.716-717
p.200――21, pp.128-129
p.204――22, pp.114-115
p.214――ユニフォトプレス提供
p.218――ユニフォトプレス提供
p.241――絵葉書
p.256――23, p.129
p.264――24, p.10
p.270――23, p.187
p.273――25, p.13
p.283――25, p.37

## ■図表資料一覧

p.15――川北稔『工業化の歴史的前提――帝国とジェントルマン』岩波書店, 1983, p.154.
p.32上――E. A. Wrigley & R. S. Schofield, *The Population History of England 1541-1871*, London, 1981, Fig. 7. 1.
p.32下――Ph. Deane & W. A. Cole, *British Economic Growth 1688-1959*, Cambridge, 1962, p.44.
p.33――川北稔『工業化の歴史的前提――帝国とジェントルマン』岩波書店, 1983, p.136.
p.34――J. R. Ward, *The Finance of Canal Building in Eighteenth-Centuny England*, Oxford, 1974, p.164.
p.36右――P. Riden, "The Output of the British Iron Industry Before 1870," *Econ. H. R.*, 2 nd ser., Vol. 30, No.3, 1977.
p.36左――佐藤明『産業革命――イギリスにおける工業化の過程』平安書院, 1965, p.82.
p.89――秋田茂作成
p.102――E. J. Hobsbawm, *Industry and Empire*, London 1968, Diagrams.